福祉ライ

福　祉

〔第2版〕

志田民吉・

岡田行雄・櫻本

吉中季子・山本

# は し が き

　法律の執行が行政であり，その行政として，いわゆる社会福祉の実践（現場）がある。社会福祉の実践は人々の福祉ニーズに対応することであり，またそのニーズは人ごとに異なるものでもある。これらのことは図として描けば一目瞭然のことでもある。また本来，人々の福祉ニーズは法律ごとにあるのではなく，たまたま故あって（内閣法や国家行政組織法，その他の社会福祉関係法令などを参照），それぞれの所管省庁ごとに法律の執行の受け皿が規定されているものであり，社会福祉が福祉ニーズに対応しようとした福祉サービスの法体系（一群）とされる所以でもある。社会福祉の実践において，福祉サービスは本来，生活のニーズに対応して（ニーズごとに包括されて）提供されることが目標とされている。社会福祉相談援助職（ソーシャルワーカー）は，その福祉サービス提供にかかわる最前線のところに位置しているといえよう。これらのことを承知ならば，社会福祉相談援助職の養成に際しての法学教育の必要性は自ずと首肯されるであろう。

　本書は，法学（または法の基礎）としての基本的な項目を残しながら，社会福祉専門職のための法学知識を扱い，一般教養と専門教養との双方の教育的機能を意図したものである。本書の旧版にあたる『社会福祉選書　法学』（建帛社）の目次項目，記述内容を引き継ぎながらも，時代に即した項目の追加や内容の修正・改訂など全面的に見直し，新たに『福祉ライブラリ　福祉法学』として刊行することとした。その訳の詳細については，第1章を参照していただきたい。

2018年4月

志田民吉

# 「第2版」にあたって

　2017（平成29）年5月に，120年ぶりともいわれる民法（債権法）の改正が成立し，2020（令和2）年4月にいよいよ施行となることから，本書第4章「民法」の記述を大幅に改め，「第2版」とした。

　2020年4月

編者

# 目　　次

## 第5章　社会福祉の法と関連領域

# 付章　判例研究，資料，民法改正の一考察

# 第1章 社会福祉専門職（主として相談援助職）と法学

社会福祉士や精神保健福祉士は，福祉に関する相談を受け，必要な援助を行う社会福祉行政，すなわち福祉サービスに関する法律の執行にかかわる専門職である。この章では，社会福祉の相談援助の専門職の仕事に関する法律分野について，総論的な記述を試みている。

## 第1節 社会福祉士と法学

### 1 社会福祉士（精神保健福祉士）のための法学とは何か

社会福祉士は「社会福祉士及び介護福祉士法」（昭和62年法30），精神保健福祉士は「精神保健福祉士法」（平成9年法131）により，それぞれ国の資格として制度化されたものである。これらの法律の規定する手続きにより資格を取得し，それぞれの「相談・援助」の業（仕事）に就くことになる。

社会福祉士（精神保健福祉士）のための法学とは，社会福祉士および精神保健福祉士が福祉サービス事業にかかわる人材であり，それらの者の職務のための法学であり，日本社会で生活をしている市民のニーズに対応した相談援助の職務に関する資格制度に対応するものである。これらの事柄を前提に「法学」の教材が編纂される必要があろう。

### 2 何をどの程度において考慮されるべきか

この点を考えるためには，いくつかの判断材料がある。先に述べたように，「社会福祉の人材」，「日本で生活する市民のニーズ」，これらの語句から導かれるものとしての，種々の専門職養成のための法学であるが，少なくとも法律の専門職を目指すものではないこと，わが国の諸制度の仕組みが欧米社会と同根のものであっても，そこには自ずと異なる「文化」が前提に存在しているこ

と，等も考慮される必要があろう。「日本の文化」的特色の下で，市民の日常生活において発生したニーズを対象とする相談援助が行われるのであり，そのために必要とされる法学的知識の修得を，どのような範囲と深さにおいて求められるべきかである。

## ３　考慮の手がかり

### （１）専門職の基礎知識として求められる法学

　具体的に社会福祉士（精神保健福祉士）の法学テキストを考えるための手がかりとしては，次の３つが挙げられるであろう。

　第1は，「厚生省・福祉専門職の教育課程などに関する検討会・社会福祉士班報告」[注1]，第2は，社会福祉士資格制度などをめぐるシンポジウムにおける厚生労働省社会福祉専門官の発言[注2]，第3は，社会福祉士養成施設等における授業科目の目標および内容に関する「通知」である[注3]。

　第1の資料は，「（社会福祉人材養成における）基本的人権・権利擁護（理解について）の要請は常態化」しており，「平成7年以前の大学・短大における一般教養課程の法学などについて（は），一般教養科目から専門関連科目への変更が必要である」と報告し，第2の資料は，「社会福祉士はソーシャルワーカーの基礎資格である」と報告している。第1および第2の報告から，社会福祉士のための法学は，単なる一般教養課程で行われている法学ではなく，社会福祉のニーズに対応した相談援助の専門職としての法学教育であり，かつソーシャルワーカーの基礎資格としてふさわしい内容を含む法学である。ソーシャルワーカーと社会福祉士との関係が，現段階では，少なくとも制度としての社会福祉士がソーシャルワーカーと同義ではなく，ソーシャルワーカーとしての実態（実力）を伴う場合に，ソーシャルワーカーである社会福祉士，または社会福祉士資格をもつソーシャルワーカーである。第3の通知では，社会福祉士養成のための法学として，社会生活における法の作用や役割，憲法，民法，行政法の基礎[注4]，それらに基本的人権，権利擁護，成年後見制度，行政手続，情報公開が追加されていた[注5]。

　以上の第1から第3までを総合して社会福祉士のための法学とは何かを考え

た場合，少なくとも通知に掲げた事項は，社会福祉専門職の養成科目としてふさわしい法学の内容として考慮されなければならない。さらに，ソーシャルワーカーの基礎資格である社会福祉士の法学の知識であるから，法学教育によって修得される知識が，どのような場面で，どの程度の活用が期待されるのかを考慮することが必要である。

第2の報告から，社会福祉士の資格取得の段階で求められる法学知識の内容は，職務に熟達したソーシャルワーカーとしてのものではなく，まずは社会福祉士（精神保健福祉士）の資格取得後において，それぞれの福祉サービスの対象の属性別（児童，高齢者，障害者など）に，それぞれの領域で専門職として仕事を始める上で必要と考えられる種類の専門的な法学知識が求められている，ということである。あくまでも基礎である。たとえば，社会福祉士が成年後見人となり，その仕事を行うのに必要な程度の法学知識は，社会福祉士養成の法学教育とは別立ての研修制度が予定され，現に社会福祉士会では別立ての研修が実施されている。社会福祉士の資格取得時とその後における法学研修のあり方は，別の次元として扱われるべきものである。同様に，児童虐待に始まる児童相談業務や，高齢者，障害者などの人権擁護にかかわる専門的な事例では，弁護士などの法律領域の専門家との共同作業を通じて，それぞれの人権を擁護する必要がある。その際に裁判所に提出する文書の作成技術の習得なども必要であるが，これはソーシャルワーカーとしての基礎資格の取得段階に求められる程度を超えたものであろう[注6]。

## （2）厚生労働省および文部科学省のかかわる資格としての法学

（1）で述べたように，社会福祉士や精神保健福祉士などの社会福祉の相談援助職をソーシャルワーカーのための基礎資格であるという位置付けを，「ソーシャルワークの専門職養成教育」とし，通年で週1～2日の実習を義務付ける学部教育カリキュラムの見直しを提案する立場もある（社会福祉士養成校協会等の団体，組織を引き継いだソーシャルワーク教育学校連盟）。その可否や是非は別論として，近時，養成のためのカリキュラムが改訂されている[注7]。しかしながら，社会福祉士及び介護福祉士法7条に規定する「受験資格」として「文部科学省令・厚生労働省令で定める社会福祉に関する科目（指定科目）を修め

て卒業した者……」のように，資格それ自体は厚生労働省所管の資格にもかかわらず，「社会福祉に関する科目を定める省令」は「文部科学省令・厚生労働省令」の共同所管の扱いになっている。これは，当該資格については，どこかで「文部科学省」がかかわっていなければならないことになる。

　では，文部科学省はどこでどのような形で，社会福祉士などの厚生労働省所管の資格や専門職養成にかかわっていることになるのであろうか。大学学部教育それ自体は文部科学省所管であり，資格は厚生労働省所管である。

　結論として，従来（本来）の学部教育は保証された上で，資格の部分の養成教育がある，ということである。これらのことから，当該資格は文部科学省がかかわる部分を基礎とした厚生労働省所管の資格である事実に気づかなければならない。

　以上の経過など諸般を考慮すれば，少なくとも社会福祉の専門職のための法学教育カリキュラムとしての「法学」としては，上記（1）の内容を変更しなければならないほどの特別な事情（たとえば，従来の一般法学の履修を義務付けた上での社会福祉の専門職のための法学教育カリキュラムなど）になるのでもなければ，本書の「はしがき」にあるように，一般教養と専門教養との「法学教育」が必要である。

　（注1）日本社会事業学校連盟主催「厚生省・社会福祉専門職の教育課程などに関する検討会・社会福祉士班報告」（1999.5.1実施）参照
　（注2）平野方紹「社会福祉士資格制度等の現状と課題」『社会福祉士資格制度などをめぐるシンポジウム報告書』，日本社会事業学校連盟，pp.12-15（2002）
　（注3）最終改正は平成11年社援2667
　（注4）昭和63年社庶26
　（注5）平成11年社援2667の追加部分
　（注6）志田民吉「福祉サービスの現任者人権擁護研修・教育に関する研究」，高齢者痴呆介護研究・研修仙台センター研究年報，No.2, 17-31（2002）参照。Jenny Thompson, *Social Workers and Law*, Legal Aid Commission of NSW（1991）では，裁判所制度の理解と裁判所に提出するレポートの作成について，主として項目を起こしている。
　（注7）関係法令としては，社会福祉士及び介護福祉士法（昭和62年法30，最終改正平成28年法21），社会福祉士及び介護福祉士法施行規則（昭和62年厚令49，最終改正平成28年厚労令21），社会福祉に関する科目を定める省令（平成20年文科・厚労令3，最終改正平成23年文科・厚労令5），精神保健福祉士法（平成9年法131，最終改正平成28年法65），精神保健福祉士法施行規則（平成10年厚令11，最終改正平成28年厚労令121），精神障害者の保健及び福祉に関す

　る科目を定める省令（平成23年文科・厚労令3，最終改正平成27年文科・厚労令5）がある。

# 第2節　社会福祉と人権

　人権については，アメリカ独立宣言（1776年）は「創造主によって与えられた権利」とし，フランス人権宣言（1789年）は「自然権」，世界人権宣言（1948年）は「固有の権利」としている。日本国憲法は「憲法が付与した」（11条）と規定し，憲法は国民が制定した（する）ものと前文などでは謳っている。それぞれの記述の違いには，それぞれに背景となるものがある(注1)。

　また，「人権」の単語の用例については，一見すれば多様な用い方があるようにも受け取られよう。たとえば後述「人権擁護制度」で示すが，人権擁護委員会とか人権擁護委員などの例である。憲法が保障する基本的人権＝人権であり，憲法の性格上，国民が国家権力を行使する立場にあるものに対して，人としての基本的な保障されるべき利益であると位置付けられれば，後述するように法務省・人権擁護局の職務内容は内閣・行政である。そのまさに国家権力を行使する立場である法務省が国民の人権を擁護する構図になるのは，用法において矛盾するのではないか，という危惧を抱くものもあろうか。

　この辺の理解が後述の「人権擁護法案」が廃案に至った経緯あるいは背景を物語ることになろう。ただ，人権は，「市民法（個人的利益を中核とする近代私法で，これと対比されるのが社会福祉などの社会法）」にその源泉がある，ということになれば，法務省が人権擁護局を設けることも理にかなわない訳ではない。ここで大切なことは，どのような用法として扱われていくのだろうか，という蓋然性（確率）の問題である。一筋縄ではいかない立法と解釈，運用といった主権者である国民の自覚がテーマの一つではあろう。「人権」の用語がいろいろな意味を付けられてさまざまな場面で用いられている。「人間としての尊厳性」が人権の中身である，といった抽象的な表現をあてがい，その都度，人間としての尊厳性について考えることが，むしろ大切なことではなかろうか(注2)。

　（注1）志田民吉編『臨床に必要な人権と権利擁護』，弘文堂（2006），志田担当箇所（p.19以降）

参照。
（注2）「人権」の単語は，たとえば，富井政章『民法論綱　人権之部』，新青出版（1890，復刻版
　　　2001）では，人に対する（行為を求める）権利としての債権の意味の用法もある。市民法に
　　　源泉を求めれば，人権の用語の用法の奥深さに気づかされることになろうか。

## 1　社会福祉と人権（「第2章　憲法」参照）

### （1）人権とは：人権と権利の区別

　「人権」とは，通例，憲法上の概念として理解され，日常用語として使用する「権利」とは区別して理解するのが便利であろう。特に社会福祉の領域では，人権と権利とは，あたかも「同一のものかも知れない」といった曖昧にしたままの使用例が多く見られるからである(注1)。人権と区別された権利概念は，きわめて法律次元のものであって，権利の発生は，民法債権編に規定される4種（契約，事務管理，不当利得，不法行為）を原因とするものが大半であり，ごくわずかに政策的な意味合いからの特別な法律規定によって生じる場合がある（たとえば，原子力損害の賠償に関する法律など，詳細は民法債権編「不法行為」参照）。ただし，措置下での福祉サービスは，この政策的な例がほとんどであった。人権は憲法上の概念であるという理解から始めてみよう。

### （2）基本権の規定

　人権は，私たちがすでに社会生活をしているという事実を前提として，その社会において生活する市民が，単に人として，あるいは人としてよりよく生きるために，どのような利益を享受できるのか，あるいは与えられるべきなのかに関係しているといってよい。しかしながら，「社会」は時と所によって，その様相が異なるものであるが，わが国の社会では，自由権的基本権，社会権的基本権として規定し，表現されている。ただ，このように規定された基本権も，憲法上の文字そのものが実態の反映であることを意味するものではないから，憲法制定時の国民の意思，権威ある解釈（たとえば，裁判所や内閣あるいは衆・参法制局の解釈があり，これを有権解釈という）等によって，憲法の規定する人権の中身が変化することがある。

#### 1）自由権的基本権

　自由権的基本権は，主として国家からの自由や平等について述べるものであ

り，自己責任の原則のあらわれとしての自己決定（自由意思）を，国民（市民）
がそれぞれの責任において行為をすることを内容としている。人は社会を営む
から，自由権的基本権の内容や程度は社会全体との関係において考量され，判
断される。市民の享受する利益は，社会の中の相対的関係において，それぞれ
の時間・場所・付帯条件（緊急性の優劣や位置的優劣）等から「利益」の性格が
定められる。市民間の同種・異種の権利（利益）との調整原理が働いたり，調
整原理が働かず，いわゆる不可侵であったりする。裁判所の判断も，自由権は
個と全体との関係において，その双方を積極的に活かす方向において，その相
関性の頃合いを考え変遷してきた（公共の福祉説〈最判昭和32.3.13，チャタレー
事件〉や比較衡量論〈最大決昭和44.11.26，博多駅テレビフィルム提出命令事件〉，
二重の基準論〈最判昭和61.6.11，北方ジャーナル事件〉等の判断の変遷を参照）。
また，憲法の規定する基本的人権は本来自然人，日本人を対象とし，さらには
国家と国民との関係の保障であるが，それぞれ性質上可能な範囲で内国法人に
も（最判昭和45.6.24民集24.6.625），わが国に在留している外国人にも（最判昭
和53.10.4民集32.7.1223）適用を広げ，さらに民法90条などの私法の一般原則
の規定を媒体とした間接的な適用によって国民同士の間にも及ぶものと理解さ
れている（最判昭和48.12.12民集27.11.15）[注2]。
　憲法は，自由権的基本権として，まず包括的に規定し（憲法13条），そして
平等保障（憲法14条），思想・良心の自由（憲法19条），信教の自由（憲法20条），
集会・結社・表現の自由（憲法21条，検閲の禁止），居住・移転・職業選択の自
由（憲法22条），学問の自由（憲法23条），財産権の保障（憲法29条），人身の自
由（憲法31条以下：刑事的側面における人格の自由）について規定する。これら
の規定は，あくまでも例示的なものであるが，たとえば眺望権，嫌煙権，日照
権その他（嫌音権，嫌騒音権）の快適生活のため利益等の，いわゆる新しい利
益を，どこまで人権として認めていくべきなのかは，慎重に判断されなければ
ならない[注3]が，日照権については，建築基準法などの改正によって，確保さ
れる日照時間が定められている（建築基準法56条の2〈日影による中高層の建築
物の高さの制限〉）事実は，心身の健康との関係から憲法上の人権としての位置
が認められているものと考えられる。

### 2）社会権的基本権

社会権的基本権は，「個人の自立」（意思の尊重，自己責任）を前提に，社会（国や地方公共団体）が，個々の国民（や市民）の立場や存在に，どこまで，どの程度においてかかわるかについて規定する。社会権的基本権の法的な性格は「老人ホームにおける養護は地方公共団体の措置義務から派生する反射的利益である」とした裁判所の立場に代表され，表現されている(注4)。

憲法は，社会権的基本権として，生存権（憲法25条），教育を受ける権利（憲法26条），労働者の団結権・団体行動権および勤労権を規定し（憲法27条，28条），諸法令においては，憲法規定の下に，正当賃金・有給休暇や生活扶助の権利などが定められている（労働基準法などの労働基本法，生活保護法など）。

### 3）その他の基本権

自由権的基本権や社会権的基本権以外のその他の基本権として，国民の主権から導かれる基本的権利として国家の意思決定に参加する権利（憲法15条，44条），市民的法治国家の理論から導かれる請願権（憲法16条）や公共団体に対する賠償請求権（憲法17条），裁判を受ける権利（憲法32条），刑事補償請求権（憲法40条）などの受益権について規定している。

(注1) このような曖昧な使用例は，たとえば「身体拘束と人権問題」を考える場合に，介護の実際にあたっている職員に不要な混乱を発生させることにつながりやすい。社会福祉の領域における法学研修の課題でもある（志田民吉「福祉サービスの現任者人権擁護研修・教育に関する研究」，高齢者痴呆介護研究・研修仙台センター研究年報，No.2, 17-31, (2002)）。
(注2) それぞれに対応する判決例を資料編に掲載した。
(注3) 橋本公亘「新しい人権について」，書斎の窓，No.297, 3-20 (1958)
(注4) 最判平成5.7.19。

## 2 福祉サービスと人権

### （1）社会福祉専門職が人権を考える必要性

人権は，「すでに人は社会を営み，生きている」という事実の上に，人（国民，市民）は，どのような利益を当該社会の中で享受すべきかを，その内容として考えればよい，といえるのかも知れない。このスタートラインに立てば，人権とは「人が生まれながらにしてもっている当然の権利である」と説明するところから始まり，「何故，それは当然なのか」の説明を不問にする(注1)。

　しかし，今日，市民が家庭や地域の一員として何をなすべきかがわかりにくくなっている。自分が何をなすべきなのかに確信がもてなくなり，人そのものの存在する意義に不安を覚えている市民の数が広がりつつあるように思う。特に学童年齢の児童に至っては，学業に専念することだけが仕事であるかのようである。将来，社会を支える者として，最小限の教養を学ぶ義務教育課程の児童が，その学業に精を出すことは「社会の一員としての仕事である」と意義付けることは可能かも知れないが，大学などの高等教育機関に学ぶことに「仕事」と意義付けることには困難を伴うであろう。また，「人権」を仮に「人として生きる権利，その人らしく生きる権利」とするのであれば，権利とは，原則として，義務と表裏一体の一つのものであり，人権を説明するためには「生きる権利」を説明すると同時に，「生きなければならない義務」についても説明がされなければ不十分であろう。

　欧米社会において生成発展した「人権」概念は，きわめて欧米文化の基本である「絶対神との対峙」の関係において支えられているものである。人権概念の発祥の地である欧米文化の前提である「絶対神」の存在しないわが国において，「生まれながらの人権論」を，あまねく国民に理解させることは困難なように思われる。「では何故に生きなければならないのか」，「他人を殺してはなぜいけないのか」，さらには「自分の命を絶つことはなぜいけないのか」などの生存の根元にかかわる疑義を突きつけられたら，人はどのような返答を試みるのであろうか。特に社会福祉事業にかかわる人材養成との関連で人権を考えるときには，哲学的領域ともいうべき次元に掘り下げた視点からの説明を試みることは，必要なことではないかと考える[注2]。

　また，人権（権利も同様）は，用語それ自体が具体的な内容をもつものではない。あくまでも特定の利益を守る外枠でしかない。この人権や権利として保障される特定の利益は，人々が日々の生活を送っている社会によって，具体的な内容に違いが生じることが多い。法とは社会規範であり，国民が日本の社会をどのように取り仕切っていくのか，というテーマである。

## （2）福祉サービスの対象（市民）の人権

　福祉サービスの対象となる市民は，生活障害をもつ「者」といった一括した

対応から，「児童」「高齢者」「障害者」のような区分けによる，いわば属性別の対応に発展し，さらに細分化し，展開してきた歴史があり，各種の人権宣言や法律の示すところである。では，児童，高齢者，障害者の属性別に保障されるべき利益とは何か。児童，高齢者，障害者は，それぞれに異なる存在であり，それぞれに保障されるべき特定の利益がある。それらの各々の利益の損傷が，人権や権利の侵害事実を判断する基準として作用することになろう。いうまでもなく，人は人権宣言や法律に定められているから特定の利益が保障されて尊重に値する存在なのではなく，尊重に値するからこそ特定の利益の保障が規定されている（制度政策および実践は思想を前提としている）。そこで，ここでは，福祉サービスの対象となる市民の人権について，生きる権利と義務を考え，それぞれの対象にとっての利益となる援助とは何かを考えてみる。

　図1-1に示すように，私たち一人ひとりの存在は，人間以外の動物がそうであるように，「人類」をつなぐものである。平均寿命である80年前後のそれぞれの人の生きている事実が，今日までの私たち人間の存在をつないできたわけである。社会を維持し運営する責任は，主として「成人」によって担われている。人は，成人としてこの世に生まれるものではないから，社会そしてすでに成人である市民は，そうでない市民を成人にしなければ社会は機能しない

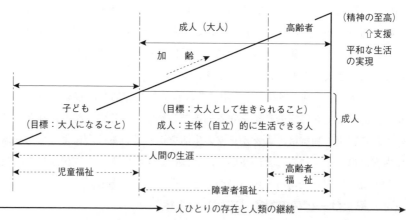

**図1-1　児童・高齢者・障害者の人権（権利）と福祉サービスの目標**

し，人類の歴史は続かない。このことは理屈ではなく事実であり，認めるかど
うかの選択肢である（公理）。人類の歴史が示す児童，障害者，高齢者などが
存在したという事実は，現に私たち市民が毎日出会っているいろいろな人々の
存在の意味を説明するものでもある。人は他人との相関の上に成り立つ生き物
であり，属性の異なる人・市民の間には，それぞれの存在根拠としての相関的
な意義がある。

　仮に，現段階では，福祉サービスの対象としての市民を，大きく「児童」
「障害者」「高齢者」として整理し，それぞれの福祉サービスの目標を概括的に
表現すれば，児童福祉とは，児童を成人（心身を構成要素とする）にするため
の支援と援助であり，障害者福祉，高齢者福祉は，障害あるいは高齢という事
実を抱えた生活の支援であり，援助である。それらの支援や援助の内容は，
個々人の意思を尊重するという利益と社会的な諸条件とが，「人は社会を営む
生き物である」という意義から見て調和のとれたものとして表現されることに
なる。さらに，児童福祉サービスの目標は「成人にする」にあるが，障害者や
高齢者の福祉サービスの目標は「障害や高齢の事実を抱える市民が，障害や高
齢の事実を抱えながらも，それぞれの生涯をよりよく暮らすことを指向する」
ことを支援・援助することにある。

　高齢者の存在は，後進の市民にとり，家庭を営み，子孫を育て，社会を経済
的に支える役割を担い，自分の将来の姿に向けて，希望や覚悟を覚え，「今」
を生きる勇気を与えてくれる存在としての役割を担っている（老人福祉法2条）。
高齢者福祉サービスは，高齢者がそのような社会的な存在であることに誇り，
覚悟，勇気を覚え，日々の暮らしを送り得ることに貢献する支援や援助である
ことが求められる（同法3条）。

　障害者は，「者（成人）」であり，高齢者と同様の理解であるが，高齢者との
相違は「高齢になる」ことは必然であるが，「障害事実をもつ」ことは，あく
までも可能性であることにある。この相違が福祉施策の現実に反映し，福祉
サービスの実際として表現されてくる。

　このように児童，高齢者，障害者は，社会の構成要員として，それぞれに期
待と役割があり，また人はそれらの期待や役割に応えようとして努力する生き

物でもある。その意味で，児童や高齢者，障害者は，それぞれが個人的存在（または私的存在）であると同時に社会的存在（または公的存在）でもある。社会福祉の施策や福祉サービスとしての支援や援助は，児童や障害者，高齢者を個人的・社会的存在の双方の視点に配慮し，行われるべきものであろう。人は存在する理由をもち，生きる義務（期待および役割として与えられた生きるという仕事）をもっている。社会福祉としての対人援助は，その対象である市民の単なる個人の自由な意思を尊重するだけではなく，人は社会的存在としての意思の実現を内在しているものとして理解し，それも尊重し，行われるべき必要があろう。そのような理解と対応が，人がそれぞれの生涯を「よりよく生きる」ことにつながるものであり，また人権の内容でもあることを示唆している。

## （3）児童福祉法，障害者福祉（身体・知的・精神）法，老人福祉法の理解

（1）で述べた，人が存在する意義を，福祉サービスの根拠法の規定との比較においてみてみよう。

### 1）児童・障害者・高齢者についての法律規定

児童福祉法は，児童は成人ではない事実を前提に，親や社会が，心身ともに成人として見合うような条件を付与するよう義務付けている。児童自身には，成人となるために必要な栄養を心身の発育のために懸命に得ることを義務として規定する。障害者や高齢者は，成人である事実を前提として，障害や高齢の事実を受け容れ，生きることを（努力）義務として規定し，社会や周囲は，当該義務の履行を援助する規定となっている。

児童・障害者・高齢者の法律規定を一覧にしたのが，表1-1である。

### 2）児童・障害者・高齢者の役割

すでに見たように，それぞれの法律規定は，それぞれの存在の社会的意義（役割）と密接に関係した内容になっている。児童は成人することが役割であるから，一方的に育てる側の社会や大人の責任を規定するが，高齢者や障害者は本人の努力義務が規定されている。ただし，障害者であっても，精神障害については，本人の努力義務を規定することはなじまないために，身体および知的障害者とは異なる規定をしている。

### 表1-1　児童・障害者・高齢者の法律規定一覧

児童福祉法（1条）　全て児童は，児童の権利に関する条約の精神にのっとり，適切に養育されること，その生活を保障されること，愛され，保護されること，その心身の健やかな成長及び発達並びにその自立が図られることその他の福祉を等しく保障される権利を有する。

（2条）　全て国民は，児童が良好な環境において生まれ，かつ，社会のあらゆる分野において，児童の年齢及び発達の程度に応じて，その意見が尊重され，その最善の利益が優先して考慮され，心身ともに健やかに育成されるよう努めなければならない。

身体障害者福祉法（2条）　①すべて身体障害者は，自ら進んでその障害を克服し，その有する能力を活用することにより，社会経済活動に参加することができるように努めなければならない。

②すべて身体障害者は，社会を構成する一員として社会，経済，文化その他あらゆる分野の活動に参加する機会を与えられるものとする。

知的障害者福祉法（1条の2）　①すべての知的障害者は，その有する能力を活用することにより，進んで社会経済活動に参加するよう努めなければならない。

②すべての知的障害者は，社会を構成する一員として，社会，経済，文化その他あらゆる分野の活動に参加する機会を与えられるものとする。

精神保健及び精神障害者福祉に関する法律（3条）　国民は，精神的健康の保持及び増進に努めるとともに，精神障害者に対する理解を深め，及び精神障害者がその障害を克服して社会復帰をし，自立と社会経済活動への参加をしようとする努力に対し，協力するように努めなければならない。（精神障害者自身の努力義務の規定はない）

老人福祉法（2条）　老人は，多年にわたり社会の進展に寄与してきた者として，かつ，豊富な知識と経験を有する者として敬愛されるとともに，生きがいを持てる健全で安らかな生活を保障されるものとする。

（3条）　①老人は，老齢に伴って生ずる心身の変化を自覚して，常に心身の健康を保持し，又は，その知識と経験を活用して，社会的活動に参加するように努めるものとする。

②老人は，その希望と能力とに応じ，適当な仕事に従事する機会その他社会的活動に参加する機会を与えられるものとする。

　また，精神障害者と国連原則の①〜④の規定(注3)は，いずれも精神障害者の諸権利行使について，積極的側面と消極的側面について示している。このよう

な規定の仕方は，精神障害者と社会（地域）との関係を示すものであり，双方の視点に立った生活者の利益調和が大切であることを説明している。この解釈は，権利は私的であるとともに公的な意味をもち，社会の中で個人生活が成り立っていることに由来するものでもある。

（注1）人権についての代表的な見解として，基本的人権の観念の眼目は「人間が人間である以上，当然に備わっている（はずの）権利」（奥平康弘『憲法Ⅲ』，有斐閣，p.22（1993）），「人権を承認する根拠に造物主（神）や自然法を持ち出す必要はもはやなく，国際人権規約前文に述べるように『人間の固有の尊厳に由来する』と考えれば足りる」（芦部信喜『憲法〈新版〉』，有斐閣，p.80（1997）），「実際には，各種の人権宣言，条約，諸原則（高齢者のための国際連合原則など）がわが国において『人権』の観念を定着させる原動力として作用してきた」（中村睦男「人権観念の歴史的展開」『人権論の新展開』，北大図書刊行会，p.4（1999））が挙げられる。

（注2）この点，「（さらに〈人の〉固有の尊厳性とは，それは何かについて）もとをただせば『人権』は哲学的，倫理的，道徳的な主張として登場し……，今でも……重要なテーマである」（奥平康弘・前掲書，p.20）とし，人権論においては，哲学的な説明の必要性が示唆されているものと考える。〈　〉内は志田が追加。

（注3）（参考）「精神障害者の国連原則」の規定表現について

①一般制限条項

本原則において規定された諸権利の行使は，法的に定められ，かつ本人もしくは他のものの健康と安全を守るために必要であるか，さもなければ公共の安全，公の秩序，公衆の健康，もしくは道徳又は他の者の基本的権利と自由を守るために必要な限度においてのみ，制限を受ける。

②原則3：地域での生活

全ての精神病者は，可能な限り地域において生活し，働く権利を持つ。

③原則5：医学的検査

いかなる人も，国内法で認められた手続きに従う場合を除き，精神病であるか否かを判定するための医学的検査を受けることを強制されない。

④原則19：情報へのアクセス

患者（だった者を含む）は，精神保健施設において保存されている患者の健康状態，及び個人記録のうち，当該患者に関係する情報を入手する権利を持つ。この権利は患者の健康状態への深刻な弊害を防ぎ，又他の者の安全を危険にさらすことを回避するための制限に従うものとする。―以下省略―

　このように，児童や高齢者，障害者の人権や権利を構成する利益の内容は，それぞれの存在の意義と符合している。

## 3　人権擁護制度

　市民の人権を保障する制度として，裁判制度がある。しかしながら，裁判制度が市民の日常生活において多発するような些細な利益侵害行為に対し，人権

侵害の予防的機能や課題解決機能としての作用を期待することは，必ずしも合理的とはいえない。市民にとって簡便に侵害の事実が除かれるために機能する制度も，また必要である。憲法は市民の裁判を受ける権利を保障しながら（憲法32条），一方においては，終審でないことを条件として，行政機関に市民の権利保障機能を与えている（憲法76条2項）事実が示すことでもある。市民の日常生活において発生する利害の争いの中には，裁判制度の活用までに至らない，比較的手短な人権擁護制度が必要であり，特に福祉サービスの利用を余儀なくされているような市民にとっては，裁判制度の活用を考えることは，困難なことである。裁判制度とは異なった，比較的手軽に身近に市民の間に生じた争いの解決手段として，次のような規定および制度がある。

### （1）法務省組織令44〜47条

　法務省組織令では，人権擁護機関の設置を義務付けている。この規定を受けて法務省には人権擁護局が置かれ，各法務局・支局において人権擁護業務が実施されている。具体的には，人権擁護委員の設置（45条3号），人権侵犯事件の調査や被害救済・予防（46条1号），人権相談（同2号），人権啓発および人権擁護運動の助長（47条）などが規定されている。これらの規定に基づき，具体的な人権侵犯の事実が確認されれば，各侵犯の事実に関与し，侵犯事実の排除に努めることになる。人権侵犯の事実を知る方法としては，実例として「人権110番」「子どもいじめホットライン」が，各法務局の中に設置されている。

### （2）人権擁護委員法（昭和24年法139）

　この法律は，法務大臣の委嘱により，全国の市区町村に人権擁護委員を配置し，国民の基本的人権の擁護，自由人権思想の普及高揚を図ることを目的とする。ただし，職務を行うための必要経費（交通費などの実費）を除き，給与は支給されない。

### （3）人権教育及び人権啓発の推進に関する法律（平成12年法147）

　この法律は，人権擁護施策推進法が1996（平成8）年12月に5年間の時限立法（2002（平成14）年3月25日失効）として制定されたが，同法規定の人権擁護推進審議会が2000（平成12）年7月に，文部・法務両大臣および総務庁長官に対して行った答申を受けて，法律にしたものである。この法律の8条（年次報

告）の規定を受け，毎年度，文部科学省および法務省は，政府が講じた「人権教育及び人権啓発施策（いわゆる人権教育・啓発白書）」を，国会に報告しなければならない（詳細はそれぞれの省庁のホームページ（http://www.moj.go.jp/JINKEN/jinken02_00009.html）などを参照）。

## （4）「人権擁護法案」（平成14年3月8日，第154回国会提出・継続審査，平成15年10月廃案）

　上記（1）〜（3）の各制度に対して，人権侵害が発生し，または発生するおそれがある被害について適正かつ迅速な救済およびその実効的な予防を図るため，新たに独立した行政委員会としての人権委員会（仮称）およびその委員会による新たな人権救済制度の創設が図られた。法律案は，強制調査権を伴う積極的救済機能を意図した委員会の組織・権限および救済の措置や手続きなどその他の必要な事項を定めている。人権委員会の救済手続きは，これまでと同様な相談や助言を行う「一般救済」と，積極的な対処を内容とした「特別救済」を設けている。特別救済の対象は，①差別的取扱，②虐待，③ハラスメント，④報道機関による人権侵害，⑤自ら被害回復を図ることが困難な人権侵害，⑥差別助長行為，とした。各地域におかれる人権調整委員は，調停・仲裁，人権侵害行為の停止勧告・公表，訴訟援助などの手続きをとり，差別，虐待，ハラスメント，差別助長行為に対しては，事件関係者の出頭や文書提出を求める，立ち入り検査を行う等の強制調査権をもつ。従わない者に対しては過料を科している。報道機関は強制調査権の対象外としているが，「犯罪被害者とその家族」，「被疑者・被告人の家族」，「少年の被疑者・被告人」に対するプライバシーの侵害やつきまとい，待ち伏せなどの過剰取材は，本法の救済の対象としている。この法律は法務省，厚生労働省（雇用差別，セクシャルハラスメント），国土交通省（船員）との共管である（2002（平成14）年9月末の段階）。

　なお，人権擁護法案が廃案となって以降，「人権委員会設置法案」が2012（平成24）年の国会に提案されている。その趣旨は人権擁護法案と同様で，市民生活における人権救済制度を目的とするものである。このことは，先にも触れたが，権力を行使する立場にある法務行政が所管であるということの市民の利益の擁護と侵害のリスクが，可能性としては内在されているということでもある。国民の知る権利にかかわる情報公開法や個人情報保護法など一連の法律と

調和のある運営と管理も問題である。行政争訟の他に，人権擁護制度として機能してきた従来の諸制度では市民のニーズに応えられない日常の生活の現実があり，人権擁護法案のように強制力の伴った人権救済制度をどのように考えていくのか，でもある。

### （5）人身保護法（昭和23年法199）

　この法律は，英米法のヘイビアス・コーパス制度に倣い制定されたものである。法律の目的は，不当に奪われている人身の自由を，司法裁判により，迅速，かつ，容易に回復させることである（1条）。この法律の対象は，刑事手続きに限定されない，広く，法律上の正当な手続きによらないで，身体の自由を拘束されている者があるときは，本人でも誰でもその救済を請求できる（2条1・2項）。ただし，この法律の運用が，人身保護規則の4条において「拘束の違法性の顕著であること」を請求要件としていることから，実際の活用には制限的に作用しており，予防的な意味での活用は困難であり，活用例としては，幼児引渡し請求以外に用いられることは少ない。

　幼児引渡し請求に対する本制度の活用についての裁判所の考え方は，「夫婦の一方が他方に対して請求した場合には，拘束者において監護・拘束が権限なしにされていることが顕著であると言うためには，拘束者が監護することが子の幸福に反することが明白であることを要する」（最判平成5.10.19民集47.8.5099），「その要件を満たす場合とは，拘束者に対して引き渡しを命じる仮処分または審判が出されているのに従わない場合，また拘束者の幼児に対する処遇が親権行使という観点から見てもこれを容認できないような例外的な場合がこれに当たる」（最判平成6.4.26民集48.3.992），「離婚調停における合意に反した幼児の拘束を継続したなどの事実関係の下では，拘束には顕著な違法性がある」（最判平成6.7.8判時1507.124）等がある。

### 4 社会福祉の分野における「権利擁護」の制度(注1)

### （1）まず，「人権」と「権利」の語句について

　一言でいえば，「人権」は国民が国家の統治を委ねた為政者に対する為政の際の遵守事項であり，国民と国家（為政者）との間での用法が一般的である。

「権利」は裁判規範となり得る法源で，司法によって保障される国民の利益のことである。人権も裁判規範となり得るのは当然ではあるが，わずかに103の条文からなる憲法規範である。生存権（25条）の規定を例に挙げれば，「国民は，健康で文化的な最低限度の生活を営む権利」（1項）や「社会福祉，社会保障，公衆衛生の向上及び増進」（2項）の規定の語句からでは意味内容において具体性に乏しく，判断の基準としては曖昧さを否定できない。

　この最高規範である憲法の規定を国民の生活次元の規範にまで具体的なものとするには，最高規範である憲法の下位規範としての法令（法律・命令・規則・条例など）の制定が必要である。司法によって保障される利益ということが権利であれば，「権利」には憲法から始まり，下位規範の法令なども含む広いものとなる。「権利擁護」の「権利」の基となる法令（法源）には際限がない（後述するように，公法，私法，社会法などの分類法はあるが，それぞれの分類領域の法令に権利の根拠が規定されている）。あえて「福祉サービスの利用」の項目として「権利擁護」を用いるのであれば，社会福祉法の規定としては，下記の（2）の範囲である。この制度と区別された実践としての社会福祉の領域での語句用法とでは，「社会福祉」という大項目で括られた範囲ではあるが，その射程範囲は異なってこよう。

## （2）福祉サービスの利用（社会福祉法）としての「権利擁護」の語句の用法

　1998（平成10）年6月17日の「社会福祉基礎構造改革（中間まとめ）」[注2]を手がかりにすると，次のようになろう。

　「Ⅲ　改革の具体的内容」の「1　社会福祉事業の推進」の「（3）（福祉）サービスの利用」では，「自己決定能力が低下している者などの権利擁護の仕組みとして，契約制度を補完し，適切なサービスの利用を可能とする制度が必要となる」とし，次の項目「（4）権利擁護」の内容として「成年後見制度」および「日常生活自立支援事業（旧・地域福祉権利擁護事業）」を掲げており，この中間まとめが社会福祉法の改正に反映された。

　ただ「成年後見制度」は，福祉サービスの利用者も含む，広くすべての市民がその適用の対象であり，私法（民法，任意後見契約法などを含む）である。「日常生活自立支援事業」は，契約による福祉サービスの利用との関連で成年後見

制度の活用の支援規定であり，「軽微な法律行為及び代行行為（事実行為）」を内容として(注3)，社会福祉法「第 8 章　福祉サービスの適切な利用」（後述参照）の「第 2 節　福祉サービスの利用の援助等」の中の都道府県社会福祉協議会の行う福祉サービス利用援助事業等（81条）である。社会福祉法は日常生活自立支援事業についてのみ規定するが，民法などの成年後見規定を前提としたものである。いずれにしても，福祉サービスとしての権利擁護の語句は，「成年後見制度」と「日常生活自立支援事業」を想定したものである。

　このほかに，障害者総合支援法「第 3 章　地域生活支援事業」77条，77条の2 条（基幹相談支援センター），78条は，措置入院患者（精神保健福祉法）の退院請求なども権利擁護として活用される（2017（平成29）年 4 月 7 日の精神保健福祉法改正審議の参議院本会議での厚生労働大臣の答弁，2017年 4 月17日付福祉新聞）。なお，成年後見制度の詳細については，本書「第 4 章　民法」を参照。

　　（注 1 ）「人権擁護」の語句の用法についての詳細は，志田民吉「第 1 章　人権と権利擁護」，志田
　　　　　民吉編『臨床における人権と権利擁護』，弘文堂，pp.5-6（2006）を参照。特に，権利擁護
　　　　　の制度と権利擁護の実践とは，対のものとして理解することが必要である。「擁護」は活動で
　　　　　ある。あえて説明を加えれば，法（制度）的に保障されていれば，その（法の）執行として
　　　　　国や自治体などの行政主体は拘束されることになるが，法（制度）的な保障がなくても実践
　　　　　としての権利擁護活動（行為）はあり得る。ただし，後者の場合にはボランティアなどの慈
　　　　　善的な任意の行為となり，行政の運営として行われる保障にはならない。戦前（現行の憲法
　　　　　以前の憲法，いわゆる明治憲法）においても慈善事業として行われていた。
　　（注 2 ）中央社会福祉審議会社会福祉構造改革分科会「社会福祉基礎構造改革について（中間まと
　　　　　め）」（1998）の「Ⅲ　改革の具体的内容」の「1　社会福祉事業の推進」の「（4）　権利擁
　　　　　護」を参照。
　　（注 3 ）厚生省社会・援護局長の私的懇談会，社会福祉分野における日常支援事業に関する検討会
　　　　　「社会福祉分野における権利擁護を目的とした日常生活支援について」（1998.11.25）の中の，
　　　　　「2　各論点に関する基本的考え方」の「（1）社会福祉分野における日常生活支援と成年後
　　　　　見制度との関係について」を参照。

## 5 福祉サービスと身体拘束・人権

### （1）身体拘束の許容基準

　身体拘束問題は，特に社会福祉施設などにおける介護サービスの実践では，大きな関心対象となろう。介護保険制度において，身体拘束の禁止が原則として示されたことにも関連する(注1)。介護業務を担当する介護専門職にとっては，日々の仕事に関係する関心事項である。要するに，福祉介護サービスにおい

て，利用者の身体拘束についての（許容）基準はどこにあるのか，という問い
かけである。この課題を整理すると，「①福祉サービス事業者の事業方針や経
営姿勢」としての意味合いなのか，「②法律上の責任問題」として考えるのか
によって異なってこよう。介護業務の現場においては，これらの2つの視点が
混在した形で疑問が提供されていることが多い。

　①の意味で考えれば，サービス事業者にとり，利用者のニーズに応えること
が仕事の内容であるから，「身体拘束はどこまで認められるのか」という問い
に対しては，「どこまでも身体拘束なしを求めるべきものであって，どこまで
はよいという基準はない」ということになる。一方，②の意味で考えれば，法
律責任を問うに該当する行為があれば責任が発生し，それは諸般の事情を考慮
して判断されることになる。法律上の責任は，一言で表現すれば，法律上の責
任を問うにふさわしい行為（または不行為）があった場合に発生する，といえ
る。当該法律上の責任は，権利の発生原因の一つである「契約」においてどの
ような内容の権利を生じさせたのか，仮に介護において一切の身体拘束がない
ことを内容とした契約が締結されたのであれば，どのような身体拘束も契約違
反であり，身体拘束の事実は債務不履行となり，契約の解除や損害賠償の責任
が生じることになる。

　しかしながら，権利侵害の事実が人権侵害の次元にまで至るのかどうかは，
それぞれの社会の判断を待つことであり，最終的には裁判所の判断に委ねられ
る事項である。このような判断を，介護処遇のケースごとに，一人ひとりの介
護職員の個人責任の下に，介護職員の主観的な判断に委ねられることは現実的
ではないし，望ましいことでもなかろう。各介護施設等におけるケース検討結
果の集積を待って，それを一つの目安として活用されることは必要であるが，
さらに社会的な判断としての客観性を保障する制度の創設が大切ではなかろう
か。2002（平成14）年4月施行の秋田県鷹巣町の高齢者安心条例は，一つの答
えを示している（この条例は，鷹巣町が北秋田市に併合された後まもなく廃止され
た。福祉計画と地域計画との関係を考えるための資料として参考までに取り上げた）。

## （2）秋田県鷹巣町の事例

　秋田県鷹巣町高齢者安心条例（以下「安心条例」）は，介護保険制度の創設に

伴い制定され，介護保険制度の下では身体拘束が原則禁止になったことを受け
たものである。この安心条例の特色として次の4点が挙げられる。

　①高齢者の人権擁護について行政（町）の責任（役割）を明確にしている。

　②どのような身体拘束が禁止されるのかを明確にしている。

　③身体拘束禁止に関する例外規定を置き，その例外となる態様に，記録，報
　　告義務，実態調査，公表を通じて，客観的・合理的な根拠を付与している。

　④施設等において，たとえば職員数の不足などに対する金銭的支援を検討す
　　る規定を置いている。

　この安心条例は，福祉サービス施設の現状に対する配慮や町の財政能力を勘
案し，罰則を規定していないなど，社会の現状に配慮した合理的な制度である
と評価できる。諸外国においても，通例としてみられる制度ではあるが(注2)，
わが国では，当該安心条例がはじめての制度である。実際に提供される介護等
の福祉サービスは，施設等における職員や設備などを総合化した介護力・サー
ビス力，利用者の要介護の程度，家族を含む地域の支援体制などを総合的に組
み合わせたものの結果から実際には導かれるのであり，身体拘束の態様を含
む，どの程度の身体拘束が法の関心対象になるのかは，わが国の社会において
どのような介護内容を期待することが，現実的かつ合理的なのかの判断に対応
するものであり，また導かれてくるべきものであろう。ただし，市民の誰の目
から見ても明らかに禁止すべきだと感じる程度の身体拘束のケースに，「どこ
まで許されるのか」の疑念がもち出されることはない。市民の多くが，その立
場の違いよって，見解が微妙に分かれるようなケースが問題の対象となる。ま
た，社会福祉の専門施設や介護職が専門職として，今日の社会において求めら
れる最低限の程度の条件を満たしていることが前提の議論でもある（次節の
「④社会福祉士の責任」の項を参照）。

　　（注1）「指定介護老人福祉施設の人員，設備及び運営に関する基準」（平成11年厚生省令39）11条
　　　　4項，「特別養護老人ホームの設備及び運営に関する基準」（平成11年厚生省令46）15条4号
　　　　では「……当該入所者又は他の入所者等の生命又は身体を保護するため緊急やむを得ない場
　　　　合を除き，身体的拘束その他入所者の行動を制限する行為を行ってはならない」と規定する。
　　（注2）たとえば，オーストラリアの「後見監督人法 Guardianship Act 1987 NSW」。この法律は，
　　　　知的障害者が自己または他人に危害を与えるような場合に，知的障害者本人の行動を制限す
　　　　る（拘束する）場合のガイドラインである。これは拘束のための基準がない場合の曖昧さの

中でブレーキの利かない人権侵害が行われる弊害を防止するものであり，必要な拘束に社会的合理性を保障する制度である。

# 第3節 社会福祉（福祉サービス）の利用（契約）制度と法

## 1 「福祉サービスの利用制度」とは何か

　福祉サービスの利用制度とは「利用者が事業者と対等な関係に基づきサービスを選択する利用制度」[注]の用法であり，利用者が自らサービスを選択し，具体的には事業者との契約による福祉サービスを利用制度の基本としている。社会福祉法の施行により，契約制度が措置方式に替わり，わが国の福祉サービスの原則的利用方式として採用されている。このように社会福祉法の下での福祉サービスの利用に際しては，契約制度とは何かの理解も大切である。また，近代法は私法を中心として生成発展した経緯をもち，その私法の中心にあるのが契約制度でもある。さらには法律制度はそれぞれの社会の文化あるいは基本的価値の所在を示すものでもあり，日本の法制度の系図をたどりながら，どのような社会（国）の形を私たち市民は承認し，そこで生活をしているのか，その社会で生活をする者としての守らなければならない規範（ルール）は，一体どのようなものであるのかを理解することも大切であろう。

　すでに述べたように，社会福祉士（精神保健福祉士）の仕事は日本で生活する市民を対象とし，日本の社会のもっている諸条件の下で行われることを承知していることが大切である。

　（注）中央社会福祉審議会社会福祉構造改革分科会「社会福祉基礎構造改革について（中間まとめ）」（1998.6.17）等を参照。なお，それらの資料については，2000（平成12）年2月国会（第47回国会）提出資料「社会福祉の増進のための社会福祉事業法等の一部を改正する等の法律案（内閣提出法案第50号）参考資料」（厚生省）収録の資料に拠った。

## 2 わが国の法律制度

### （1）近代法の価値と契約制度

　法律の世界は，人間の日常生活が社会において営まれることを前提にして始まる。その社会，特に国家という社会では，人々の行動を方向づけ，団体生活に統一と秩序を与える規律（または規範）がある。また，法が実効性をもつために，法の定める内容には社会的妥当性が要求され，行為規範であるから，人に実現可能な内容が前提である。法の価値は，（哲学・倫理学の根本問題ではあるが）真・善・美といった個人の次元で求められるべき価値とは異なる正義である。そこでは当事者双方の意見を十分に聞き，その上で判断することが最低限要求され，それは当事者対立構造の制度（Adversary system）であり，裁判手続きである。裁判は法に則り行われ，法律家である裁判官により運営され，さらに当事者が平等に参与する機会が与えられる。このように「法という観念」と「裁判という制度」とは，密接不可分の関係にある。

　福祉サービスに契約制度が導入されたが，契約とは複数の当事者を予定し，当事者間の利益調整として裁判制度が活用されることも同様の考えによる。契約制度は，複数当事者間の合意を基礎として成立するが，「合意」とは不履行を予測した仕組みの中で理解されるものであり，当事者間で争いの対象となっている利益を調整する制度である裁判制度，すなわち訴訟とは密接な関係にある。換言すれば，契約社会とは訴訟社会でもある。さらに契約制度は，近代法の基本価値である「自由意思の尊重（自己決定）」と「自己責任」の上に成り立つ制度であり，福祉サービス事業を営む制度として導入された事実は，契約の当事者が「対等」である状態においてはじめて活用し得ることを意味する。2002（平成14）年6月に施行された社会福祉法の改正内容の多くが，契約制度の導入と関係する理由がここにある。

### （2）わが国の法体系

　今日，私たちの国家で適用されている法律制度は，アメリカやイギリス，ドイツ，フランスなどの国家において適用されているものと同根である。歴史的にはギリシャなどのローマ帝国以前の古代国家にも法律制度はみられ，バビロ

ニアのハンムラビ法典は代表的である。ローマ法は後世の西欧の近代法に大きな影響を与え，それは大半が私法を扱い，個人をその主体として構成し，個人を法体系の中心に据えたものであった。個人主義的な特徴が，個の尊重を中核とした近代西欧法と類似性をもつ所以である。その後，ローマ法はラテン法系（ローマ法系ともいう），ゲルマン法系，イギリス法系に分かれ，さらに19世紀には，世界の法体系はフランス法系（ラテン法系），ドイツ法系，英米法系（コモンロー系）に編成されてきた。

　わが国では，明治政府の近代化政策や旧幕府による諸外国との不平等条約（治外法権や関税自主権の不存在）の撤廃を目的とした「西欧法と同じ法律制度をもつ」という選択肢，導入すべき相手の国の法体系や政策，当時のわが国の事情である「天皇制を中核に据えた国家体制の確立の必要」[注1]等の，諸般の事情から，導入可能な法律制度を順次導入した。それらの結果が，フランス法（ボワソナード民法），ドイツ法の制度導入（大日本帝国憲法），さらには第二次世界大戦の終了に伴うアメリカ修正憲法をモデルに制定された（日本国憲法）ことが，わが国の法律制度の特色である[注2]。

　　（注1）伊藤博文は，1882〜1883（明治15〜16）年の間ドイツに滞在し，1882年8月に，岩倉具視宛にドイツの法制度が皇室の基礎固めに有効である書簡を送っている（色川大吉『日本の歴史21』，中公文庫，p.433（2006））。
　　（注2）わが国の法制度の歴史や由来，特色は，三ヶ月章『日本人と法』，日本放送出版協会（1984）を参照。

## 3 「福祉サービスの適切な利用」とは何か

　社会福祉法は，「第8章　福祉サービスの適切な利用」として，「第1節　情報の提供等」，「第2節　福祉サービスの利用の援助等」，「第3節　社会福祉を目的とする事業を経営する者への支援」を規定する。それらは2000（平成12）年の社会福祉法改正で契約による福祉サービスの利用を原則とする利用方式に改められたことに伴い，新たに追加された諸規定である。ここでいう「適切な利用」は「社会福祉という領域では契約制度がどのような用いられ方をするのがより合理的なのか」ということと関係して導かれるべきものであろう。どのような環境の下で福祉サービスにかかわる契約行為はなされるべきなのか，で

もある。自由権的基本権と社会権的基本権とのそれぞれが基本的人権として同次元の価値あるものとして日本の社会では扱われるとしても，これらの基本的人権のどこがどのように異なっているのか，それぞれの生成の動機と過程についての基本的な理解は必要であろう（「第2章 憲法」を参照）。

　また，措置（「第3章 行政法」を参照）あるいは契約のいずれかによる福祉サービスの提供であっても，それらは「社会福祉の向上と増進」（憲法25条）であり，国民主権の下では「国民の最善の利益」を共通の目標として制度政策の立案およびその執行がなされなければならない。「契約あるところに訴訟あり」といった法諺は，契約当事者の合意（単に「約束」と置き換えて考えてもよい）には，当事者間のそれぞれの受け止め方に，時として多少の行き違いが生じることは事実であることも物語っている。このことは社会福祉の領域に「契約によるサービスの利用制度」を導入したことが，措置による時代に比較して，訴訟はより身近な距離関係になる可能性を示唆するものであり[注1]，また同じ契約に基づくサービスの提供とはいっても，社会福祉と医療とでは，同じ「社会保障制度」という枠組みの中に位置付けられているとしても，それぞれが一つの概念の下に一元化されていないのだから，それには訳があるのだろうと思いめぐらされなければならない。医療は「治療」，つまり「治す（こと）」が目標（社会的入院が何故に問題とされるのか）であり，「生活」，つまり「毎日の暮らし（生きること）」が目標である社会福祉とは，厳に区別されて考えられるべきものであろう。たとえば，後述される苦情解決制度（「第5章 社会福祉の法と関連領域」を参照）は，何をもって「解決」と扱われるべきか，といったところにも相違が生じよう[注2]。社会福祉と法との関係のあり方を考える上で必要な大切なことではなかろうか[注3]。

（注1）判決例の内容については付章「資料編」を参照。なお，下記の注3を見よ。
（注2）利用者・事業者間の関係調整可能な人材であることを意味し，必要な人材は，必ずしも医療や法律などの専門家ではない（なお，「5．社会福祉士（精神保健福祉士）と総合法律支援制度（法律専門資源の活用促進制度）」を参照）。
（注3）志田民吉「社会福祉法における"解"とは何か？（4）」，東北福祉大学大学院研究論文集総合福祉学研究，No.12，50-54（2015）を参照。ここでは契約による福祉サービスの利用をめぐる裁判所の判断の変遷を扱っている。
（参考）インフォームド・コンセントと福祉サービス事業

　サービスとは，ニーズに対するサービスであり，ニーズを抱える者主体である。「インフォームド・コンセント」を扱う意味は，患者と医者との関係（医療契約，準委任契約）に生じた変化の意味を理解し，その事実のもつ意味を社会福祉領域で考えるためである。医療の領域では，すでに保険制度と契約制度によりサービスが提供されており，同様の制度が導入された社会福祉領域でも，福祉サービスの利用者と提供者（事業経営者や福祉職員）との法律関係を考えるのに十分参考にしなければならない。エホバの証人事件をめぐる地方裁判所と高等裁判所，最高裁判所の見解の相違は，医療契約に基づく医師と患者との関係のあるべき姿の設定に関する相違が反映されたものである。言い換えれば患者と医者との間に締結された医療契約から，どのような権利義務関係が双方に発生するのかについて，それまでの解釈（東京地方裁判所の立場）に変遷があったということである。高等裁判所および最高裁判所の裁判所の解釈に踏み込ませた事由の一つに，「手術をしても余命が1年である」事実が考えられる。いずれにしても，従来の医師側のパターナリズムが過度のものであるという判断であり，患者の意思を低く評価した医師の責任を問うものである。第1審の地方裁判所の見解がそれまでの一般的な裁判所の見解であったことから，患者と医師，福祉サービスの提供者と利用者の間の，契約制度に基づく権利関係に横たわっていたパターナリズムという一種の温情的な医師・患者の関係の解釈における変化が理解されるであろう（従来の判断を掲示）。なお，医師から患者に対する説明義務を扱った判例には，「付章1　判例研究」のほかに「最判昭和56.6.19判時1011.54」などがある。

## 4　社会福祉士（精神保健福祉士）の責任

### （1）専門職に求められる責任

　社会福祉士（精神保健福祉士）は，ソーシャルワーカーの基礎資格であると同時に，社会福祉の専門職である。「専門職である」ことは，専門職であることに伴う責任について理解し，日々の仕事に要求される専門性を，常に客観化しておくことが求められる。社会福祉のサービスを提供するにあたり，事故発生のリスクは避けがたいものであり，事故防止に努めるとともに，発生する損害の補償を考えて，保険制度の利・活用などが一般化している。

### （2）事故発生の責任

　一般的に，事故が発生した場合，民事上（民法709条以下），刑事上（刑法211条），行政上（各種の行政法規違反）のそれぞれの責任が発生する。この3つの責任は異なる目的に応じた責任内容を問う仕組みである。民事責任は発生した損害の補塡であり，刑事責任は社会的秩序の保持であり，行政責任は行政上の利益の保護である。たとえば，福祉サービスに関する人権（権利）侵害問題は，福祉サービス事業は法律上（社会福祉法第一種，第二種）特定されており，それらの事業を行う場合には，所定の所轄官庁の許認可が必要である関係から，刑

事事件としての評価を受けるような人権（権利）侵害事実は，当然の行政機関の監督権限の対象ともなる（行政処分）。

## （3）専門職の責任の特色（責任要件の加重）

　契約で取り決めた内容，程度のサービスを提供する責任とその責任を果たすに際しての専門職業人として求められる注意義務は，一般人に比較して高い。民事責任における注意義務違反である過失（民法709条）は，結果の回避義務違反であり，適正な結果回避措置を期待する前提として，予見義務に裏付けられた予見可能性の存在である（東京地判昭和53.8.3判時899.48）。刑事責任の過失（刑法38条）は，結果の発生を予見する可能性とその義務および結果の発生を未然に防止することの可能性とその義務である（最判昭和42.5.25刑集21.4.584）。このような民事責任および刑事責任の根拠となる結果回避の義務や予見可能性については，職業人（専門家・玄人）が一般人（素人）より高いレベルのボーダーラインを設定されるのは当然である。専門職と呼ばれる理由とそれに伴う責任についての認識が求められる。

## （4）ボランティアの責任

　無料サービスとして提供した場合には，責任はどうなるのか（ボランティア責任の事例）。ケースバイケースであるが，責任の軽減はあっても責任自体は生じる(注)。

　　(注) 参考①志田民吉「他人の子供を預かった者の責任について」，東北福祉大学紀要，No.9，
　　　　103-114（1985），②志田民吉「訴訟化と社会福祉実習」，東北福祉大学社会福祉研究室報，
　　　　No.3，20-26（1993）。

## 5　社会福祉士（精神保健福祉士）と総合法律支援制度（法律専門資源の活用促進制度）

## （1）措置から契約へ

　憲法は「何人も，裁判所において裁判を受ける権利を奪われない」（憲法32条）と規定し，裁判を受ける権利をすべての日本国民に保障する。制度上は，本人訴訟主義といい，国民の誰でもが本人自らの手で，誰の援助も借りずに裁判（訴訟）を提起することができる。しかし，実際に裁判制度を利用するための手続きは複雑であり，法律の専門家ではない一般の国民には，その利用は容

易なことではない。

　社会福祉法改正（2000（平成12）年）や介護保険制度の創設により，福祉サービス給付は契約によって行われることが原則となった（措置から契約へ）。この改正は，日本の社会経済情勢の変化などを背景とし，事前規制（調整）型社会から事後救済（紛争解決）型社会への転換を意味している。これらの改正動向に伴い，わが国の社会領域においてもアメリカ型訴訟社会の到来は避けられず，司法の役割の増大や紛争解決のあり方にも多様なニーズがあらわれてくる。総合法律支援法は，まさに時代のニーズに対応した，相談体制等の整備などを含む法律専門職資源の総合的なニーズに対応することを意図する。

### （2）総合法律支援法（平成16年法74）

　裁判による紛争解決のための制度利用の簡便化（制度自体の改正），制度利用を支援する体制（制度利用の支援体制の構築，弁護士，弁護士法人，司法書士その他の隣接法律専門者のサービスを身近で受けられるようにする）の整備と，その中核となる日本司法支援センター（通称・法テラス）における総合的支援の組織・運営を定め，自由かつ公正な社会の形成に資することを目的とする法律である。

　さらに，2016（平成28）年に，認知機能が十分でない高齢者・障害者，大規模災害の被災者，ストーカーなどの被害者に対する日本司法支援センターが行う民事法律扶助について，事前の資力審査を経ることなく（資力を問わないで），迅速な法律相談を受けられることを内容とした法的支援の拡充を目的とした改正が行われている(注1)。

　法律の主要項目は次のとおりである。

　①　司法の利用相談窓口の設置と情報提供　　（紛争解決への道案内としての）総合的な情報提供，具体的には「司法の利用相談窓口（アクセス・ポイント）を裁判所，弁護士会，地方公共団体などに拡充させ，ホームページなどを活用したネットワーク化の促進を図り，各種の裁判外紛争解決手段（ADR）(注2)，法律相談，法律扶助制度を含む司法に関する総合的な情報提供を強化すること」を目的とする。

　②　民事法律扶助の拡充　　従来，指定法人である法律扶助協会が，法務大

臣の監督下で，補助金を受けて全国的サービスを提供する体制として整備されていた（2000（平成12）年，民事法律扶助法）。しかし，その法律扶助協会の組織基盤の整備などの課題があり，同制度の総合的・体系的な検討と一層の充実を目的とする。

③　被疑者・被告人の公的刑事弁護制度の整備　　従来の被告人に対する国選弁護人に加え，「被疑者に対する公的弁護制度を導入し，被疑者段階と被告人段階とを通じ一貫した弁護体制の整備」，「全国的に充実した弁護活動を提供できる体制の整備，殊に訴訟への国民参加制度の実効的実施を支える体制の整備」を目的とする。

④　弁護士へのアクセス拡充など（司法過疎対策）　　弁護士等の法律専門家の不在地域に，法律相談センターなどの設置の促進を目的とする。

⑤　犯罪被害者支援　　犯罪被害者の保護・救済に十分な配慮をし（犯罪被害者保護に関する法律等），刑事司法に対する国民の信頼確保と被害者等への精神的・経済的ケアも含めて，幅広く支援体制を整備することを目的とする。

⑥　連携の確保強化　　総合法律支援の実施および体制の整備にあたっては，国，地方公共団体，日本弁護士連合会，隣接法律専門職団体，裁判外における法による紛争解決を行う者などの法律専門職，被害者等の援助を行う諸団体やその他の関係する者との間の連携の確保および強化を目的とする。

なお，総合法律支援法制定以前は，わが国の法律扶助事業は「法律扶助協会」（1952（昭和27）年設立）により「法律扶助制度」として市民のための法律扶助事業が行われてきた。この法律扶助協会の事業内容は，法律の規定する「日本司法支援センター」に移管され，事業内容が拡充されて継続して運営されている。同センターの趣旨や業務内容のおおよそを理解するために，旧来の法律扶助制度の概要を，参考までに掲載する[注3]。

　（注1）総合法律支援法の一部を改正する法律（平成28年法53），時の法令，No.2018，29以下（2017）を参照。

　（注2）ADR（Alternative Dispute Resolution）は裁判外紛争解決手続きの意味で，調停，あっせん，仲裁などの，裁判によらないで民事上の紛争を解決しようとする紛争当事者のための，公正な第三者の関与によって，紛争の解決を図る手続き一般を指す概念であり，裁判外紛争解決手続の利用の促進に関する法律（平成16年法151）によりわが国に導入された制度である。

（注3）旧来の法律扶助制度の概要

（1）わが国の法律扶助事業は，1952（昭和27）年に「法律扶助協会」が設立され，以後同協会によって今日まで制度は運営されてきた。事業の財源は，国庫補助金の他，弁護士会および弁護士による支援や被扶助者からの償還金などによって賄われていた。法制度上の根拠法は，2000（平成12）年10月1日施行の民事扶助法の成立まで待たなければならなかったが，それまでは各種の寄付行為，交付要領，審査基準，規則，取扱要領などによって運営がなされていた。

　今日，裁判所において適正な法的判断を受ける機会を，憲法の規定に従い保障しなければならないが，そのためには複雑かつ一般になじみの薄い裁判手続きを踏むことになるが，弁護士などの法律専門家の助力をなくしては，実際に裁判を適正な形で受けることは困難である。また，手続きの内容によっては，多額の費用を支払ったり，保証人を立てたり，さらには訴訟以前の裁判所における調停や裁判外での交渉などを行うことも必要になる。法律扶助とは，このような自分で弁護士や裁判所の費用の支払いが困難な人のために，公的な資金で援助を行う制度である。

（2）法律扶助の種類と内容（一覧）

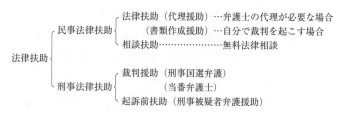

1）法律扶助協会が立て替える費用は，実費（訴訟費用など），弁護士着手金・報酬金，裁判所提出書類作成報酬，保全処分などの保証金であり，立て替え費用は，原則として毎月割賦での返還であり，事情によっては返還を猶予または免除されることもある。

2）法律扶助制度の利用方法

　法律扶助協会，同各支部，相談登録弁護士事務所で法律相談を受けた後，裁判や調停，公証などの弁護士の代理や，本人が裁判を起こす場合に裁判所に提出する書類作成の必要な場合には，審査を行った上で，必要な費用の立て替え，弁護士や司法書士の紹介が行われる。

　ただし，民事法律扶助については，次の要件を満たすことが援助の条件である。

①資力基準（当時の例示）

　月収（手取り，賞与を含む）の目安

　単身者…182,000円以下，2人家族…251,000円以下，3人家族…272,000円以下，4人家族…299,000円以下

　東京などの大都市では，10％が上記額に加算され，また，家賃，住宅ローンなどの出費も考慮される。

②事件の内容

　「勝訴の見込みがないとは言えないこと」であり，これには勝訴，和解，調停，示談などで紛争解決の見込みがあることや自己破産による免除の見込みなどが含まれる。

③法律扶助の趣旨の適すること

＊総合法律支援制度の情報サイト（参考）

http://www.kantei.go.jp/jp/singi/sihou/hourei/sienhou_s.html

## 6 法の基礎

### （1）社会規範としての法の必要性

　人間は社会的な存在であり，そのために日本の国家も国際社会（国連加盟国193カ国，2017年7月現在）の他のいろいろな国家と同様の制度的な特色をもっている。国家（社会）を構成する人々（人民），領土，統治権を共通の事項としているが，統治の仕方はさまざまであって，民主国家，独裁国家などいろいろである。それらはあくまでも手段であり，目的である国家の機能がよく発揮されることが大切であって，何がよくて何がそうでないのかは，それぞれの国民が最終的には判断するより他にない。いくつかキーワードとなるであろうものを挙げるとすれば，「社会的存在」「生活共同体」「秩序」，そしてそれらに寄与するであろう「社会規範」などであろう。「法」も社会規範の一つであり，法の他にも社会規範としての機能を果たすものとして「道徳」「宗教」「習俗」「礼儀」などが挙げられるが，国家に秩序を保障する目的からすれば，法がそれ以外のものと比較してより合理的である，ということである。また社会規範は，当該社会の規範として正当化するための価値（判断の基準）概念が拠り所となるが，何を価値の中核に据えるのかはいろいろな選択肢があろう。たとえば，程度の差はあっても独善，教義，ドグマを拠り所とした「唯一絶対的な神」の文化の社会とわが国のような多神教（別の表現を用いれば，価値の多様性に比較的寛大な）文化の社会とでは，社会規範として何をあてがうのかも異なってこよう。

　先に述べたいくつかの社会規範として作用するものの中で，特にあらかじめ言及すべきは法と道徳との関係である。法はきわめて人為的であり，その大半は有無をいわせない強制力を伴うことである。そこには寛大さとは相容れない特色がある（この寛大さの程度も社会によって異なる）。いずれにしても日本の社会で私たちは生活を営むのであるから，他の社会の事柄は参考とはなっても，必ずしも私たち日本人にとっての最善のものとは限らないという客観的な冷静さ（いわゆる理性）をどのように保障するのか，の工夫が大切になろう。法の特色としては，その制定，またその運用に際しても，理性を保障する創意工夫

がそこここに施されていることであり，法学も他の学問領域と同様に，学び，創意工夫することが何よりも大切である。

## （2）法と強制力

　法以外の社会規範にも強制力がないわけではないが，国家を構成する国民が，必ずしも同じ宗教をもつとは限らないし，道徳や習俗，礼儀も絶対的な，安定した強制力を保障するものではない。近代国家の役割は，国民の間に公平や平等を保障することであり，さらに国民の福祉に関係する貢献にある。この役割から導かれる合理的な範囲内において，法は，国家権力を背景として，宗教や習俗，道徳などの違いを超えて，秩序を保障するために国民の行動基準として作用し，結果を保障する機能を備える。このことは，法の意図に矛盾しない限り，その他の社会規範も最大限尊重されることをも意味する。法の意図を実現する強制力をもつ規定を強行法規といい，この強行法規に反しない限り，私人間の取り決めは有効である。さらに，私人間の取り決めがない場合に適用される規定が任意法規である。

　このような強行法規，任意法規などの「法規」は，国民の裁判を受ける権利（憲法32条）と関連し，裁判所の判断基準（裁判規範）として作用するものである。任意法規は強行法規に反せず，また当事者間の任意の取り決めもない場合の裁判所における判断の基準を定めるものである。裁判所の判断基準（裁判規範）としては，憲法，法律，政令，省令，規則，告示，条例，判例，慣習さらには条理などがあり，これらを法源といっている（裁判官が，具体的な裁判において判断の拠り所とする基準の総称である）。

　法の理想とする社会の調和や秩序を実現しようとすれば，先に述べたように，法は強制規範として作用することが求められ，そのためには権力による後ろ盾が必然的な形で求められてこよう。他面，権力の特色としては，独善とか不公平，不公正といった法の理想には背反する事態に陥りやすいという傾向も否定できない。法と権力とは，提携と対立といった2つの面が内在されている関係でもある。このようなデリケートな関係の調整弁として期待されるのが社会的正義の価値概念である。裁判手続きは，憲法の中で司法として制度保障されており（「第2章　憲法」を参照），その機能は社会的な正義を貫く上で重要

である。

　前記の「総合法律支援法」や人権擁護のための諸制度は，その究極の目的である，国民に人間としての尊厳性を保障するということについての創意工夫，努力の跡でもあろう。たとえば，警察行政の「民事不介入の原則」も，日本の社会を憲法の基本原理に則っていかに治めていくかということでもある。警察行政が国民の民事に全く無関心という訳にもいかない事情も国民のニーズとしてはあり，原則の例外としての対応も求められよう。リスクと利益を天秤にかけながら，住みやすい日本の社会をどのように実現し続けていくのか，というデリケートなテーマがそこにはある。社会福祉行政では，たとえば各種の虐待防止法（児童，高齢者，障害者）など，国民の利益と法，法と権力とのあり方について，私たちが常に関心をもって生活をすることが，何よりも日本社会にとって大切なことではないだろうか。

## （3）法の体系

　法は，大きく実定法と自然法に分類される。実定法は，法として実際に強制力をもって実施されている法のことであり，先の法源とされる諸規範を意味する。また法とは何か，それはどのようにあるべきかをテーマとする法学があり，時代や社会を超えた永久不変の部分があると考えられるに至るのは自然なことである。そのような基準となる法を自然法という。法のために社会があるのではなく，社会，そして社会を手段として生活を営む人の存在が，法の存在の出発点だからである。

　実際に定められる法，実定法はさらに，一般的に①〜⑥等のように分類される[注1]。

①公法（国家の公権力関係を規律する法領域を意味し，憲法，行政法，刑法，訴訟法，国際公法等がその例である）と私法（市民の私生活関係を規律する法領域を意味し，民法，商法等がその例である）

②実体法（権利義務を生じる実体関係を定める法で，民法や商法，刑法，各種の行政法等がその例である）と手続法（訴訟や強制執行の方法を定める法で，民事訴訟法，刑事訴訟法，行政事件訴訟法等がその例である）

③一般法（一般的関係を規定する法で，民法などがその例である）と特別法（一

般関係の中の特別関係を規定し，一般法である民法に対して商人という特別な
関係を規定する商法等がその例である）

④市民法（近代市民社会の法であり，公法や私法はこの部類に属する）と社会法
（社会保障法や厚生関係法，労働法がその例である）

⑤国内法と国際法

⑥刑事法（刑法や刑事訴訟法等）と民事法（民法，商法，民事訴訟法等）

　特に④の社会法は，「私人間の自由な活動を定める私法」の弊害を矯正する
ために，私法の中に公法的要素が介入したものである[注2]。このように，分類
は，それぞれにどのような視点から法をとらえるのかによるものであり，あく
までも裁判所による，広い意味の国民の福祉に向けて，より合理的な紛争解決
が図られるための基準として貢献することが意図された，いわば諸利益間の比
較考量のための細分化された方法や基準として機能するものといってもよい。

## （4）法の解釈

　法，具体的には立法機関で制定される法律は，国民生活の具体的な場面にあ
まねく対応するものではない。むしろ国の法律であれば，1億2,700万人を対
象とし，その数に相当する個別・具体的なケースの問題に対応できる法律をつ
くることの方が規範の内容が複雑多岐にわたり，「社会に秩序を担保する」と
いう法の初心からは離れることになり，合理的ではない。そのことは，社会規
範としての法には，国会で制定される法律（憲法41条）をはじめ，内閣の制定
する政令（憲法73条6号，施行令，施行規則），条例（憲法94条）があるが，それ
らの規範を具体的な事例において適用する場合には「解釈」が必要であるから
である。この国民の権利や義務についての解釈は，最終的には裁判所において
行われ，裁判官の解釈は，裁判官の良心に従い，すでに述べた法源（法律や裁
判所の先例，慣習，条理）によって行われるものである（憲法76条2・3項）。

　法の存在，その延長である解釈の必要性は，それらが何故に存在するのかと
いう根元に立ち返りながら説明される必要がある。人類が年月と事実の経験を
媒体として得た近代国家としての社会の仕組みは，国家と国民との関係，それ
は社会と人との相関的な意義をどこに見出すべきかという智恵を基本にもつも
のである。古くマグナカルタに源を発し，フォイエルバッハの法諺「法律なけ

れば刑罰なし，法律なければ犯罪なし」に示された罪刑法定主義は近代法の基本原則の一つであり，憲法の下では「罪刑の法定」「罪刑の均衡」「類推解釈の禁止」「遡及処罰の禁止」として規定され，国家と国民と法との関係の出発点を示唆している[注3]。

（注1）山田晟『法学（新版）』，東京大学出版会，pp.57-68（1992），中川善之助『法学』，日本評論社，pp.56-74（1985）など。なお，水本浩他『テキストブック法学』，有斐閣ブックス，pp.1-14（1980）では，本文の分類の他に，基本法（たとえば，民法）と附属法（たとえば，民法施行法）の分類を含めており，附属法は基本法の施行に必要な諸規定を内容とする法律であり，その多くが手続法である，とする。

（注2）山田晟の前掲書では，「私人間の自由な活動を定める私法」が「私人の自由を認めることによって弱肉強食の弊が著しくなり」「これを矯正するために私法の中に公法的要素が介入」し，「公法・私法の混合した一つの法域（法の領域）が成立」し，「この法域を社会法」とする（pp.59-63）。

（注3）類推解釈は，ある事実に適用する解釈が得られない場合に，その事実と類似する事実について規定する規定を適用することであり，たとえば「車通行禁止」を車輪のある乗り物すべてを禁止の対象と解釈するような場合である。拡張解釈は，「法律の不知はこれを許さず」（刑法38条）の法律の中には命令，規則，条例を含むとする解釈がこの例であるが，拡張解釈と類推解釈との間の区別は実際にはつきにくい場合もある。ガソリンカーの過失転覆事故に「汽車，電車若しくは艦船の往来の危険を生じさせ……」（刑法129条1項）の規定を適用した大審院の判決例は拡張解釈の例である。

# 憲　　法

　憲法は日本社会の基本法である。社会福祉士の仕事は，日本社会で生活をする市民を対象としている。憲法を学ぶことは，「日本の社会（国家）における日々の市民生活の大体の様子が理解できる」ということでもある。この章では，私たち市民の意思が，どのような事柄について，どのような形で保障されるのか。それらは国家という団体の仕組みの中で，あるいは社会福祉と密接な関係に立つ地方公共団体という仕組みの中で，どのように扱われているのか。社会福祉士の仕事を行う際の指針となる日本国憲法の基本原理，基本的人権，立法・司法・行政，財政，地方自治の各規定について，わかりやすく解説した。

## 第1節　日本国憲法の基本原理

### 1 平和主義

　第二次世界大戦での敗戦後，戦争が甚大な人的・物的被害を引き起こしたことの反省の上に立ち，日本の最高法規である日本国憲法は制定された。憲法前文に，「政府の行為によつて再び戦争の惨禍が起こることのない」よう決意し，「平和を愛する諸国民の公正と信義に信頼して」，「平和を維持し，専制と隷従，圧迫と偏狭を地上から永遠に除去しようと努めて」いる「国際社会において，名誉ある地位を占めたい」と掲げられていることもそのあらわれである。

　そこで，憲法9条は，国際紛争を解決する手段としての戦争を放棄し，一切の戦力の保持を禁止している。この点で，日本国憲法は，自衛戦争の余地を残す他国の憲法に先駆けて，徹底的な平和主義を原則にしているといえよう。

#### （1）自衛隊の誕生と自衛権の解釈

　ところが，1950（昭和25）年の朝鮮戦争勃発直後にアメリカ占領軍の指示に

より警察予備隊が設置され，1954（昭和29）年にはそれが自衛隊と改称され，現在ではその規模は世界有数のものとなった。

　そこで，自衛隊が憲法で禁じる戦力なのかが問われることになる。この点について，政府は一貫して自衛隊は合憲であるとの解釈を主張してきた。ただし，当初は自衛隊には近代戦争を遂行する能力がないので戦力でないとの解釈であったが，その後，憲法9条は自衛権を否定しておらず必要最小限度の自衛力は保持できるという解釈を前提に，自衛隊を合憲とするものに変わった。

　ところで，自衛隊をめぐっては，恵庭事件をはじめいくつかの裁判でその違憲性が争われた。このうち，長沼ナイキ基地訴訟の第1審で札幌地方裁判所（地裁）は，必要最小限度の自衛力は戦力ではないという国側の主張を退け，戦車等の近代装備を有する自衛隊は明らかに軍隊であり，憲法が禁止する戦力にあたるので違憲であると判断した（札幌地判昭和48.9.7判時712.24）。しかし，この判決を不服とした国の控訴の結果，控訴審の札幌高等裁判所（高裁）は，自衛隊が違憲かどうかを明確に判断することなく原告を逆転敗訴させた（札幌高判昭和51.8.5行集27.8.1175）。以降，裁判所は，自衛隊が違憲か否かについての判断は統治行為であり，一見きわめて明白に違憲無効と認められない限り司法審査の対象にならないとの，いわゆる「統治行為論」を用い，その違憲性について判断を回避し続けている。なお，学説においては，憲法9条は一切の戦争を放棄したもので，戦力の保持は許されないが，自衛権までも放棄したわけではないという説が多数を占めている。もっとも，そうした多数の学説が認める自衛権とは，日本への武力攻撃を行った国に対する個別的自衛権のことを指し，日本と同盟関係にある他国に武力攻撃を行った国に対する集団的自衛権は放棄されていると解されている。同様に，歴代の政府も憲法は集団的自衛権を認めないと解釈してきた。しかし，2014（平成26）年に，憲法は集団的自衛権の行使を容認しているとの閣議決定が行われ，これに基づきいわゆる安保関連諸法が成立した。

## （2）戦争の悲劇に学ぶ必要性

　ところで，日米安全保障条約締結によって，米軍の日本駐留は常態化し，アメリカが行う戦争に日本が自動的に巻き込まれかねないことになった。その

後，1991（平成3）年の湾岸戦争を契機に成立した，いわゆる「PKO協力法」によって自衛隊の海外派遣が可能になるなど，自衛権を盾に平和主義に反するような動きが顕著となっている。しかし，私たちは，自衛のための戦いによって勝つにせよ負けるにせよ，常に被害に遭うのは弱い立場にある市民，特に子どもや障害者等であったことを忘れてはならない。また，在日米軍によって沖縄の市民がさまざまな被害に遭ってきたことも記憶に新しい。つまり，歴史的にみると，戦争や兵器を装備した集団の存在が，社会的弱者の生活や自由を脅かしやすいのである。

　したがって，平和主義が，後述する国民主権や基本的人権の尊重と深く結びついていることを踏まえ，戦闘がもたらす悲劇に苦しむ地域に，改めてその意義を広げてゆく努力が必要であろう。そのためには，戦争の要因にも目を向け，その除去や緩和を考えなければならない。こうした不断の努力によって，はじめて国際社会において名誉ある地位を占めることができるように思われる。

## 2 国民主権

　国民主権とは，国家の最終的な意思を決定する権力を国民が有していることを意味している。これは，戦争の惨禍をもたらした天皇絶対主権を否定する日本国憲法によって，人類普遍の原理として位置付けられるものである。したがって，国家権力の制限を目的とするものということもできる。

　しかし，実際に多くの国では，国民の代表者が国家の最終的な意思を決定している。そのため，この代表者の選出方法が問題となる。憲法は，全国民を代表する選挙された議員からなる国会を国権の最高機関と位置付けている（41条，43条1項）が，行政権を担う内閣の長である内閣総理大臣は国会の指名により国会議員から選ばれる（議院内閣制）。また，国政を行い全体の奉仕者とされる公務員を，国民が選定し罷免することができると規定されているが（15条），実際には，地方公共団体の長，地方議会の議員等を除き，国民は公務員を直接選べないようになっている。このような意味で，民主主義体制とはいえ，わが国では直接民主制ではなく間接民主制がとられている。

　ただし，国民の意思が国政に正しく反映されないのであれば，国民主権も空文となってしまう。したがって，国民主権の理念からは，国民の意思が正確に反映される選挙制度や，幅広い国民が直接意思を表明できる直接民主制が望ましい。また，後述する基本的人権の尊重の観点からは，多数者による少数者の排除・圧殺を避けることが求められる。その意味で，在日外国人等の少数者の意見をも具体的な政策に反映させていく取り組みが求められているといえよう。

　ところで，日本国憲法によって主権を否定された天皇は，日本国の象徴であり，日本国民の総意に基づくものと位置付けられた（1条）。したがって，天皇は国政に関する権能を一切もたず，国会の指名に基づく内閣総理大臣の任命，内閣の指名に基づく最高裁判所（最高裁）長官の任命，憲法改正・法律・政令および条約の公布，国会の召集・解散等の国事行為のみを，内閣の助言と承認を得て行うことができるにすぎない（6条，7条）。

## 3 基本的人権の尊重

　天皇が絶対的権力をもっていた旧憲法も「臣民の権利」を与えていたが，これは法律等によっていつでも制限・剥奪されるものであった（法律の留保）。その結果，時の政府にとって都合の悪い言論が一切封殺されるなど，多くの人権侵害が引き起こされた。

　そこで，日本国憲法は，人類の多年にわたる自由獲得の努力の成果である基本的人権の尊重を基本原理の一つとし，基本的人権の永久不可侵性を掲げたのである（11条，97条）。したがって，今後いかなる改正がなされようとも，基本的人権は尊重され続けなければならない。

　このような経緯から，もともと憲法は，基本的人権を国家による侵害からまもるよう保障していると考えられてきた。しかし，公害問題等で明らかなように，基本的人権の侵害は一般人や私企業によっても引き起こされ得る。そこで，憲法は，私人間で生じた問題についても直接効力をもち得るのかが問題とされ（私人間効力），学説上は，「直接適用説」対「間接適用説」との間で争いがある。

　基本的人権は日本国民にのみ保障されるものではない。国際人権規約にもあるように，憲法が保障する基本的人権のほとんどは，世界の多くの人々にも保障されるべきものだからである。ただし，参政権等のいくつかの人権については，保障が否定されたり，一部にとどまるとされたりするものがある点には注意を要する。また，表現の自由や財産権等の基本的人権は，個人のみならず法人等の団体にも保障され得る。

　なお，公務員や被拘禁者等，国家との特別な法律関係にある者について，かつてはこのような関係を「特別権力関係」と呼び，彼らの基本的人権の制限が広範に許されると考えられていた。しかし，このような理論は現在の判例・学説によって否定されており，個別の地位に基づいてその人権制限の必要性を判断すべきとされる。たとえば，被拘禁者については，拘禁目的のため必要最小限の人権制限しかなし得ないと考えるべきであろう。

　ところで，自由権，社会権等からなる基本的人権の尊重を，ただ言葉の上で学ぶだけでは意味がない。空気や水と同様に，基本的人権とは，私たちの生活に欠くことができないものなのである。憲法は，こうした人権を保持するために国民による不断の努力を求め，権利の濫用を戒めている（12条）。この努力とは，人権感覚を磨き，他人の痛みを自分の痛みとして感じられるようなものを意味するといえよう。なぜなら，自分の痛みには気づいても，他者が受けている痛みに気づき得ないようであれば，自らが気づかないうちに人権侵害を行うことになるからである。なお，憲法上，基本的人権を制約するものとして「公共の福祉」が挙げられることがあるが（13条，29条），このような努力は，「公共の福祉」の概念の拡大や，容易に人権が侵害・制限された戦前への回帰を防ぐためにも重要であろう。したがって，人権侵害を受けた人たちの声に耳を傾けた上で，基本的人権保障のためにどのような努力が必要なのか常に考え続ける必要がある。

# 第2節　基本的人権

## 1 精神的自由に関する権利

### （1）思想・良心の自由

　憲法は，思想・良心等の内心の自由を侵してはならないと規定している（19条）。これは，旧憲法下の治安維持法等により平和を求める思想すら弾圧された歴史の反省に基づくものであり，思想や内心そのものが決して他者に害をなすものではない点に，その実質的根拠がある。しかし，最近では，いわゆる「国旗国歌法」を背景に「君が代」の斉唱を実質的に強制する動きが広まるなど，思想・良心の自由に対する侵害が懸念されている。

### （2）信教の自由

　思想・良心の自由と関連して，信教の自由も憲法によって規定されており，そこから信仰の自由，宗教の普及宣伝の自由，宗教的行為の自由等が導かれる（20条）。したがって，戦前に天皇を神とあがめて神社参拝を強要したような，国による特定の信仰や宗教行事の強制は禁止されることになる。さらに，憲法は，いかなる宗教団体も国から特権を受け，または政治上の権力を行使してはならず，国およびその機関が，宗教教育その他いかなる宗教的活動もしてはならないと規定し，政教分離を徹底している。

　ところで，津市地鎮祭訴訟の最高裁判決は，国家と宗教とのかかわり合い一切を否定することはできず，当該行為の目的が宗教的意義をもち，その効果が宗教に対する援助・助長等になるかどうかによって判断すべきとして，地鎮祭を宗教的活動に含めないとした（最判昭和52.7.13民集31.4.533）。その後，国や地方自治体の行為が政教分離に反するかが問われた訴訟では，多くの場合，政教分離に反しないという結論が導かれている。しかし，ほとんどの訴訟で，神社や神道行事という特定の宗教活動への国や自治体の関与が問題とされたのであり，裁判所の態度が，憲法の求める厳格な政教分離に合致するものか，改めて考える必要がある。

## （3）学問の自由

研究やその発表，研究成果に基づく教授等の自由からなる学問の自由も憲法によって保障されている（23条）。自由な発想に基づく研究成果が，自由な議論にさらされることではじめて真理は発見されるのであり，私たちの幸福のためにも学問の自由は重要である。戦前のように，国家に必要な学問以外が弾圧された結果，真理がゆがめられうそがまかり通ることになり，国民に大きな不幸がもたらされたことを忘れてはならない。

## （4）表現の自由

さらに，憲法は，集会，結社，言論，出版その他一切の表現の自由を保障している（21条1項）。これは，主権者である国民が政治に参加し，政策について判断するために，必要不可欠な人権である。

しかし，表現行為は，心の中で考えるだけの場合とは異なり，他者を傷つけたり，他者の人権を侵害したりすることもあり得る。そこで，このような場合に限っては，他の人権との調整が必要であり，表現の方法・場所・時間についてその自由の制約が論じられることになる。もっとも，表現行為を事前に抑制する検閲については絶対的に禁止されている（21条2項）。

表現の方法についての制約は，たとえば，表現が他者の名誉を傷つける場合や，わいせつである場合などに考えられ得る。しかし，もともと時の権力者によって表現の自由が不当な制限を受けやすかったことから，多数の学説は，安易な「公共の福祉」による制限は許されず，他の人権を侵害する「明白かつ現在の危険」がある場合に，より緩やかな方法で行われるべきと主張している。

名誉を傷つける場合については，戦後，表現の自由が最大限尊重され，制約の範囲が狭くなった。すなわち，公共の利害に関する事実について，その真実性が証明されれば，その表現が一見他者の名誉を傷つけるものであっても名誉毀損とされないのである（刑法230条の2）。もっとも，在日朝鮮人などへの憎悪をあおって誹謗中傷を繰り返す，いわゆるヘイトスピーチに適切な規制を加えることが今日的な課題となっている。他方，わいせつ表現については，判例の判断基準があいまいなものであるため，広範な規制が可能な現状にある。

集会・結社の自由は，一人の小さな意見に政治や社会を動かす大きな力を与

える重要なものである。しかし，デモ等の集団行進は「公安条例」や道路交通法等によって厳しく規制されるようになり，また団体に対する規制も，破壊活動防止法に加えて，「団体規制法」によって一段と強化される状況にある。

　ところで，表現の自由は，表現の受け手に「知る権利」を保障するものと解されるようになった。特に，政府が保持する情報についての「知る権利」は，今日の社会においてはますます重要となっている。1999（平成11）年に制定された，いわゆる「情報公開法」もこの観点から積極的に活用される必要がある。しかし，2013（平成25）年に制定された特定秘密保護法は，「知る権利」を大きく制限するものといえる。

　この「知る権利」を担う重要なものとして，新聞，放送等の報道機関があり，そこから報道の自由，取材の自由の重要性も導かれる。しかし，巨大化した報道機関の報道によって，不必要なプライバシー侵害や無実の者を罪に陥れるなどの人権侵害が引き起こされるという問題だけでなく，事実上，政府によって報道機関の統制が進んでおり，「知る権利」がないがしろにされているという問題も指摘されている。

　なお，表現の自由の保障の一環として，通信の秘密の保障も憲法に規定されているが（21条2項），1999年に制定された「通信傍受法」によって，電話，FAX，Eメール等のありとあらゆる通信が捜査機関によって傍受可能となり，通信の秘密にも制約が加えられる状況にある。

## 2　人身の自由に関する権利

　旧憲法下では，警察の一方的な判断で簡単に身柄を拘束できる行政検束が認められ，逮捕された者に対しては凄まじい拷問が行われるなど，人身の自由の保障は事実上ないに等しかった。さらには，拷問によってうその自白を強要された結果，無実の者でも容易に処罰される状況にあった。

　このような人身の自由侵害を放置しては，国民主権の原理や精神的自由の保障も無意味になってしまうので，日本国憲法は，人身の自由に関する権利保障のため詳細な規定を置いている。

## （1）奴隷的拘束の禁止および処罰の適正性の規定

　憲法は，奴隷的拘束を禁じるとともに，犯罪による処罰の場合を除いてその意に反する苦役に服させることも禁じている（18条）。したがって，憲法9条ともあいまって，徴兵制は絶対に許されないことになる。なお，児童の酷使（27条3項）や，私人が強制労働を行わせることも禁止されている（労働基準法5条）。なお，最近の学説では，犯罪の結果処罰され刑務所に収容される場合であっても，そこでの労働は単なる懲らしめのためだけに科されてはならず，被収容者の社会復帰に役立つものでなければならないと考えられている。

　そして，法律の定める手続きによらなければ，その生命もしくは自由を奪われない，またはその他の刑罰を科せられないとして，人身の自由の侵害・制限は，法律であらかじめ定められた適正な手続きによらなければならないことが定められている（31条）。これは，西欧諸国において，権力者との長年の戦いの結果勝ち取られた罪刑法定原則をあらわしたものでもあるが，同時に，身体の拘束を予定する行政手続きにも妥当するものである。しかし，現実には処罰を規定する法律が続々と制定されており，その内容が明確で，憲法の原則からみて適正なものか，一つひとつチェックしていく必要がある。

## （2）被疑者・被告人の権利

　また，憲法は，犯罪の疑いをかけられた被疑者や，刑事裁判にかけられた被告人について詳細にその権利の保障を定めている。

### 1）逮捕について

　何人も現行犯で逮捕される場合を除いては，裁判官が発する令状があり，それによって理由となっている犯罪が明示されていなければ逮捕されない（33条）。これは，現行犯の例外を除いて，裁判官が発する令状が人身の自由の制限を伴う捜査には不可欠であるという令状主義のあらわれであるが，それ以外に，住居等への侵入や所持品等の捜索・押収についても妥当する（35条）。

　しかし，この令状主義も，警察等の捜査機関の請求に対して裁判官によるチェックが機能しなければ，その意味はなくなってしまう点に注意を要する。現実には，捜査機関の令状請求が認められないケースは皆無に等しいため，こうした憲法の規定が活かされているのか疑わしい状況にある。

### 2）勾留について

また，裁判への出席を確保するための拘禁（勾留）も，正当な理由があり，その理由を直ちに告げられ，かつ直ちに弁護人に依頼する権利を与えられなければ行うことはできない（34条）。そのため，刑事訴訟法は勾留理由やその期間，さらには勾留理由開示制度をも定めている。

また，裁判員制度の導入を契機に，一定の重大な事件に関する被疑事実で勾留された，資力の乏しい者に，国が弁護人を付する制度がようやく実現した。しかし，逮捕直後の最も法的助言が必要な段階にまでそれを拡充する必要がある。

### 3）拷問，残虐な刑罰の禁止

かつて自白を獲得するため隠密裏にさかんに行われた拷問を，残虐な刑罰とともに憲法は絶対的に禁じている（36条）。しかし，禁じられているはずの拷問が，警察署内の留置施設に勾留された被疑者の取調べにあたって行われることもある。憲法の趣旨を徹底するためには，被疑者が望まない取調べがなされないようにすることが求められる。

なお，憲法が禁じる残虐な刑罰に，死刑が該当するかどうかが裁判で争われたこともあったが，最高裁は死刑制度をその時点で合憲と判断した（最判昭和23.3.12刑集2.3.191）。ただし，誤判の場合執行されると取り返しがつかないほか，確定後いつ執行されるか明らかでないので，死刑確定者が執行の恐怖に脅え続けなければならないなどのさまざまな死刑の問題点を踏まえて，その廃止が主張されている点に留意が必要である。

### 4）自白について

ところで，拷問は自白を獲得し被告人を有罪とするために行われてきたという歴史的経緯があるため，憲法は自白に関しても詳細な規定を置き，それが強要されないように配慮している。

まず，何人も自己に不利益な供述を強要されない（38条1項）として，黙秘権を保障する。次いで，強制，拷問，脅迫による自白，不当に長く身柄拘束された後の自白は，証拠とならない（38条2項）として，自白を証拠とする場合に厳しい条件を課している（自白法則）。さらには，不利益な証拠が自白のみ

の場合には有罪とできない（38条3項）として，有罪判決の前提として自白を補強する証拠を求めている（補強法則）。しかし，裁判所の態度は，黙秘権の告知がなく得られた自白や長期間の勾留がなされた後の自白を証拠とするなど，憲法の趣旨と合致しているといえるか疑わしい状況にある。

### 5）刑事裁判について

　また，刑事裁判における被告人の権利について，憲法は，まず，被告人にすべての刑事裁判において公平な裁判所による迅速な公開裁判を受ける権利を保障する（37条1項）。次いで，すべての証人に対して審問する機会と，公費で自己のために強制的手続きにより証人を求める権利を保障する（37条2項）。もちろん，裁判においては検察官による攻撃から自らを守るために，貧しい被告人に対しても国によって弁護人がつけられる（37条3項）。

　このような憲法の規定によって，刑事裁判での被告人の地位は，法律上，検察官と対等な当事者とされるなど，大きく向上したが，現実には国家の代理人として活動する検察官の力とは大きな隔たりがある。その結果が，諸外国に例を見ないほど高い，99％以上の有罪率となってあらわれている。冤罪に泣く人を減らすためには，弁護人による被告人への法的援助の実質化だけでなく，検察官の巨大な裁量を適切に拘束する刑事裁判のさらなる改革の必要があろう。

### 6）一事不再理と二重処罰禁止

　最後に，憲法39条は，実行の時点で適法な行為，またはすでに無罪とされた行為については，刑事上の責任を問われないと規定する。したがって，新たな犯罪規定によって過去に遡って処罰することは憲法によって禁じられている（遡及処罰の禁止）。これは，罪刑法定原則から導かれる帰結の一つでもある。また，憲法によって，裁判においていったん無罪の判決が確定した事件を有罪とすることも禁じられる（一事不再理）ほか，同一の犯罪についての二重処罰も禁止されている。

## 3 経済的自由に関する権利

　経済的自由に関する権利は，財産の所有・処分の自由，移転の自由，職業選

択の自由などからなるが，これらの諸権利も18世紀末以降，西欧諸国における絶対君主との戦いを通して勝ち取られたものである。

　ところが，経済的自由が絶対的なものとされ，国家の介入が禁じられると，経済的な成長はもたらされたものの，富の偏在が誰の目にも明らかになっていった。このように，富裕な資本家と貧困な労働者との格差が巨大なものとなると，資本家に労働者を選別する自由はあっても，労働者に職業を選択する自由がないという形で，経済的自由が労働者に大きな犠牲を強いるものであると認識されるようになった。そこで，第一次世界大戦後のドイツにおけるワイマール憲法が，貧しい労働者への給付を確保するために，経済的自由に一定の制限を加えたことをきっかけに，そのような制限が第二次世界大戦後の各国の憲法に取り入れられていったのである。

　こうした歴史的経緯を踏まえて，日本国憲法も，財産権は侵してはならないとするが，それは経済的・社会的弱者保護のために，「公共の福祉」の観点から一定の制限を受け，私有財産も正当な補償と引き換えに公共のために用いることができることを定めている（29条）。なお，「正当な補償」の意味については，これを「完全補償」と解するか，「相当補償」と解するかで学説に対立がある。

　また，居住，移転および職業選択の自由についても，「公共の福祉」に反しない限りで保障されている（22条）。このような「公共の福祉」による制約の結果，たとえば，売春のように人の尊厳に反する職業は禁止され，医師や薬剤師のように人の生命に直接かかわる職業に就くには一定の資格が要求されることになる。なお，職業選択の自由から導かれる営業の自由について，最高裁は，薬局配置の距離制限をした薬事法の規定を違憲とするが（最判昭和50.4.30民集29.4.572），他方，公衆浴場配置の距離制限については合憲としている（最判昭和30.1.26刑集9.1.89）。

　ところで，最近の「規制緩和」の流れは，営業の自由についての制限を大幅に撤廃しようとするものであるが，私たちの生活にとって必要不可欠な制限までも撤廃されないよう注意していく必要がある。

## 4 社 会 権

　自由権が獲得された19世紀には，貧困は怠惰が原因であると考えられ，労働不能な貧困者に対するわずかな給付を除いては貧困者対策はほとんどとられていなかった。

　しかし，自由主義経済の下では，好況とともに不況も必ずおとずれ，失業問題が避けられないこと，特に2つの世界大戦を通じて家計を支える者や家財を失った大量の貧困者が生み出されたことにより，単に自由を保障するだけでは足りないことが，国家の側にも認識されるようになった。そこで，第二次世界大戦以降，社会権保障が確立し，それに基づき社会保障立法，労働立法が進められることになったのである。

## （1）生 存 権

　以上のような社会権の中核をなすものとして，まず生存権が挙げられる。それは，「すべて国民は，健康で文化的な最低限度の生活を営む権利を有する」（25条1項）という規定に集約されている。そして，この生存権保障のため，「国は，すべての生活部面について，社会福祉，社会保障及び公衆衛生の向上及び増進に努めなければならない」（25条2項）のである。生活保護法をはじめとする多くの社会保障立法も，この規定に基づいて成立している。もちろん，生存権保障の内容は，現存する最低の生活ではなく，人間にふさわしい健康的・文化的なものでなければならない。

　ところが，当時の厚生大臣が定めた生活保護基準が低すぎるため，生活保護費が結核の療養生活には足りず，したがって生活保護基準が憲法25条に反するかどうかが争われた朝日訴訟において，最高裁は，原告の訴えを退けた上で次のような付け加えを行った。「何が健康で文化的な最低限度の生活であるかの認定判断は，いちおう，厚生大臣の合目的的な裁量に委されており，その判断は……直ちに違法の問題を生ずることはない」（最判昭和42.5.24民集21.5.1024）。そして，このような立場は，堀木訴訟（最判昭和57.7.7民集36.7.1235）において明確にされるに至った。確かに，最高裁判例も，その裁量権の逸脱が認められる場合に，違憲との判断を可能にする余地を残してはいる。しかし，こうし

た立場は，憲法25条を，具体的な権利を付与したものではなく，国に努力目標を課したプログラム規定であると理解するものといえる。

したがって，このようなプログラム規定説に立ち，国家の裁量の幅を大きく認める限り，国家予算の都合等による社会的弱者の切り捨ても容易に行われ得ることになる。そのため，学説においては，少なくとも生存権を法的な権利と解する立場が支配的である。ただし，生存権規定に基づいて，裁判所が不十分な貧困対策を審査し，その違憲性を確認した上で，国会に具体的な救済立法を義務付けることができるとする説は少数にとどまる。学説の多くは，生存権規定により具体的な給付請求権が発生するわけではないが，国は貧困対策のため必要な措置を講ずる義務を負うと解している。

このように，憲法25条の趣旨をめぐっては，学説と判例の間に溝がある。しかし，貧困対策の乏しさによって死を選ぶ悲劇が生じていることを踏まえて，この溝を埋めることが必要である。

## （2）教育を受ける権利

生存権に並んで社会権の一つに位置付けられるものに，教育を受ける権利がある。かつて，貧困層出身の子どもたちは，学ぶ機会すら保障されず，その親と同様に貧困層にとどまらざるを得ないという状況にあった。そのため，貧困問題を緩和・解消し，私たちがよりよい生活を送るためには，教育を通して多くのことを学ぶ機会の保障が必要であると認識されるに至ったのである。

そこで，憲法はすべての国民に対して，その能力に応じて，等しく教育を受ける権利を保障し，その保護する子女に普通教育を受けさせる義務を課した上で，その教育を無償とした（26条）。また，この規定に基づく学校教育法によって，普通教育の9年間については，その授業料は徴収されないほか，教科書も無償とされている。

ところで，この教育を受ける権利は，最高裁判決によれば，子どもの成長を妨げるような国家的な介入を排除するという自由権の側面ももつと解釈されている（最判昭和51.5.21刑集30.5.615）。したがって，教科書検定制度等を通して，子どもたちに偏狭な考え方が押しつけられることのないように注意する必要がある。

　たとえ教育の機会が十分に保障されたとしても，そこで学んだことを活かして働き，十分な賃金を得ることができなければ，貧困から抜け出すことはできない。そこで，労働に関する権利も社会権に位置付けられることになる。

## （3）労働に関する権利

　もともと，自由権保障のみが先行した時代においては，裕福な経営者と貧困な労働者との間でさえ雇用契約は自由に結ばれ，解除されると考えられていた。しかし，その結果，資本家には労働者を選別する自由があっても，労働者には経営者を選別する自由はなく，働く意欲があっても働く場所がない，あるいは不衛生な環境で働かざるを得ないという厳しい状況に労働者は置かれていた。

　そこで，個人としては圧倒的に力の弱い労働者が団結し，働く場所やよりよい労働環境を勝ち取るために，経営者と交渉を行い，時には激しい紛争となることもあった。もっとも，こうした労働者の団結や交渉すら，経営者の側に立つ国家によって，当初は厳しく弾圧された。しかし，国家間の経済競争も激しくなり，より良質の労働力を確保する必要性が生じたことなどから，ようやく労働者の権利も国家によって承認されることになったのである。

### 1）勤労の権利と勤労条件の保障

　そのため，憲法は，まず国民に勤労の権利を保障し，賃金，就業時間，休息その他の勤労条件に関する基準は法律で定める（27条）としている。これにより，労働の権利を保障する以上，国は，働く意思と能力がありながらその機会に恵まれない人々に対し，現実に就労機会を保障し得る措置をとらなければならないことになる。その措置は，職業安定法，職業能力開発促進法，雇用保険法等を根拠に，求職者への求人情報の提供，就職に必要な技能の修得に向けた援助，失業中の求職者への金銭給付などの形で具体化されている。

　また，労働時間，賃金，休暇等に関する労働条件は，労働基準法に従って使用者（経営者）と労働者の話し合いに基づき定められなければならない。特に，解雇に関しては，判例によって解雇制限法理が確立され，経営者の解雇の自由は一定の制限があり，その趣旨は労働契約法に受け継がれている。学説も，かつては解雇の自由制限に否定的であったが，現在では，憲法27条は，すでに就

労している労働者に対し，その状態を維持する権利をも保障していると解すべきとして，解雇の自由制限を認める説が有力となっている。

　ところが，最近では雇用形態の変化が進み，労働者に占める非正規労働者の割合が急上昇する一方，この非正規労働者には休暇，定期昇給，賞与等の基本的な労働条件が保障されていないという問題が生じている。憲法の趣旨を踏まえる限り，正規の労働者と非正規労働者との労働条件に大きな違いを認める理由はなく，非正規労働者にも，その労働権を保障するに足りる労働条件が認められる必要がある。

### 2）労 働 三 権

　次いで，憲法は，労働者の団結する権利および団体交渉その他の団体行動を行う権利も保障している（28条）。この規定により，団結権・団体交渉権・争議権のいわゆる労働三権が保障されることになる。団結権とは，労働者が労働組合等の労働条件向上を目的とする団体を結成する権利であるとともに，使用者がこうした団体の結成を妨害した場合，不当労働行為としてその妨害の排除をもたらすものである（労働組合法 7 条）。また，団体交渉権とは，労働者が使用者に団体として交渉を求めた場合，使用者がその団体交渉に応じなければならないことを意味する。なお，正当な団体交渉を使用者が拒否することも不当労働行為にあたる。そして，争議権とは，団体交渉が不調に終わった場合の最終手段として，労働者が一致して業務を休む，いわゆるストライキ等の争議行為に対して，民事・刑事の制裁を科せないようにするものである。ただし，争議行為に際して暴力を行使したり，市民の生命や生活に危害を加えることは制限されている（労働組合法 1 条 2 項）。

　しかし，これらの労働三権は公務員一般には大幅な制限が加えられており（国家公務員法108条の 5，地方公務員法55条等），とりわけ警察官や刑務官には一切認められていない。諸外国では，警察官や刑務官に対しても労働三権の一部が認められていることもあり，日本の公務員に対する労働三権の厳しい制限の妥当性については改めて考える必要がある。

### 3）今後の課題

　労働組合の組織率が大幅に低下し，不況の長期化で労働環境はますます厳し

くなるなど，労働に関する権利の形骸化が進みつつある。社会福祉領域のように，直接福祉サービスを必要とする者と接する労働者にとって，労働環境の悪化は，福祉サービスの低下につながらざるを得ない。したがって，福祉サービスの向上につなげるために，労働に関する権利保障を実質化することこそ今後の課題といえる。

### 5　その他の基本的人権

　主権者である国民が，公務員を選定・罷免する権利が参政権であり，そのために，成年者による，性別・財産・門地等に基づく差別を設けない普通選挙が保障されている（15条）。なお，2015（平成27）年の公職選挙法改正によって，18歳以上の者に選挙権が付与されることになった。

　次に，国民が一定の権利保護を直接国家に請求できる受益権がある。これには，公務員の罷免，法律・命令・規則の制定・廃止・改正等を平穏に請願できる権利としての請願権（16条），裁判所における公正な裁判を求める権利（32条）等が含まれる。ところで，公正な裁判を求める権利は貧困な者にも当然保障されなければならないが，第二次藤木訴訟における判決は，弁護士費用等が必ずしも生活保護費には含まれない（東京地判昭和54.4.11判時923.23）とするため，法律扶助や訴訟救助（民事訴訟法82条以下）等の充実が必要である。なお，憲法は，公務員の不法行為により損害を受けた場合，国または公共団体に対する賠償請求権を認める（17条）ほか，抑留・拘禁後に無罪の判決を受けたときに，公務員にたとえ故意・過失がなかったとしても国に対する刑事補償請求権を認めている（40条）。こうした国家賠償請求権と刑事補償請求権に基づいて，国家賠償法と刑事補償法が定められている。

　このほかに，個人の尊重や幸福追求権を定める憲法13条から導き出された新しい人権がある。たとえば，最高裁によって明確に認められた人格権（最判昭和44.12.24刑集23.12.1625）はその一つであり，プライバシー保護もここから導き出されている。また，公害問題をきっかけに健康で快適な環境の回復・保全を求める権利として環境権も主張されており，大阪空港騒音訴訟における判決（大阪高判昭和50.11.27判時797.36）は，実質的に環境権の存在を認めたものと

考えられる。

　このように，人権とは恩恵として与えられるものではなく，生活の中で感じた痛みから，傷つけられた人権に気づくことで，はじめて発見されるものなのである。憲法にすでに規定された基本的人権も，これまでになされた国家権力との闘争によって勝ち取られたことを私たちは決して忘れてはならない。したがって，憲法13条をてこにして新たな人権を発見するために，感性を磨くことが何より重要であり，それを通じて多くの人々の幸福がようやく実現されるのである。

## 6 基本的人権保障と国民の義務

　憲法が国民に課した義務としては，通常以下の３つが挙げられる。

　第１が，その保護する子女に普通教育を受けさせる義務である（26条２項）。義務教育という表現はここから生じるが，子どもが学校に通わなければならないという義務ではない。子どもの教育を受ける権利を保障するため，その保護者に課されざるを得ない義務なのである。

　第２が，納税の義務である（30条）。この義務が履行される結果，納められた税金によって，さまざまな基本的人権保障のための取り組みがなされることになる。その意味で，納税の義務も基本的人権保障と密接な関連をもつ。したがって，私たちは，税収が社会的に弱い立場に置かれている人々の基本的人権保障のために使われているのか監視する必要があるといえる。

　第３が，勤労の義務である（27条１項）。税を納めるには収入がなければならず，その意味で，基本的人権保障のために課された義務ともいえる。もちろん，意に反する危険な労働まで強制される趣旨ではない。したがって，このような義務がきちんと履行できるようにするために，国には適切な労働環境を確保する義務が課されており，このことは労働基本権保障にも反映されていると考えるべきである。

## 7 法の下の平等

　およそ普遍的であるはずの基本的人権が，生まれや思想信条等で差別的に保

障されるのでは，その意味はない。そこで，憲法は法の下の平等を規定し，人種，信条，性別，社会的身分，門地により，政治的，経済的，または社会的関係において差別されないことを規定している（14条）。したがって，同じく貧困に陥っている人々を，その信条によって選別し，特定の信条の者には生活保護の給付を行わないなどの差別的扱いは絶対に禁止されることになる。

　もっとも，人は生まれを選ぶことはできず，生まれながらにさまざまな違いを抱えざるを得ない。その意味で，単に法律上画一的な扱いを保障するだけでは，かえって格差が広がるなどの不合理な結果がもたらされるおそれがある。そこで，形式的な平等だけではなく，実質的な法の下の平等が保障される必要がある。また，たとえば，男女の生理的・肉体的条件の違いを考慮して，労働条件を男女別に定めること（労働基準法64条の2以下）などは合理的根拠があり，14条で禁止される差別にはあたらないと考えられている。

　ところで，1995（平成7）年に最高裁は，婚姻を結ばない間柄の男女から生まれた非嫡出子の相続分が婚姻関係にある男女から生まれた嫡出子の2分の1であることや，女性にのみ6カ月間の再婚禁止期間が定められていることについて，それぞれ合憲と判断した。しかしその後，2013（平成25）年に非嫡出子の相続分に関する規定を違憲と判断し（最判平成25.9.4民集67.6.1320），2015（平成27）年に100日を超える女性の再婚禁止期間を違憲と判断するに至った（最判平成27.12.16民集69.8.2427）。その結果，民法のそれぞれの規定は最高裁の新たな判断に合致するように改正された。こうした動向は差別の撤廃として歓迎されるべきものであろう。

　しかし，いわゆる部落差別のように，いまだに解消できない生まれによる差別問題が現実に残っていることを忘れてはならない。また，ハンセン病患者の裁判を一律にハンセン病療養所などの一般人が立ち入れない場所で開廷したことなど，最高裁が差別的扱いを謝罪しながらも，その差別的扱いによる被害の救済がなされていない問題もある。その意味で，私たちの社会に現存する差別について敏感になり，生まれ等による不合理な差別をできるかぎり解消してゆくだけでなく，差別による被害の救済など，差別の克服に向けた取り組みも検討されなければならないのである。

# 第3節 統治機構

## 1 国　　会

　国民主権を原則とする憲法は，立法・行政・司法の3権にそれぞれをチェックする役割を与え，一つの機関に権力を独占させないようにすることで（三権分立），戦前の天皇絶対制による悲劇を防ごうとしている。

　国会は衆議院と参議院からなり（42条），その構成員である衆参両議員が国民によって直接選挙される（43条）ことから，憲法は，国会が国権の最高機関であり，唯一の立法機関と位置付けている（41条）。こうした位置付けは，行政機関・司法機関も原則として立法機関がつくった法律に従わなければならないため，理論上は国会が内閣や裁判所よりも優位に立つことを意味している。

### （1）国会議員

　国民によって選挙された議員の任期は，衆議院では4年，参議院では6年である。しかし，衆議院が内閣によって解散させられたときは，4年より短い期間となる（45条，46条）。

　任期満了や解散を契機に行われる衆参議院の選挙は，現在，各政党の得票数に比例して議席を配分する比例代表制と，選挙区ごとに最多票を得た立候補者に議席が配分される選挙区制とを組み合わせて行われている。しかし，選挙区ごとの人口にアンバランスが生じ，有権者の票の重みに大きな格差がつくことが問題となった。かつて最高裁は，この問題を立法機関の裁量に委ねられたものと判断していたが（最判昭和39.2.5民集18.2.270），その後，投票価値の平等も憲法が求めるものであるとして，1対5の格差を憲法14条（法の下の平等）違反と判断した（最判昭和51.4民集30.3.223）。

### （2）国会の役割

　国会が開催される場合は，毎年1月に召集される常会（52条），必要があるときなどに内閣が召集する臨時会（53条），衆議院解散による総選挙の30日以内に召集される特別会（54条）の3つに分類される。国会が召集され閉会また

は解散するまでの期間を会期といい，会期中に国会は法律案等を審議し，出席議員の過半数でその採否を決める。法律の成立には両院での可決が必要であるが，衆議院で可決した法律案を参議院が否決した場合，衆議院が再び3分の2以上の多数で可決すれば法律として成立する（59条）。会期内に審議できなかった法律案は廃案となるか次の会期に継続して審議されることになる。なお，会期中，議員には不逮捕特権が与えられており（50条），議院で行った演説等について院外で責任を問われることはない（51条）。

　国会の役割のうち，条約の承認，予算の議決，内閣総理大臣の指名等重要なものについては，衆議院と参議院で議決が異なった場合などに衆議院の議決が優先され，国会の議決とされる（60条，61条，67条）。なお，衆議院が解散中に緊急な案件が生じた場合，内閣の求めで，参議院は緊急集会を開き，その案件について措置を行うことができる。ただし，この措置は次の国会開会後10日以内に衆議院が同意しない場合には効力を失う（54条）。

　また，国費の支出，国による債務負担等，財政の処理に関する事項も国会の議決によらなければならない（83条，85条）。

　このほか，司法機関に対するチェック機能を果たすため，国会には裁判官を罷免するか否か判断する弾劾裁判所を設置することもできる（64条）。

## （3）国会の有する権限

　このように多くの役割を担う国会には，議長等の役員の選任権（58条1項），議員資格争訟についての裁判権（55条），国会内の秩序を乱した議員に対する懲戒権（58条2項）等の一定の自律権が与えられている。したがって，出席議員の3分の2以上が賛成し除名処分が行われた場合などに，その処分の当否について司法機関の審査は及ばないと考えられている。

　加えて，国会が有する重要な権限の一つに国政調査権がある。これは，国会に課された幅広い役割を実効的に果たせるように与えられた強い権限であり，具体的には，衆参両議院は，国政全般に関する調査を行うために，証人の出頭，証言ならびに記録の提出を求めることができる（62条）。私たちの目から隠されがちな官僚や国会議員の汚職や問題行動を明らかにするために，こうした権限が積極的に行使される必要がある。

　なお，国会は憲法改正を発議できる唯一の機関であるが，そのためには衆参両議院に属する総議員の３分の２以上が賛成しなければならない（96条）。ちなみに，この発議を受けて国民投票により過半数の賛成があった場合のみ，憲法改正が可能となる。

## 2 内　　　閣

　立法と司法に属さない幅広い事務を対象とする行政について，その権限を行使する機関が内閣である（65条）。

### （1）内閣と国会の関係

　憲法は，この内閣を国会と強く結びつけ，国会から指名された内閣総理大臣が組織する内閣は，国会の信任を前提としており，行政権の行使について国会に対して連帯して責任を負うと規定する（66条３項）。ちなみに，ほとんどの場合，国会で最も議席を多く占める政党の党首が内閣総理大臣に指名されているが，このような制度はイギリスを模範としたもので，議院内閣制と呼ばれる。したがって，衆議院が内閣に対して不信任決議を可決し，または信任の決議を否決したときは，10日以内に衆議院を解散しないのであれば，内閣は総辞職しなければならない（69条）。なお，衆議院選挙が実施された後に新たな国会が召集されたとき，そして内閣総理大臣が辞職や死亡等で欠けたときにも，内閣は総辞職しなければならない（70条）。

　内閣は，文民である内閣総理大臣および他の大臣で成り立つが（66条２項），内閣総理大臣が任命する大臣は，その過半数が国会議員から選出されなければならない（68条１項）。内閣が閣議を開き案件について決定する場合，全会一致でなければならない。そのため，内閣総理大臣は，大臣を罷免することもでき（68条２項），行政各部を指導監督することもできるなど，旧憲法下における「同輩中の主席」という地位を超え，ほかの大臣に比べるとはるかに強大な権限を有している。ほかに内閣総理大臣の職務としては，内閣を代表して議案を国会に提出し，一般国務および外交関係について国会に報告することなどがある（72条）。

## （2）内閣の役割と職権

　内閣が担う役割の中核は，行政に関する権限の行使であるが，一般に法律に基づいてこの権限は行使されなければならない。また，厚生労働省，財務省等の省庁，そしてその省庁に属する部局は，それを所轄する大臣から，法に基づく行政が行われるよう指揮・監督を受ける。もちろん，これらの大臣も国会が指名する内閣総理大臣の指揮・監督に服するため，行政権は国会による監督を受けているということもできる。

　ところで，人事院や公正取引委員会等，内閣の指揮・監督を受けない独立の行政機関も置かれているが，こうした行政機関の存在が憲法に違反するか否かが問題となる。これらの独立行政機関は形式的には憲法65条等に反するとみることも可能であるが，国民の人権保障の観点に立ち，行政分野には党派的な干渉から独立して行われるべきものがあるとの理由から，実質的には憲法に反しないという学説が多数を占めている。

　なお，内閣は，衆議院で内閣不信任案が可決された場合以外にも，以前の総選挙では争点とされなかった重大な問題が生じた場合などに，議会に対する国民の信任を得るために，衆議院を解散させることができると解されている。

　また司法権に対して，内閣は，最高裁長官を指名し（6条2項），その他の最高裁裁判官を任命する権限をもち，最高裁裁判官の構成に影響を及ぼすことができる（79条）。

　このほか，内閣の職権は憲法73条に列挙されており，外交関係の処理や条約の締結（ただし，事前または事後に国会の承認が必要），予算の作成とその国会への提出，政令の制定，恩赦の決定等がある。政令とは，憲法および法律の規定を実施するために内閣が制定する命令であるが，これには，特に法律の委任がある場合を除いては罰則を設けることができないとされている（73条6号）。

# 3 裁 判 所

## （1）司法権の独立と対審の公開

　3権の一つである司法権とは，法的な問題に関する具体的な争いが生じたときに，その当事者の主張を聞いた上で，公平に事実を認定し，その認定事実に

法律を適用し最終的な判断を下す作用を指す。憲法は，その権限を最高裁やその他の下級裁判所のみに委ね，その他の機関には一切認めていない（76条1項）。

　歴史的にみると，裁判に対しては政治的な圧力や干渉が加えられることが少なくなかった。したがって，そのような圧力によって裁判所の判断がねじ曲げられることになれば，基本的人権を憲法で保障しても，その意味はなくなってしまう。そこで，憲法は，政治的な圧力を排して，裁判が法に基づいて公正に行われるように裁判官の独立を保障した。裁判官はその良心に従い独立して職権を行い，憲法や法律にのみ拘束されるのである（76条3項）。そして，この司法権の独立のため，裁判官の身分や報酬についても手厚く保障されている。すなわち，心身の故障のため職務を執れない場合を除いては，国会に設置される弾劾裁判所の判断がなければ罷免されることはなく（78条），報酬も在任中減額されることはない（79条6項，80条2項）。しかし，このような手厚い保障は，裁判官の独立をまもることにより，私たちの基本的人権を擁護させようとするものであって，それ以外のためのものではないことを忘れてはならない。

　戦前の秘密裁判に基づく拙速な処刑を反省するとともに，訴訟手続きが真に公正に行われているかは，国民の目によってチェックされるべきとの観点から，憲法は，争いのある事件について行われる対審と判決は公開の法廷で行われなければならないと定める。ただし，裁判官の全員一致で，公の秩序または善良の風俗を害するおそれがあると決した場合には，対審を公開しないこともできるが，政治犯罪，出版に関する犯罪，国民の権利が問題となっている事件の対審は常に公開されなければならない（82条）。

## （2）裁判所の種類と役割

　裁判所には，すべての事件について最終的な判断を下す最高裁判所のほか，4種類の裁判所がある。地方裁判所は通常事件を対象とし，簡易裁判所は地裁が対象としていない軽微な事件を対象とし，家庭裁判所は少年事件や家事事件を対象とする。これら3種類の第1審を担当する裁判所で下された判断に不服がある場合には，高等裁判所に第1審の判断の取消しを求めて上訴することができる。高裁は，こうした上訴に理由がある場合には，判決を取り消して第1

審に事件を差し戻すか，自ら新たな判断を下し，上訴に理由がない場合には，上訴を棄却する。さらに，第2審である高裁が下した判断に対して，なお不服がある場合には，最高裁に上訴することができる。このような制度は，少なくとも3つの違った裁判所の判断を求めることができるので，三審制と呼ばれる。

　しかし，高裁や最高裁で訴えが認められる前提となる適法な上訴理由は限定されているので，上訴審に不服を申し立ててもなかなか認められにくいという現状にある。したがって，仮に第1審で無罪の判決を受けたにもかかわらず，検察官の上訴によって第2審で第1審の判決が取り消され有罪判決を受けた場合，この有罪判決に対して争う機会は最高裁の場しかなく，適法な上告理由がなければ，被告人の訴えは棄却されることになるのである。

## （3）裁　判　官

　最高裁以外の下級裁判所の裁判官は，最高裁が指名した者の名簿に基づき内閣によって任命される（80条1項）。しかし，基本的に内閣が最高裁の名簿にない者を任命することはあり得ないので，実質的には下級裁判所の裁判官は最高裁によって選ばれるといってよい。この他，最高裁は訴訟に関する手続きや，裁判所の内部規律等について規則を定める権限（77条1項）や，下級裁判所の裁判官の人事異動等に関する権限を有している。なお，下級裁判所の裁判官は任期が10年とされているが，再任されることで定年まで勤めることができる（80条1項）。

　しかし，逆にみれば，最高裁は10年ごとの再任にあたって裁判官をチェックすることが可能であり，最高裁が不適任とした裁判官は再任を拒否され，辞職せざるを得なくなる。したがって，行政権を握る内閣によって指名・任命された裁判官からなる最高裁が，行政機関にとって都合の悪い判決を下した裁判官をへき地に異動させたり，その再任を拒否することを繰り返せば，下級審の裁判官は最高裁，ひいては行政機関のいいなりになりかねない。これでは，国民の基本的人権をまもるための司法の独立が脅かされることになる。

　そこで，憲法は，最高裁の裁判官について国民が直接審査する制度を用意している。すなわち，最高裁裁判官は任命後最初の衆議院議員選挙に際して国民

の審査に付され，以降10年ごとに審査が繰り返される（79条2項）。そして，投票者の過半数が裁判官の罷免を可とするときに，罷免されることになる（79条3項）。しかし，最高裁裁判官が具体的な裁判にどのような判決を下したのか，どのような考えのもち主なのかなどの，審査にあたって不可欠な情報が必ずしも積極的に提供されているとはいえない状況にある。ちなみに，この制度によって罷免された裁判官はこれまでに一人もいない。したがって，形骸化した国民審査制度を改革する必要があるといえよう。

### （4）違憲立法審査権

　憲法は，裁判所に立法機関や行政機関をチェックするための権限を与えている。これは違憲立法審査権と呼ばれ，裁判所は，一切の法律，命令，規則，処分等が最高法規である憲法に適合するかしないかを決定する権限を有している（81条）。そして，最高法規である憲法に違反すると判断された一切の法律，命令，行為等はすべて無効となる（98条）。ただし，具体的な事件とは関係なく，一般的に法律の違憲性を審査することはできず，訴えが提起され裁判となった具体的な事件を通してのみ，個別の立法の違憲性を審査することができると解されている（付随審査制）。

　ところで，違憲立法審査権に関しては，まず，条約にも違憲審査が及ぶかどうかについて学説上争いがある。条約には違憲審査が及ばないという学説は，憲法81条，98条が条約に言及しておらず，一国の裁判所の判断で条約の効力が左右されるべきではないという点を根拠にしており，かつては有力であった。しかし，憲法は条約より上位にあるとする限り，条約にも違憲審査が及ぶべきであるとする学説が現在では有力となっている。

　また，最高裁によって違憲判決が確定した場合に，この違憲判決が当該事件についてのみ法律等が無効となるのか，当該事件を超えて法律等が一般的に無効となるのかについても学説上争いがある。一般的に無効となると主張する学説は，憲法98条や法の下の平等を根拠にするが，違憲立法審査が具体的な事件に付随して行われること，国会の立法権に影響を与える点で憲法41条に抵触するおそれがあることなどを根拠とする個別的効力説が有力である。

　なお，違憲立法審査権が及ばない領域も存在する。まず，国会議員に対する

懲罰や，閣議の議事手続き等，国会や内閣の自律に委ねられている事項である。ついで，内閣による衆議院の解散，内閣総理大臣による国務大臣の任免等のように，憲法が裁量を行政機関や立法機関に与えている場合である。ただし，その裁量を大幅に超える場合には違憲審査の対象となり得る。そして，自衛隊に関する裁判所の判決にみられるように，「高度の政治性」を有する国家の行為にも違憲立法審査は及ばないと考えられている（統治行為論）。

　現実には，最高裁によって違憲判断が確定するケースはきわめて少なく，下級審で違憲判断が出されることもまれである。つまり，裁判所は，ほとんどの場合，統治行為論等を用いて，できるかぎり違憲かどうかの判断を回避する傾向にある。確かに，このような司法機関の消極的な姿勢は，民主的に選出された国会を国権の最高機関とする憲法の要請に合致しているようにもみえる。しかし，立法機関での議論に，必ずしも大多数の国民の意見が反映されるわけではなく，一部の富裕層の声のみが取り上げられることも歴史上まれではない。したがって，少数者や社会的弱者の人権が侵害されないようにするためには，裁判所が違憲審査に積極的になる必要もあるように思われる。ちなみに，違憲審査を避けるため裁判所が用いる「統治行為論」に対しても，学説からは，何が「高度の政治性」を有する国家行為なのか基準があいまいであるなどの批判が加えられている。

　司法機関の違憲審査に関する消極的な姿勢は，行政機関や立法機関に対する司法機関のチェック機能の喪失に至り，三権分立を形だけのものにしてしまいかねない。これでは，私たちの基本的人権も行政機関や立法機関によって容易に侵害されることになる。したがって，具体的な事件において，裁判所が真に私たちの基本的人権を保障しているのか，改めて注目する必要があろう。

## 4　財　　政

　国の統治機構は，多数の公務員が担うものであり，彼等の給与や国の施設の建設，維持等は国費によって賄われることになる。この費用を捻出するために，前出のように国民に納税の義務が課されており，租税が徴収される。徴収された租税をもとに，適切な予算を組み，その予算を執行することを国の財政

作用ということができる。

　憲法は，国の財政に関する活動は，国会の議決に基づかなければならないことを定めている（83条）。つまり，国の財政は，国会議員を通した国民の監視の下に置かれなければならないのであり，このことは財政民主主義のあらわれといえる。なお，皇室財産も国会の議決を経なければならない（88条）。

　財政民主主義の観点からは，予算やその執行はもちろん，主な収入である租税のあり方についても，国会のチェックが必要となる。したがって，憲法は，租税の賦課・徴収は法律によって規定されなければならないとし（84条），このことは租税法律主義と呼ばれる。

　なお，憲法は，公金その他公の財産を宗教上の組織や公の支配に属さない慈善・教育事業に支出することを禁じている（89条）。このような公金支出の禁止規定は，私人による宗教・慈善・教育活動への国家の介入を排除するために設けられたものといえる。しかし，社会福祉法に基づき，国や地方公共団体が，その監督下にある社会福祉法人等に対して財政的な支援を行うことは，この規定に反するものではないと理解されている。

　国の収入と支出についての決算は，毎年会計検査院による検査を受けた上，内閣によって，次年度にその検査報告とともに，国会に提出されなければならない（90条）。これは，財政についての事後審査のための重要な手続きであり，財政民主主義の担保ともいえる。また憲法は，内閣が国会および国民に対し，定期に少なくとも毎年1回，国の財政状況について報告しなければならないことも定めている（91条）。

# 第4節　地方自治

## 1 地方自治の意義

　旧憲法下では，たとえば，戦争遂行を容易にする施策が中央で定められると，直ちに地方の隅々にまでゆきわたるという意味での徹底した中央集権国家づくりが目指された。しかし，国民主権と基本的人権尊重を原則とする日本国

憲法は，地域ごとの小集団の中で民主主義を学び，地域の事情に合わせた方法で基本的人権を保障できるように，地方の住民に一定の自治権を認めた。したがって，地方自治とは憲法の原則である国民主権と基本的人権尊重から当然に必要とされるものであるといえる。

　また，地域福祉の重要性が説かれる現代においては，社会福祉サービスの画一化を避け，障害や貧困等に苦しむ人々が置かれた個々の状況に応じた社会福祉サービスが提供される必要がある。その意味でも，地方自治のあり方が改めて考えられなければならない。

## 2　地方公共団体の組織および権能

　憲法は，地方公共団体を地方自治の担い手として位置付け，各地方公共団体の機関として議会を設置し，その長や議会の議員等を，住民が直接選挙することを定めている（93条）。したがって，地方公共団体の長は，内閣総理大臣とは異なり，大統領制と同様に，住民により直接選挙されることになる。しかし，これも住民によって直接選挙される議員からなる地方議会が，長に対して不信任決議を可決することも可能で，この場合，長は議会の解散か，自らの辞職かを選ばなければならない点は，内閣と国会の関係と同様である。

　また，地方公共団体の権能として，財産の取得・処分等の財産管理，ごみ収集等の非権力的公共事業である事務処理，生活保護の廃止決定等の権力的作用である行政執行の3種類が憲法に掲げられている（94条）。したがって，外交，司法，郵便等は地方公共団体の権能には含まれない。なお，地方公共団体の組織，運営，事務等に関する事項は，地方自治法などに詳細に定められている。ちなみに，かつて社会福祉に関する自治体の事務の多くは，国の厳しい指揮・監督の下で委任された機関委任事務が占めており，この領域において地方公共団体の自治に任される部分は小さかった。しかし，1985（昭和60）年以降，徐々に地方公共団体の自治に任されるようになり，2000（平成12）年には機関委任事務という名称が廃止され，法定受託事務に改められるとともに，社会福祉領域においてもかなりの部分が地方公共団体の自治事務に振り分けられることとなった。

このほかに，憲法94条は，地方公共団体に法律の範囲内で条例を制定する権限も与えている。条例とは，地方議会において国会と同様の手続きで審議されて可決された場合に成立する，いわば法律の地方版ともいえるものである。したがって，その効力はその地方公共団体のある地域に限定される。なお，最近は法律で規制されていない点について，条例で規制するという例もあり，「法律の範囲内」という文言はゆるやかに理解されるようになってきている。ところで，条例に関しては，地方自治法14条３項が条例に一定の罰則を設けることができると定めている点が，罪刑法定原則に反しないかが問題となる。しかし，条例が住民の代表者である議員からなる地方議会によって民主的に制定される点を根拠に，違憲ではないと考えられている。

## 3 住民の権利

地方自治法によれば，地方公共団体に住所をもつ住民は，その長や地方議会議員等の選出のほかに，一定数の有権者の連署によって，条例の制定・改廃請求，事務監査請求，議会の解散請求，長・議員・主要公務員の解職請求を行うことができる。たとえば，有権者の３分の１以上が署名して長の解職請求が行われた場合，住民投票の結果，投票者の過半数が解職に同意すれば，その長は解職されることになる。その意味で，これらの権利は，地方自治を民主的に行わせるために，重要な役割を果たすものといえよう。

しかし，国に比べると圧倒的に少ない税収しかない地方公共団体に，多くの事務が割り当てられる結果，ほとんどの地方公共団体が国からの補助金に依存せざるを得ない状況にある。その結果，地方公共団体における重要な役職の多くが，省庁から派遣された国家公務員によって占められている。これでは，地方自治は看板だけのもので，多くの点で国のいいなりにならざるを得ないことは明らかであろう。

地方自治を真のものにするために，国民主権の原点にかえって，私たちの権利行使の意義について改めて考える必要がある。

**■参考文献**

・芦部信喜（高橋和之補訂）：『憲法』（第6版），岩波書店，2015
・浦部法穂：『憲法学教室』（第3版），日本評論社，2016
・初宿正典ほか：『いちばんやさしい憲法入門』（第5版），有斐閣，2017
・川人博編：『テキストブック現代の人権』（第4版），日本評論社，2009
・木佐茂男ほか：『テキストブック現代司法』（第6版），日本評論社，2015

# 第3章 行政法

## 第1節 行政法総論

### 1 行政とは何か

行政は，究極では，国民の福祉を目的とする。この国民（住民）の福祉に貢献することが，行政に限らず国家（地方公共団体）の存在意義を根拠づけている。行政の作用には，組織内の効率性や合理性が求められる。組織内の指揮・命令・監督等の系統または責任所在の明確化が求められる。各行政庁に対しては一定の裁量権が与えられるが，国民の福祉の一点から，柔軟かつ適応性ある行政の実現，公益目的の実現の範囲内に限り認められるべきものである。それ故に，組織・権限その他の必要事項に関して国民的コントロールが必要であり，これらの行政の組織やその作用・統制に関する法が行政法である。

行政法とは，国や公共団体（行政主体）の機関の組織や権限，その機関相互の関係についての規律，行政主体間の規律（行政組織法），行政主体と私人間の公法上の法律関係に関する規律（行政作用法），行政統制（行政秩序の維持）に関する規律（行政争訟）の総称である。福祉に関する諸法律もこの中に含まれる。憲法，民法のように，行政法という単一の法律があるのではない。

行政法としての代表的法律としては，内閣法，国家行政組織法，地方自治法，警察法，財政法，会計法，国税徴収法等がある。行政をどのように法的に規制するかは，それぞれの国家の歴史や伝統，政治的または経済的，その他社会的・文化的な諸条件に影響を受け，異なってくる。

行政とは，国家作用のうち，立法・司法以外の統治または国政作用（働き）の総称であり，司法以外で，法の下において公の目的を達成するための作用である。すなわち，国家作用のうちから立法と司法を控除したものが行政であ

る。さらには，内閣以下の国の機関あるいは公共団体が，法律・政令等その他の法規の範囲内で行う政務（行政事務）を意味している。行政のこうした定義を一般的に消極説（控除説）という。

　この消極説の根拠としては，現代の行政は複雑で内容が多岐にわたっているため，行政に必要かつ十分な定義を与えるのは容易ではなく，内容が空白であるだけに，かえって多様な行政作用を包含できるという利点がある。また歴史的な背景としては，消極説は三権分立の理念的な形成過程に忠実な定義であるといえる。すなわち，国家権力一切を掌握していた国王から国民が立法権を奪い，司法権を独立させ，最後まで残ったのが行政権である，とする。

## 2　法律による行政（行政民主主義，行政法律主義）

　法律による行政とは，行政の諸活動が国民の代表者たる議会の定めた法律に基づき行われることである。行政権は立法権・司法権と異なり，強大な権限を有することから，その濫用を防止することが必要であり，立法権（国会）の判定した法律によって，行政権をコントロールすべきという考え方が，近代公法の基本である。偽政者の独断に委ねてしまうと偽政者が福祉の名の下に市民生活に過剰に干渉して，国民の権利・自由を圧迫するおそれがあるからである。近代憲法が規定した違憲法令審査制度の導入がそれを実証している。法の合理性によって行政の担い手の恣意を抑制することで，行政権の肥大化ないし濫用を防いで，私人の権利・自由を保護することが目的である。この原理は，行政活動がなされるにあたっての法的安定という要請（自由主義）と，行政活動に対する民主的コントロールの確保という要請（民主主義）に基づく。

## 3　行政上の組織

### （1）行 政 主 体

　行政主体とは，行政上の権利と義務を有し，自己の名と責任で行政を行う団体をいう。行政主体には法人格が認められる。国や地方公共団体等がその代表的なものである。また，行政主体は，国，地方公共団体の他に，公社・公団・独立行政法人，公共組合がある。

### 1）地方公共団体

普通地方公共団体と特別地方公共団体がある（p.71参照）。

### 2）公社・公団・独立行政法人，公共組合

国や地方公共団体は，自ら行政活動を行うだけでなく，独立の法人格を有する団体を設置して一定の行政活動を行わせている。近年では，独立法人の形態や民営化され株式会社の形態をとっているものがある。例えば，かつては公社・公団という名称のものが多かったが，日本住宅公団が「独立行政法人都市再生機構」，宇宙開発事業団が「宇宙航空研究開発機構」となっている。株式会社化されたものとしては，新東京国際空港公団が「成田国際空港株式会社」となり，日本道路公団は「東日本高速道路株式会社」と「西日本高速道路株式会社」に分社化されている。国立大学は，国立大学法人法により国立大学法人となった。

公共組合とは，一定の公共的目的のために組合員によって設立された社団法人であり，具体的には，健康保険法による健康保険組合などがある。

## （2）行政機関

行政主体は以上でみたようにいずれも法人であるから，その事業を現実に行うには，行政主体のために，その手足となって行為する機関を設ける必要がある。このような機関を行政機関という。行政機関はいろいろな分類が可能であるが，とりわけ私人との関係の観点からは，以下のように種類分けすることができる。

①　行政庁　　行政主体の法律上の意思を決定し，これを外部に表示する権限をもった機関のことをいう。行政庁の行った行為の効果は，行政主体に帰属する。通常，行政行為を行うことができるのは，行政庁である。役所や建物のことをいうのではない。大臣，知事，市町村長などの独任制（一人からなる）のほか，公正取引委員会，公安委員会，人事委員会などの合議制（複数からなる）の場合もある。なお，行政事件訴訟の抗告訴訟の被告となるのはこの行政庁である。

②　補助機関　　各省庁の事務次官，局長，事務官や，地方公共団体の副知事，助役，事務吏員等のように，行政庁その他の行政機関の職務を補助する機

関である。いわゆる「公務員」の大半は，これにあたる。

　③　**諮問機関**　　行政庁から諮問を受けて意見を具申する機関である。各種
の審議会が通常これにあたる。利害関係のある各層の意見を行政に反映させ，
専門技術的な知見を聴取するなどの目的で設置され，行政庁の意思決定を適正
たらしめる機能を有する。ただし，諮問機関の出した答申は，行政庁を法的に
は拘束しない。諮問手続きが法律上要求されているにもかかわらず，これを無
視した場合，あるいは不公正な審議手続きに基づいて行政決定を行った場合
は，違法となる。

　④　**参与機関**　　行政庁の意見を法的に拘束する議決を行う行政機関であ
る。具体的には，検察官適格審査会（検察庁法23条），電波監理審議会（電波法
85条，94条2項）などがこれにあたる。

　⑤　**監査機関**　　行政機関の事務や会計の処理を検査し，その適否を監査す
る機関をいう。総務省や行政評価事務所，会計検査院，地方公共団体の監査委
員などがこの例である。行政の適正性をチェックする機能を有する。

　⑥　**執行機関**　　行政目的を実現するために必要とされる実力行使を行う機
関である。具体的には，警察官，海上保安官，消防職員等がこれにあたる。

## ④ 地 方 自 治

### （1）地方自治の保障

　日本国憲法第8章には，地方自治の規定が置かれている。地方自治権の本質
をどのようにとらえるかということに対して，学説では，「地方自治権を，個
人の人権と同様，地方公共団体固有の前国家的権利ととらえる固有権説」と
「地方自治権は，国家の統治権に伝来し，国の承認に基づくとする伝来説（承
認説）」との対立がある。さらに日本国憲法92条には，「地方自治の本旨」の規
定がある。団体の組織・運営に関する事項は「地方自治の本旨」に基づいて，
法律でこれを定める，とした。この規定を受けて制定された法律が地方自治法
である。

　この地方自治の保障は，いわゆる制度的保障であると解するのが通説であ
り，法律をもってしても制度の核心である「地方自治の本旨」は侵せない。こ

の点，制度的保障説に対しては，制度の本質的内容・核心が何か不明確であり，本質的内容に触れなければ，制約が認められて現状以下の保障となる危険性がある，という批判がある。

　この「地方自治の本旨」は，団体自治と住民自治の2つの要素からなる。団体自治とは，地方自治が国から独立した団体に委ねられ，団体自らの意思と責任の下でなされるという自由主義的要素であり，住民自治とは，地方自治が住民の意思に基づいて行われるという民主主義的要素である。

　地方自治法も，この2つの要素に最大限に配慮しながら，地方公共団体の区分並びに地方公共団体の組織および運営に関する事項の大綱を定めている。

## （2）地方公共団体の種類

　地方自治法1条の3第1項は，「地方公共団体は，普通地方公共団体及び特別地方公共団体とする」と定めている。

　このうち，普通地方公共団体とは，都道府県および市町村を指し（1条の3第2項），特別地方公共団体とは，特別区（東京23区），地方公共団体の組合，財産区および地方開発事業団を指す（同3項）。特別地方公共団体には，普通地方公共団体と異なり，地方議会の設置は義務付けられない。

## （3）地方公共団体の事務

　1999（平成11）年に改正された地方自治法2条2項は，「普通地方公共団体は，地域における事務及びその他の事務で法律又はこれに基づく政令により処理することとされるものを処理する」と定めるとともに，新たに，地方公共団体が処理する事務につき「自治事務」と「法定受託事務」という類型を導入している。

### 1）自治事務

　地方公共団体の処理する事務のうち地方自治体固有の事務であり，法定受託事務を除いた事務をいう（2条8項）。自治事務には，法律上の規制を受けず自主的判断で随意に企画・制度化できる事務（随意事務），および法令によりその実施を義務付けられる事務（必要事務）がある。自治事務の例としては，飲食店営業の許可，病院・薬局の開設許可，都市計画の決定などである。

### 2）法定受託事務

　本来，国が処理すべき事務であるが，国民の利便性等の観点から地方公共団体が処理するものとして，法律またはこれに基づく政令に特に定めるものをいう（2条9項）。この法定受託事務は，さらに以下の2つに分類される。

　第1号法定受託事務とは，都道府県，市町村または特別区が処理することとされている事務のうち，国が本来果たすべき役割にかかるものであって，国においてその適正な処理を特に確保する必要があるものとして法律またはこれに基づく政令に特に定めるものをいう（同項1号）。具体例としては，衆議院議員または参議院議員選挙に関する事務，国民年金の届出に関する事務，戸籍事務などである。

　第2号法定受託事務とは，市町村または特別区が処理することとされる事務のうち，都道府県が本来果たすべき役割にかかるものであって，都道府県においてその適正な処理を特に確保する必要があるものとして法律またはこれに基づく政令に特に定めるものをいう（同項2号）。具体例としては，都道府県の議員または長の選挙に関する事務，市街地再開発事業に関する事務などである。

## 5　行政行為（行政処分，処分）

### （1）行政行為の概念

　行政行為とは，行政庁が，行政目的を実現するために法律によって認められた権能に基づいて，その一方的な判断で，国民の権利義務その他の法的地位を具体的に決定する行為である。

### （2）行政行為の特質

#### 1）公定力の意義

　違法な行政行為も，当該無効の場合は別として，正当な権限を有する機関による取消しのあるまでは，一応，適法の推定を受け，相手方はもちろん，第三者も，他の国家機関もその行政行為の効力を無視することができない効力をいう。

　具体的には，税務署長より違法な更正処分を受けた者がこれに従い法定額以

上の税金を支払い過誤納税金の返還を受ける場合には，まず税務署長への不服申立てを行うことができる（再調査の請求：国税通則法75条1項1号）。または国税不服審判所長への審査請求，さらに取消し訴訟をして税務署長の更正処分の取消しを求めなければならない。行政行為の拘束を免れるためには，正式な取消し手続きを踏んで行政行為の公定力を破っておく必要がある。これに対して，家主から契約に違反して過大な家賃の支払いを要求されて借主が支払った場合には，取消し訴訟を提起することなく，直接裁判所に不当利得を返還請求するための民事訴訟を提起して，判決により約定を超える家賃を取り戻すことができる法律行為とは異なる。この点において公定力に大きな特徴がある。

### 2）不可争力（形式的確定力）

一定期間（不服申立期間・出訴期間）が経過した後は，行政行為によって権利を侵害された相手の側からは行政行為の効力を争え得ない効力をいう。形式的確定力ともいう。行政庁側からであれば，職権取消しによって，その期間経過後であったとしても自らの意思で取消しをすることができる。

### 3）自力執行力

私人間においては，私法上，債務者が義務を履行しないときに債権者自身が自力執行することは禁じられており，裁判所によってのみそれらの執行が行われる。しかしながら，行政行為に対しては，行政行為によって命じられた義務を国民が履行しない場合には，裁判判決なしに行政庁自身が，行政行為自体を法的根拠（債務名義という）とし，自らの判断により義務者に対し，強制執行をし，義務内容を実現することができる。これを自力執行力という。自力執行には，行政行為で必要とされた根拠法とは別の根拠法が必要とされる。

現行法の下でも，行政行為によって課された義務については，行政代執行法その他の法律の定めによって行政上の強制執行ができるとされている。

### 4）不可変更力（実質的確定力）

行政庁が，行政上の不服申立てや行政審判等において自らが下した決定・裁決等を自由に取り消したり変更したりすることができない効力のことを不可変更力という。紛争の裁断者がいったん下した判定を覆して裁断のやり直しをすることを認めると，無限に争いが蒸し返され収拾がつかなくなるおそれがある

からである。そこで，争いごとの裁断作用は1回限りとし，たとえその判断に
誤りが判明したとしてもそれは当事者が上訴などの手続きで争うのは別段とし
て，裁断者自身がこれを変更することはできないとされるのである。

### （3）行政行為の種類・内容

　行政行為は，いくつかの観点からさまざまに分類できる。行政行為の内容に
よる分類，裁量の有無による分類，瑕疵の有無による分類，私人に与える効果
による分類，がその主な分類方法である。行政行為は，内容や効果意思の違い
に応じて，図3-1，図3-2のように分類できる。

## 6　行政手続法

　行政手続きが，行政作用の手続き的な側面を指すものならば，行政手続法は
それを法的に規制するものである。行政手続きとは，行政活動が行われるのに
先立って，それが違法にならないように規律するための手続き，つまり行政行
為の事前手続きをいう。1993（平成5）年11月に成立した行政手続法1条によ
れば，行政手続法は，「処分，行政指導及び届出に関する手続並びに命令等を
定める手続に関し，共通する事項を定めることによって，行政運営における公
正の確保と透明性の向上を図り，もって国民の権利利益の保護に資することを
目的」としている。その内容は，処分（申請に対する処分・不利益処分），行政
指導，届出の3つのみに限定されているため，行政立法，計画策定，行政契
約，行政調査，即時強制手続きは対象とされていない。

　このように行政手続法の適用対象は，前記の行政手続法1条からも明らかな
ように，処分，行政指導および届出の3つに限定され，しかも国の行政機関の
活動に限定されている。つまり，国以外の行政主体である地方公共団体に対し
ては，行政手続法は適用されない。したがって，地方公共団体の機関は条例ま
たは規則に基づいて処分・届出を行い得るが，それらに対しては，地方自治の
尊重のため，行政手続法を適用することができないのである（3条2項）。

　具体的には，食品衛生法に基づき食堂の営業許可を与える場合など，処分・
届出について行政手続法の適用の対象となるのは地方公共団体が法律に基づい
て行われるのみであり，条例・規則が地方の実情に応じた地方独自の規制であ

るなど，地方公共団体の条例・規則に基づいて行われる処分・届出については行政手続法の適用はない。地方公共団体の行政指導については，法律に基づくか，あるいはいずれも基づかない場合を問わず行政指導の性質上，一律に行政手続法の適用はない。

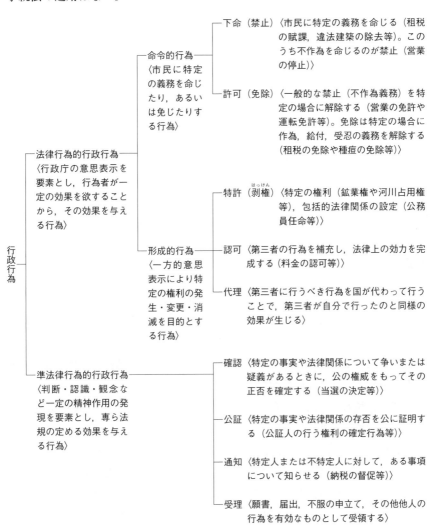

図3-1　行政行為の分類（1）

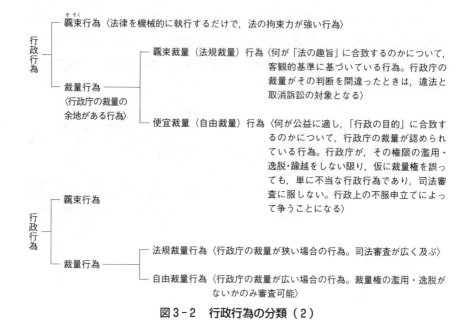

**図3-2　行政行為の分類（2）**

## 7　情報公開法

　情報公開制度とは，国や地方公共団体が保有している行政文書を，住民の請求に基づき開示（公開）する制度である。情報公開制度の目的は，国民主権の理念にのっとり，行政情報の公開を図り，もって行政機関の行政運営についての説明の責務が全うされるようにするとともに，国民の的確な理解と批判の下に公正で民主的な行政の推進を図ることにある（1条）。

　つまり，情報公開法は，行政文書に対し，国民一人ひとりがその開示を請求することができる制度を中核として，政府の諸活動の状況を国民の前にあるがままに明らかにし，国民一人ひとりがこれを吟味し，評価できるようにするものである。これによって，公正な行政運営が一層図られるとともに，国民の責任ある意思決定が可能となり，民主主義の下，望ましい国民と政府の関係の確立が期待される。そして，政府においては，情勢の変化に対応した効率的な行政制度・運営が図られることとなる。

　情報公開制度の背景には，いわゆる「知る権利」という考え方がある。すなわち，国民主権下にあっては，情報は本来国民のものであり，国民は政府に対して積極的に情報公開を請求できる権利が，人権として保障されている，という考え方である。ただし，「知る権利」という文言は，情報公開法では用いられていない。

## 8　個人情報保護法

### （1）個人情報保護法の意義

　個人情報の有用性に配慮しながら個人の権利利益を保護することを目的とした個人情報保護のための法律が2003（平成15）年5月に成立・公布され，2005（平成17）年4月1日より全面施行された。この法律は，主に次の3つから成り立っている。

　　①個人情報の保護に関する法律（個人情報の保護に関する法律：個人情報保護法）
　　②行政機関の保有する個人情報の保護に関する法律（行政機関の保有する個人情報の保護に関する法律：行政機関個人情報保護法）
　　③独立行政法人等の保有する個人情報に関する法律（独立行政法人等の保有する個人情報の保護に関する法律：独立行政法人等個人情報保護法）

　2017（平成29）年に法改正され，個人情報保護法の目的（1条）は「この法律は，高度情報通信社会の進展に伴い個人情報の利用が著しく拡大していることに鑑み，個人情報の適正な取扱いに関し，基本理念及び政府による基本方針の作成その他の個人情報の保護に関する施策の基本となる事項を定め，国及び地方公共団体の責務等を明らかにするとともに，個人情報を取り扱う事業者の遵守すべき義務等を定めることにより，個人情報の適正かつ効果的な活用が新たな産業の創出並びに活力ある経済社会及び豊かな国民生活の実現に資するものであることその他の個人情報の有用性に配慮しつつ，個人の権利利益を保護することを目的とする」と規定された。

　個人情報保護法は，個人情報の収集・管理・活用の有益性を認めた上で，個人の権利利益と個人情報の有効活用による有益性という2つの価値の調和を

図っているのである。また，行政機関個人情報保護法は行政機関に対して，その保有する個人情報を厳格に取り扱う義務を課し，その義務の対象を旧法よりも拡大し，自己情報に関する自己情報の開示，訂正・削除を求める法的仕組み，個人情報の収集制限・利用制限等個人情報管理の方法を規律し，第三者機関による救済制度（情報公開・個人情報保護審査会）の仕組み，行政機関による職員等に対する罰則等を新設している。情報公開制度が行政のあり方を透明化し，国民が行政過程に参加するための手段であるのに対し，個人情報保護制度の趣旨は，行政機関による情報管理によって自己の利益を損なわれるものに対し保護を図ることにある。

　個人情報保護法は，個人情報の有用性に配慮しながら，個人の権利利益を保護することを目的とする（1条）。このため，個人情報の取扱いにあたっては，個人情報の「保護」と「活用」のバランスを図っている。個人情報保護法によって，消費者が，事業者による個人情報の取扱いに不安を感じたような場合，自己に関する情報の開示や訂正・利用停止などを，その問題の事業者に求めることができる。また，個人情報の取扱いに関する苦情がある場合には，問題の事業者に直接申し出るだけではなく，認定個人情報保護団体や地方公共団体などに相談が可能である。

　民間部門の個人情報保護については，一般法である「個人情報保護法」が適用される。個人情報取扱事業者が個人情報の適正な取扱いのルールを遵守することにより，プライバシーを含む個人の権利利益の侵害を未然に防止することを目的とする。したがって，個人情報の取扱いとは関係のないプライバシーの問題などは，この法律の対象とはならない。プライバシー侵害などが実際に発生した後の個人の権利利益の救済については，従来どおり，民法上の不法行為や刑法上の名誉毀損罪などによって図られる。ただし，個人情報保護法では多義性を理由にプライバシーという概念は使用されていない。

## （2）改正個人情報保護法

　改正個人情報保護法では以下のようになっている。

　①　個人情報保護委員会の新設　　個人情報取扱事業者に対する監督権限を各分野の主務大臣から委員会に一元化。

　②　**個人情報の定義の明確化**　ⅰ利活用に資するグレーゾーン解消のため，個人情報の定義に身体的特徴等が対象となることを明確化，ⅱ要配慮個人情報（本人の人種，信条，病歴など本人に対する不当な差別または偏見が生じる可能性のある個人情報）の取得については，原則として本人の同意を得ることを義務化。

　③　**個人情報の有用性を確保（利活用）するための整備**　匿名加工情報（特定の個人を識別することができないように個人情報を加工した情報）の利活用の規定を新設。

　④　**いわゆる名簿屋対策**　ⅰ個人データの第三者提供にかかる確認記録作成等を義務化（第三者から個人データの提供を受ける際，提供者の氏名，個人データの取得経緯を確認した上，その内容の記録を作成し，一定期間保存することを義務付け，第三者に個人データを提供した際も，提供年月日や提供先の氏名等の記録を作成・保存することを義務付ける），ⅱ個人情報データベース等を不正な利益を図る目的で第三者に提供し，または盗用する行為を「個人情報データベース提供罪」として処罰の対象とする。

　⑤　**その他**　ⅰ取り扱う個人情報の数が5,000以下である事業者を規制の対象外とする制度を廃止，ⅱオプトアウト（注1）規定を利用する個人情報取扱事業者は所要事項を委員会に届け出ることを義務化し，委員会はその内容を公表，ⅲ外国にある第三者への個人データの提供の制限，個人情報保護法の国外適用，個人情報保護委員会による外国執行当局への情報提供にかかわる規定を新設。

　このように改正法では，個人情報として氏名，性別，住所，年収，家族構成，購入履歴，指紋，マイナンバー，ウェブの閲覧履歴などが含まれている。一方，人種，病歴，犯罪歴などは要配慮個人情報と定義され，より厳密な扱いを義務付けられることになった。また，取り扱う個人情報の数が5,000件以下の「小規模取扱事業者」も法律適用の対象となり，「件数要件」が撤廃となった。そのほかに「利用目的の明示」「第三者提供の際の本人同意」などが規定された。「匿名加工情報」は，個人情報を加工したデータを保有する企業が外部に分析を依頼するなど，個人情報を復元できないように加工さえすれば，一

定の条件を満たすことで第三者に提供することもできる<sup>(注2)</sup>。

> （注1）本人の求めに応じて当該本人が識別される個人データの第三者への提供を停止する場合，本人の同意を得ることなく第三者に個人データを提供することができる。
> （注2）個人情報保護委員会事務局ホームページ参照（http://www.meti.go.jp/committee/kenkyukai/sansei/daiyoji_sangyo_chizai/pdf）。

## 9　行政法上の強制手段

　行政強制は，行政機関が行政上必要とされる状態を，国民の身体や財産に強制力を加えて実現する行政作用である。具体的には，行政庁が，無理やり私人の財産を没収したり，強制的に入院させたり，延焼を防止するために隣の家屋を取り壊したりする場合，また，租税の賦課処分を受けた者が必ずしも自発的に払わない場合や，不法投棄した産業廃棄物の回収命令を受けた者がそれに従わないで放置する場合などのように，行政上の目的を達成するために行政権が私人の自由や財産に実力を加えることをいう。このような行政庁による権力の行使の一類型としての行政法上の強制手段を全体像としてまとめると以下のようになる。

### （1）行政代執行

　行政代執行とは，他人が代わって行うことのできる義務（代替的作為義務）の強制手続きであって，行政庁ないし行政庁の指定する第三者が，義務者本人に代わって義務の履行を図り，それに要した費用を本人から徴収する手続きである。義務の根拠は，法令のほか，条例でもよい（行政代執行法2条）。この点，条例は強制執行の根拠となることはない点で異なる。

　具体的には，違法建築物に対して行政庁が出した除去命令に，その除去義務者が従わないような場合，行政庁自らが（あるいは第三者に命じて），義務者本人になり代わって違法建築物を取り壊すような場合である。

### （2）強制徴収

　税金や国民年金の滞納の場合などのように，金銭債務の滞納者に対して，滞納処分の手続きにより，その有する財産を差押え・換価して，強制的に取り立てる制度である。つまり，公法上の金銭給付義務を義務者が履行しない場合に，行政庁がそれを強制的に徴収することによって，その義務内容を実現する

ことをいう。

　具体的には，国税を滞納している場合や，代執行に要した費用を督促しても支払わない場合に，その者の財産を差し押さえて公売し，それによって得た金銭を租税債務に充当することなどが典型的なものである。

## （3）直 接 強 制

　直接強制は，義務者が義務を履行しない場合に，直接義務者の身体または財産に実力を加え，義務の内容を実現する手続きである。

　代執行が，代替的作為義務に対して行政庁や第三者が義務者の義務を代わって行う強制手段であるのに対し，義務者本人以外しか行い得ない義務，つまり非代替的義務に対して，義務者本人に行政庁が義務の履行を強制的に行わせる制度が直接強制である。

　具体的には，性病予防法による強制検診や，出入国管理法による強制送還がある。直接強制の根拠法は，性病予防法等の個別の根拠法である。

## （4）執 　行 　罰

　他者が代わって履行できない義務（非代替的作為義務あるいは不作為義務）に対して，義務不履行があった際に，行政庁が一定の期限を区切って義務者に義務の履行を督促し，それまでに義務が履行されない場合に，一定の過料を科すことによって，心理的圧迫を加え，将来的に義務の履行を促す強制手段である。

## （5）即 時 強 制

　即時強制とは，目前急迫の障害を除く必要上義務を命じる暇のない場合，あるいは，その性質上義務を命じることによってはその目的を達しがたい場合に，行政機関が相手方の義務の不履行を前提とすることなしに，直接私人の身体・財産に実力を加えるような作用をいう。

　具体的には，火事の延焼を防ぐために隣家の建物を壊すような破壊消防や，泥酔者などの保護・避難等の措置，違法駐車のレッカー車移動などである。

## （6）行 政 調 査

　行政調査とは，行政機関が，行政作用を行うにあたって必要な資料や情報を得るために行う情報収集活動をいう。

　　具体的には，税法上の質問，物件・帳簿・書類等の検査である。

# 第2節　行政のその他の活動形式

## 1 行 政 立 法

### （1）行政立法の必要性

　　行政活動の民意の反映という法治行政の理想からすると，行政の内容はその
すべてをあらかじめ国民代表議会である国会が制定した法律で詳細かつ具体的
に規定することが望ましいといえる。

　　法治国家であることは，社会福祉の分野に限らず，国民のニーズの多様化や
可変性の増加に対応した行政の内容の多様性のため，したがって専門的または
技術的な法を必然的に要求し，ニーズに対応した頻繁な法規の改廃を要請し，
政治的中立や客観的公正性を要請した。このような行政の目的実現の視点から
行政権が立法（行政立法）をする重要性が増し，現実的には一般的・抽象的な
根拠あるいは基準を法律規定に依存し，実質的・具体的な内容については命令
に委ねる例が多い。

　　しかし，現在約7,000といわれる法令の数をしても，たとえば社会保障，教
育，住宅，賃金，衛生・環境といった領域のすべてを賄えるものではなく，ま
た国会において，国民の生活にかかわる行政の専門技術的な諸部面のすべてに
ついて審議し，立法することは，必ずしも現実的ではなく，合理的でもない。
すなわち，国会が将来にかかわるあらゆる事態を想定して法律を制定すること
は困難であり，複雑かつ専門技術的な行政施策の内容を細部まで法律で規定す
ることは不可能に近いといえる。

　　そのため，法律自体では，実施すべき行政施策の要件・内容に関しては大綱
な規定にとどめて，具体的細目事項や専門技術的な事項はそれぞれの政策担当
行政官がその専門的な判断で定めるように命令の定立を委任することが求めら
れた。これが行政立法である。

## （2）行政立法の種類

　行政立法は，「法規」性の有無等によって，図3-3のように分類することができる。行政立法には，法規命令（国民の権利義務に関する命令であり，法規としての性質をもつ）と，行政規則（法規的性格をもたない）がある。

**図3-3　行政立法の分類**

### 1）法規命令

　法規命令には，執行命令と委任命令がある。執行命令は法律規定または上級の命令規定を執行するために発せられ，委任命令は個々の法律または命令による個別的委任に基づいて発せられるものである。たとえば，執行命令は許可申請書や届出の書式を定める場合に，委任命令は政令で有害物質を指定する場合や環境省令で排出基準を定める場合に発せられる。

　法規命令を，制定権者の観点からみると，①政令（憲法73条6号，74条など），②内閣府令（内閣府設置法7条3項・4項など），省令，③外局規制（公正取引委員会規制，中央労働委員会規制など），④独立機関の規則（人事院規則，会計検査院規則など）がある。これらの行政立法は，憲法73条「内閣の職務」に根拠をもつ。

### 2）行政規則

　行政規則は法律の授権は不要だが，法律に違反してはならない。行政規則は，その形式に従って挙げれば，告示，訓令・通達がある。

　告示とは，各大臣，各委員会および各庁長官が，その機関の所掌事務について公示を行う法形式であり（国家行政組織法14条1項），それ自体に法規範としての拘束力を有しているものではない。具体的には，物価統制令4条に基づく統制額の指定，健康保険法40〜42条に基づく医療費の決定，国民生活安定緊急措置法4条4項に基づく標準価格の告示，生活保護基準の告示等が挙げられ

る。この点，判例は文部科学省告示の学習指導要領に法規制性を認めた（最判平成2.1.18）。

　訓令・通達は，社会福祉の領域にも数多くみられるような，下級行政機関または職員の職務運営についての細目的事項や関係法令の解釈や運用に関する方針等についての示達が多い。この場合，通達が行政規則の一つであるから，法規的性格をもっていないといえても，しかし，実際上法令の解釈の指針等の徹底を示す場合などについては，法規的性格を帯びると解釈し得る場合もある。

## 2 行 政 契 約

　行政庁が，公共の福祉を実現するために種々の活動を行うにあたり，相手方国民との間で権利義務を設定する場合には，法律の定めるところに従い行政行為によってこれを一方的に決定するのが通例である。

　しかし行政庁は，主体は常にこのような公権力的行為でもって活動を行っているわけではなく，行政主体と私人が全くの対等の当事者として任意の同意を求め，契約を締結するような場合がある。このような契約を行政契約という。つまり，行政契約とは，行政目的達成の手段として締結される契約をいう。行政契約は，対等の当事者間の意思の合致による行政作用であり，行政の非権力的な行為形式の一つである。

## 3 行 政 計 画

　行政計画とは，行政権が一定の公の目的のために目標を設定し，その目標を達成するための手段を総合的に提示するものをいう。

　つまり，行政計画とは，一定の行政目標を設定する（目標創造性）とともに，当該目標に到達するための諸手段・方策の間の総合的調整を図ること（総合性）を目的とするもの，とされている。換言すれば，行政庁が，行政活動を行う前に，具体的な行政目標とその実現のための施策を体系的に示したプログラムのことである。

　行政計画の基本的な役割は，行政の計画的遂行を確保し，行政の合理性を高めることにある。また，国民を誘導したり，予測可能性を確保したりする機能

もある。行政計画の策定にあたっては，財政的，時間的，技術的に限られた範囲において，さまざまな利害関係を調整しつつなされる必要があり，そこには行政の広範な裁量を認めざるを得ない。

行政計画の存在によって，実際に私人は何らかの制約を受けており，このような私人の権利を保護するための方策として，現在のところ，取消し訴訟による救済，金銭的救済，計画策定手続きの民主化などが議論されている。

### 4 行 政 指 導

行政指導とは，行政機関がその任務または所掌事務の範囲内において一定の行政目的を実現するため，特定の者に一定の作為または不作為を求める指導，勧告，助言，その他の行為であって，処分に該当しないものをいう（行政手続法2条6号）。つまり，行政主体が一定の公の行政目的を達成するため，行政客体の一定の行為（作為・不作為）を期待して，それ自体法的拘束力なく行政客体に直接働きかける行政の行為形式を行政指導という。

行政行為との区別で重要なのは，行政行為が権力的で法的行為であるのに対して，行政指導は非権力的な事実行為であるという点である。また，所掌事務（行政組織法上の権限配分規定の範囲内）を超える行政指導はできず，特定の者が対象であるため，国民全員に対してなされる不特定の行為は行政指導にはあたらない。

「指導」という言葉が使われていたとしても，不利益処分が法的に課されるとすれば，それは行政指導にはあたらない。具体的には，生活保護法27条1項の「指導指示」は，その不服従に対して不利益処分が課せられることからすると（62条3項），法的には行政処分と解される（参照：秋田地判平成5.4.23）。

## 第3節　行政庁の行為に対する救済

前述のように，行政手続法は事前救済手続きであるが，行政処分に対する不服等相手方国民の事後的救済として，①行政不服審査法（訴願法：1887（明治23）年法105の全面改正であり，この法律によって不服申立制度の統一，同手続きの

整備を図った），②行政事件訴訟法，③国家賠償法があり，これらを行政救済三法と呼ぶ。

## 1 行政不服審査法

### （1）行政上の不服申立ての意義

　違法な行政活動と争う方法として，国民の権利利益の救済のみならず行政の適正な運営を確保することを目的として，行政機関が行政活動の適法性および妥当性について簡易迅速な手続きで審査するようなものを（狭義の）行政争訟という。

　行政争訟は，紛争解決機関が行政機関であるか司法機関であるかによって，行政不服申立てと行政事件訴訟に分けられる。つまり，処分を受けた者が，行政機関に救済を申し入れるのが行政不服申立てであり，司法機関に救済を申し立てるのが行政事件訴訟である。行政不服審査法は，行政庁の違法または不当な処分その他公権力の行使にあたる行為に関し，国民に対して広く行政庁に対する不服申立ての道を開くことによって，簡易迅速な手続きによる国民の権利利益の救済を図るとともに，行政の適正な運営を確保することを目的とする（1条1項）。

　この点は，通常裁判所によって判断される行政事件訴訟が適法・違法の判断しか原則としてなさないのに対して，行政上の不服申立てにおいては，適法・違法の審査のみならず，当・不当の問題も判断されるという点で行政事件よりも救済範囲は広くなる。特に自由裁量行為の場合，行政事件訴訟では裁量権の濫用・逸脱といえずに違法とは評価できない場合にも，不服申立てによって取り消すことができる場合がある。

　不服申立ては，行政訴訟に比較し，資料収集能力や専門的判断能力の点で，司法機関よりも当事者の費やす労力・時間・費用等が少なくて済む。しかし，あくまでも行政庁による自己統制であるため，その中立性の保障はなく，その意味では国民の権利救済に十分な効力があるか否かを述べることは，困難である。

## （2）行政不服審査制度の改正

　2016（平成28）年に行政不服審査制度が改正された。不服申立ての手続きを旧制度では，「処分」を行った行政庁（処分庁）に対する「異議申立て」と，処分庁の上級行政庁（原則）に対する「審査請求」の2本立てとなっていたが，原則として「審査請求」に一本化された。例外として，「審査請求」の前に「再調査の請求」ができる場合も，直接「審査請求」が可能になった。特に法律で定められた場合には，「審査請求」の前に，処分を行った行政庁（処分庁）に対して「再調査の請求」をすることができるが，この場合も旧制度における「異議申立て」とは異なり，「再調査の請求」をせずに直接「審査請求」をすることもできるようになった。「審査請求」ができる期間を，「60日以内」から「3月以内」に延長し，第三者機関の設置においては，行政不服審査会等の諮問機関が設けられ，審査庁の裁決の判断をチェックすることになった(注)。

　　（注）総務省政府広報オンライン参照（http://www.gov-online.go.jp/useful/article/201605/1. html）。

## 2　行政事件訴訟法

　行政事件訴訟とは，行政作用によって国民に具体的な不利益状態が生じ，または生じるおそれがある場合に，国民の側から裁判所に訴えを提起し，行政庁の行政権の行使にかかわる作為・不作為の適法性につき審査を求め，違法な行政作用によってもたらされた違法状態を排除して，権利利益の回復や実現を求める訴訟手続きをいう。

　行政事件訴訟法には，抗告訴訟，当事者訴訟，民衆訴訟，および機関訴訟の4つが規定されている（2条）。司法機関による救済であり，その目的は私人の権利利益の保護にある。

　図3-4に行政事件訴訟法の種類を，図3-5に行政不服審査法との区別をまとめた。

## （1）抗告訴訟

　抗告訴訟とは，行政庁の公権力の行使に関する不服の訴訟のことをいう。すなわち，行政庁の公定力をもった第一次的判断を媒介として生じた違法状態を

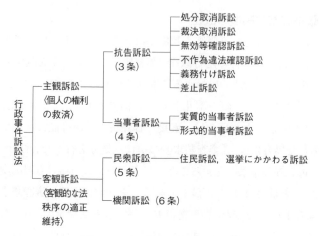

**図3-4　行政事件訴訟法の種類**

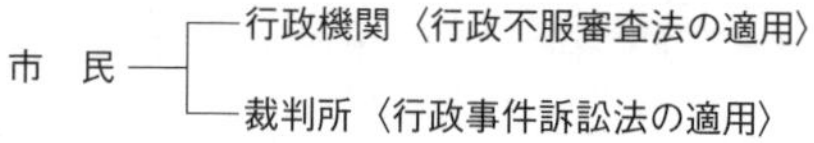

市　民 ── 行政機関〈行政不服審査法の適用〉
　　　　 ── 裁判所〈行政事件訴訟法の適用〉

**図3-5　行政不服審査法と行政事件訴訟法の関係**

否定・排除し，相手方の権利利益の保護救済を図ることを目的とする。

　具体的には，公務員の懲戒処分の取消しなどのように，違法な公権力の行使の排除を主題として争う場合である。その訴訟類型には，①処分取消訴訟，②裁決取消訴訟，③無効等確認訴訟，④不作為違法確認訴訟，⑤義務付け訴訟，⑥差止訴訟が存在する。

### 1）処分取消訴訟

　処分取消訴訟とは，行政庁の処分，その他公権力の行使にあたる行為の取消しを求める訴訟である（3条2項）。処分の取消しを求めるにつき「法律上の利益」を有する者が原告適格をもつ（9条）が，処分の相手方に限られない。処分のあったことを知った日から6カ月以内という出訴期間の定めがある（14条1項）。

### 2）裁決取消訴訟

　裁決取消訴訟は，再調査の請求に対する決定や審査請求に対する裁決などの

ように，行政不服申立てに対する行政庁の裁断行為である「裁決」を争う訴訟
である（3条3項）。いったんは行政庁に紛争の裁断を求めたが，救済されな
かった際，行政庁の紛争裁断作用に不服がある場合に備えて設けられたもので
ある。

### 3）無効等確認訴訟

　無効等確認訴訟とは，行政行為に重大かつ明白な瑕疵があるため無効となる
場合や不存在の場合に，その処分もしくは裁決の存否またはその効力の有無の
確認を求める訴訟である。無効等確認訴訟の提起は非常に制限されており，提
起できるのは例外的な以下の2つの場合である（36条）。

　① 予防的無効確認訴訟　　当該処分または裁決に続く処分により損害を受
けるおそれがある場合に認められる訴訟である。具体的には，私人に対する課
税処分に重大かつ明白な違法があって無効であるにもかかわらず，次に滞納処
分が課されてさらに不利益が生ずるおそれがある際に，課税処分の無効等確認
訴訟を提起する場合などが挙げられる（最判昭和51.4.27）。

　② 補充的無効確認訴訟　　当該処分もしくは裁決の存否またはその効力の
有無を前提とする現在の法律関係に関する訴えでは目的を達成することができ
ない場合に限って認められる訴訟である（36条）。具体的には，私人の行った
営業許可申請に対し，行政庁が違法な拒否処分を行った場合などで，有効な許
可処分が現に行われていない以上，申請を却下された私人には営業を行う資格
はない。当該資格を前提にした通常の民事訴訟や当事者訴訟で「現在の法律関
係に関する訴え」を提起することができない場合に，私人には営業許可拒否処
分の無効等確認訴訟を提起することが認められるべきであり，このような訴訟
を補充的無効確認訴訟という。

### 4）不作為違法確認訴訟

　行政庁が法令に基づく申請に対し，相当の期間内に何らかの処分または裁決
をするべきであるにもかかわらず，これをしないことについて，その違法確認
を求める訴訟を不作為違法確認訴訟という（37条）。行政庁が申請に対して何
らの応答をしない場合にのみ提起できる訴訟であるため，この訴訟の対象は，
申請後の不作為であり，申請者しか原告適格をもたない。

### 5）義務付け訴訟

行政事件訴訟法の改正によって新たに加えられた「義務付け訴訟」とは，法改正前は法定外の「無名抗告訴訟」（明文で記されてはいないが，「公権力行使に関する不服の訴訟」であるものを総称して，一般に無名抗告訴訟と分類していた）の一つの類型として論じられてきたものである。これが，改正により明確に規定された。「行政庁が一定の処分をすべきであるにもかかわらずこれがされないとき」に，行政庁に「その処分」を「すべき旨を命ずることを求める訴訟」（3条6項1号）である。申請権を前提とせず，行政庁が一定の処分をすべきことを義務付けるものである。これを直接型義務付け訴訟という。具体的には，違法な高層マンションにより日照等を阻害されている周辺住民が，行政庁が建築主に対して，マンションの違法部分の是正命令を出すように求める場合などである。

### 6）差 止 訴 訟

改正によって加えられた「差止訴訟」とは，「行政庁が一定の処分又は裁決をすべきでないにかかわらずこれがされようとしている場合において，行政庁がその処分又は裁決をしてはならない旨を命ずることを求める訴訟」（3条7項）を示す。この差止訴訟も，今回の改正前は無名抗告訴訟の一つの類型として論じられてきたが，改正により法定化された。具体的には，行政の規制・監督権限に基づく制裁処分が公表され，公表された者の名誉や信用に重大な損害を生ずるおそれのある場合に，取消訴訟の提起による事後的な救済では足りないことから，差止訴訟が活用される。

### 7）仮の義務付け制度と仮の差止め制度の創設

行政事件訴訟法の改正による義務付け訴訟，差止訴訟の法定化により，仮の救済制度も必要となった。それが「仮の義務付け」（37条の5第1項）と「仮の差止め」（37条の5第2項）である。仮の義務付けが許容された例としては，障害のある児童につき保育園への入園を承諾するとの処分をすることを義務付けた裁判例（東京地判平成18.1.25）がある。

## （2）当事者訴訟

当事者訴訟は，公権力の行使の違法を争うのではなく，国と国民が対等の当

事者として互いの権利義務について争うような，権利主体相互間の法的紛争の解決を目的とする訴訟である。抗告訴訟同様に，当事者訴訟は国民の個人的利益の保護にその目的がある。当事者訴訟は，「形式的当事者訴訟」と「実質的当事者訴訟」との2つに分類することができる。

### 1）形式的当事者訴訟

　形式的当事者訴訟とは，「当事者間の法律関係を確認し又は形成する処分又は裁決に関する訴訟で法令の規定によりその法律関係の当事者の一方を被告とする」訴訟（4条前段）をいう。具体的には，土地収用の際に収用裁決自体には不満がないが，収用委員会が裁定した収用価額にのみ不服がある土地所有者あるいは起業者は，収用委員会ではなく，直接他方の当事者を被告として補償金額の変更を請求する場合などである。仮に，これが抗告訴訟で行われたとしたら，収用裁決自体のやり直しが必要になり，手続きが煩雑になる。そこで，土地収用法133条2項，134条は，収用裁決自体の効力は確定させた上で，収用価額のみを争う当事者訴訟を設定したのである（名古屋高判昭和58.4.27）。

### 2）実質的当事者訴訟

　実質的当事者訴訟とは，「公法上の法律関係に関する訴訟」（4条後段）である。具体的には，無効な免職処分を受けた公務員が，現在も自分が公務員の地位にあることの確認を求める訴訟や，公務員が給与の支払い請求訴訟を起こす等が挙げられる。改正により，公法上の法律関係に関する訴訟の具体例として，「公法上の法律関係に関する確認の訴え」（4条後段）との文言が付加された。実質的当事者訴訟としての確認訴訟を活用すべきであるとの立法者意思のあらわれである。

## （3）民衆訴訟

　民衆訴訟とは，「国又は公共団体の機関の法規に適合しない行為の是正を求める訴訟で，選挙人たる資格その他自己の法律上の利益にかかわらない資格で提起するもの」（5条）をいう。民衆訴訟は，国民の個人的利害と関係なく，専ら行政活動の適法性を確保するという客観的な利益のために提起する訴訟である。具体例として，公職選挙法で定める選挙訴訟，地方自治法の定める住民訴訟などがある。

## （4）機関訴訟

　機関訴訟とは,「国又は公共団体の機関相互間における権限の存否又はその行使に関する紛争についての訴訟」（6条）をいう。「権限の存否に関する訴訟」の例として,普通地方公共団体の長と議会との間の紛争（地方自治法176条7項）などがある。

## 3　国家賠償法

## （1）国家賠償と損失補償の意義

　憲法17条は,「何人も,公務員の不法行為により,損害賠償を受けたときは,法律の定めるところにより,国又は公共団体に,その賠償を求めることができる」と規定する。この規定を受け,制定されているのが国家賠償法（昭和22年法125）である。この法律によって,国または公共団体の行政権の行使にあたる公務員が,故意または過失によって,その職務を行うについて,違法に他人に損害を加えたときは,国または公共団体がこれを賠償することを規定している（1条1項）。

　国民が行政の活動によって損失・損害を受けたときに,金銭による救済を受けるための制度が国家補償である。行政活動が違法であることによってもたらされた損害に対する補償は,民事上の損害賠償と同様になされ,憲法17条を受けて国家賠償制度として構成されている。一方,行政の適法な行為によって損失を受けたときは,法令や憲法29条3項を根拠にして損失補償がなされる。つまり,国家補償には,違法な行政活動によって生じた私人の損害に対して金銭的救済を行う国家賠償と,適法な行政活動によって生じた損害への金銭賠償を行う損失補償とがある。

## （2）国家賠償法1条の責任主体

　国家賠償請求の被告は,違法な行為を行った公務員の属する国・公共団体である。加害行為を行ったのが国家公務員であれば国である。これに対し,都道府県警察の警察官であれば都道府県であり国は責任を負わない。

　では,被害者は公務員個人に不法行為責任を追及できるのだろうか。この点,判例は公務員個人は被害者に対して不法行為責任を負わないとする。これ

は公務員個人が被告となると行政事務が停滞するおそれがあり，また，被害者
としても資力のある国・公共団体から賠償を受けられるため不都合はないから
である。したがって，被害者が公務員個人を被告として不法行為責任を追及す
る訴えを提起することはできない（最判昭和30.4.19）。ただし，国・公共団体
は，公務員の選任監督に過失がなかったこと等を証明しても，民法715条ただ
し書のような免責規定はない。

　求償の可否においては，国の賠償後は，故意・重過失のある公務員に対して
のみ求償できる。よって，わずかな過失があったにすぎない公務員に対しては
求償できない。わずかな過失で国から公務員に求償されるとするのでは，公務
員に職務執行に関して萎縮的効果を生じ，事なかれ主義が発生してしまうた
め，それを防止する趣旨である。

### （3）国家賠償法2条の責任主体

　公の営造物の設置・管理の瑕疵によって，違法な事態を生じさせた場合の
国・公共団体の責任である。つまり，同法2条1項では，「道路，河川その他
の公の営造物の設置又は管理に瑕疵があったために他人に損害を生じたとき
は，国又は公共団体は，これを賠償する責に任ずる」と規定している。これ
は，河川・道路など公の営造物の瑕疵によって損害を受けた者に対して，危険
責任の思想に従って営造物の設置・管理者である国や公共団体に損害賠償責任
を負わせる趣旨である。

　同法1条の責任とは異なり，設置または管理者の故意・過失の存在は必要な
く，営造物が通常備えるべき安全性を欠如しており，このために損害が生じた
場合であれば賠償責任が生ずるという無過失責任を同法2条は採用していると
解されている。無過失責任の法理とは，営造物の設置・管理の瑕疵が認められ
れば，それについての管理者の過失がない場合でも，賠償責任が生じるという
ものであり，被害者が，管理者の故意・過失の立証をする必要がない，という
ことを意味する。

### （4）損失補償

　財産権は，憲法の保障する基本的人権であるが，私有財産の収用など財産権
行使の制限を認めなければ，行政の職責を全うすることができない。そこで，

　国の適法行為によって加えられた個人の財産上の特別の犠牲に対し，全体的な公平負担の見地から，これを調節するためにする財産的補償制度が損失補償制度である。

　同じ金銭補償でも，国の違法行為による損害を賠償する国家賠償制度とは異なり，損失補償制度は国の適法行為によって生じた損失を救済するという点に特徴がある。行政活動によって偶然に犠牲を強いられることになった特定人の損失を，全体の負担に転嫁することによって，公益と私益を調整し，社会的公平の実現を目指す制度といえる。

### ■参 考 文 献

・渡辺信英：『行政法の基礎』，南窓社，2010
・櫻井敬子・橋本博之：『行政法』（第4版），弘文堂，2013
・石川敏行ほか：『はじめての行政法』（第3版補訂版），有斐閣，2015
・芝池義一：『行政法読本』（第4版），有斐閣，2016
・原田尚彦：『行政法要論』（全訂第6版），学陽書房，2005
・芦部信喜（高橋和之補訂）：『憲法』（第4版），岩波書店，2007
・田中二郎：『新版行政法　上』（全訂第2版），弘文堂，1974
・小早川光郎ほか編：『行政判例百選I・II』（第5版），有斐閣，2006
・志田民吉編：『改訂法学』，建帛社，2007
・塩野宏：『行政法I』（第5版），有斐閣，2009
・塩野宏：『行政法II』（第4版），有斐閣，2005
・塩野宏：『行政法III』（第3版），有斐閣，2006
・芝池義一：『行政法読本』，有斐閣，2009
・芝池義一：『判例行政法入門』（第4版増補版），有斐閣，2008
・藤田宙靖：『行政法I』（第4版改訂版），青林書院，2005
・宇賀克也：『行政法概説I　行政法総論』（第3版），有斐閣，2009
・宇賀克也：『個人情報保護法の逐条解説』（第2版），有斐閣，2005
・宇賀克也：『行政手続法の解説』（第5次改訂版），学陽書房，2005
・宇賀克也：『新・情報公開法の逐条解説』（第4版），有斐閣，2008
・室井力・芝池義一・浜川清編：『コンメンタール行政法I行政手続法・行政不服審査法』（第2版），日本評論社，2008
・室井力・芝池義一・浜川清編：『コンメンタール行政法II行政事件訴訟法・国家賠償法』（第2版），日本評論社，2006

・紙野健二・市橋克哉：『資料現代行政法』（第 3 版），法律文化社，2008

・高木光・常岡孝好・橋本博之・櫻井敬子：『行政救済法』，弘文堂，2007

・高木光・稲葉馨編：『ケースブック行政法』（第 3 版），弘文堂，2007

・高木光：『プレップ行政法』（第 2 版），弘文堂，2012

・櫻井敬子・橋本博之：『行政法』（第 5 版），弘文堂，2016

・藤山雅行編：『行政争訟』，青林書院，2004

・松井茂記：『情報公開法』（第 2 版），有斐閣，2003

・植村栄治：『行政法教室』，有斐閣，2000

・兼子仁：『行政法学』，岩波書店，1997

# 民　　法

## 第1節　民法とは

　民法は，社会で生活する市民と市民の関係を定める法律で，1050条にも及び，第1編総則，第2編物権，第3編債権，第4編親族，第5編相続と5つのパート（編）に分かれる。前3編をあわせて一般的に「財産法」あるいは「取引法」と呼び，後2編をあわせて一般的に「家族法」あるいは「身分法」と呼ぶ（図4-1）。

　私たち市民の日常生活における衣・食・住に関しての財産や取引等の関係には財産法が関係する。他方，婚姻や親子等の親族関係を前提として，様々な市民相互の支え合いによって生活が行われており，これには家族法が関係する。

　社会福祉士の仕事の中心は，相談と援助であり，社会生活者としての一般市民が相手である。福祉サービスの受給に関係する契約制度，成年後見制度や施設等における事故による損害賠償制度，さらに親族制度，相続制度の理解が重要である。

　財産法は，1896（明治29）年に公布され約120年経過している。特に第3編債権の部分が現代の社会経済状況にあわなくなっているため，これを改正の中心とする「民法の一部を改正する法律」が2017（平成29）年に公布，2020（令和2）年4月1日より施行された。家族法は，第二次世界大戦後である1947（昭和22）年に根本的な改正がなされ，その後大きな改正はなかったが，1999

民法（1～1050条）
　財産法（取引法）
　　総則（1～174条）
　　物権（175～398条の22）
　　債権（399～724条の2）
　家族法（身分法）
　　親族（725～881条）
　　相続（882～1050条）

**図4-1　民法の構成**

（平成11）年に成年後見制度が創設され，さらに相続に関しては約40年ぶりに数々の見直しがなされた「民法及び家事事件手続法の一部を改正する法律」が2018（平成30）年に公布，2020（令和2）年7月10日までに段階的に施行された。

# 第2節　民法の基本原則およびその修正

　資本主義経済を基とする近代市民社会においては，対等な市民の存在を前提に以下のような4つの原則が確立されたが（図4-2），経済社会の高度な発展に伴って経済的弱者が生み出されたことから，これらの原則も実質的な平等，すなわち公平へと修正がなされてきている。

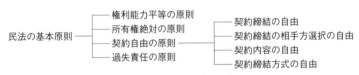

図4-2　民法の基本原則

## 1 権利能力平等の原則

　すべての自然人は平等に権利義務の主体になることができるという原則である。

## 2 所有権絶対の原則

　所有権は拘束を受けず誰に対しても主張することができるという原則である。しかし，その内容は「法令の制限内」という限定があり（民法206条，以下条文のみ），また公共性が強調され（1条1項），その濫用は許されない（同3項）等の修正がなされている。

## 3 契約自由の原則（私的自治の原則，法律行為自由の原則）

　近代市民社会における契約による商品の交換・取引は，個人の自由な意思を前提とした自由な決定に委ねられているという原則である。この原則は，①契

約を締結するかどうかの自由（521条1項），②契約を締結する相手方選択の自由，③契約の内容の自由（同2項），④契約締結の方式の自由（たとえば，口頭あるいは書面のどちらで契約を締結するのか等，522条2項），に分かれるが，資本主義経済の発展に伴い経済的弱者の保護のために，電気，ガス等の供給会社の承諾義務や労働組合員であることを理由に雇用をしないことができない等の修正がなされている。

## 4 過失責任の原則

他人の権利を侵害し，損害を与えた場合に，故意または過失（ある結果の発生が予見できたにもかかわらず，不注意で認識しなかったこと）がなければ損害賠償責任を負わないとする原則であるが，公害や製造物責任等の専門的知識を必要とする訴訟は，被害者の保護救済のために，無過失責任へと修正されている。

# 第3節 総　　則

## 1 権利の主体

権利能力とは，権利・義務の主体となることができる地位であるが，これが認められるのは，人間である自然人と，会社のように法律により設立された集団である法人である。法律上は，自然人と法人をあわせて人という（図4-3）。

### （1）自　然　人

自然人は出生，すなわち母体から生きて全部露出したときから権利能力を取得し，反対に死亡したときにそれは終了する。

図4-3　法律上の人

胎児に関しては，法律上まだ人ではなく権利能力は原則として認められていないが，例外的に不法行為の損害賠償請求権（721条），相続（886条），遺贈（遺言によりある財産を無償で他人に与えることで，遺言者の死亡によりその効力を生ずるもの，965条）については認められている（図4-4）。

**図4-4 胎児に例外的に認められている権利能力**

また，生死が不明になっている自然人は失踪宣告によって死亡したものと取り扱うことができる（30〜32条）。失踪宣告とは，不在者の生死が一定期間明らかでない場合に死亡したものとみなして，不在者の財産関係や身分関係を清算するものであり，これには普通失踪と特別失踪がある。前者は，たとえば最後の手紙が来たときから7年間その生死が明らかでない場合に，不在者は7年間の失踪期間の満了時に死亡したものとみなされる。後者は，戦場にいた，あるいは沈没中の船にいた等の危難に遭遇した者が，戦争が終了した後や船が完全に沈没した後1年間その生死が明らかでない場合に，戦争が終了した，あるいは船が完全に沈没した等その危難が去った時に死亡したものとみなす（図4-5）。普通失踪も特別失踪（危難失踪）もそれぞれ配偶者や相続人等の利害関係人による家庭裁判所への失踪宣告の申立てが必要である。失踪宣告後に不在者が生存していたことが明らかになれば，本人あるいは利害関係人の請求により家庭裁判所は，失踪宣告を取り消す。この場合不在者はずっと生存していたのであるから，失踪宣告後，それが取り消される以前でもその者は権利能力を有していたことになる。

## （2）法　　人

　法人とは，自然人以外で権利能力（法人格）が認められたものである。法人は，その名前において行為を行い，権利を取得し，義務を負担することができるが，その根本規範である定款その他の基本約款で定められた目的の範囲内で

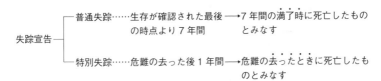

**図4-5　失踪宣告による権利能力の終了**

権利を有し義務を負う（34条）。八幡製鉄所政治献金事件では，会社が政治
献金をすることを権利能力の範囲に属する行為であることを認めた（最判昭和
45.6.24民集24.6.625）。

　法人は，人の集団に法人格を認めた社団法人と，財産自体に法人格を認めた
財団法人に分けられる。また，その目的によって営利事業を営むことを目的と
する営利法人と営利を目的としない非営利法人に分けることができる（33条2
項）。法制度上，営利法人は社団のみであるが，非営利法人は，社団も財団も
認められる（表4-1）。

　営利法人（代表的なものとして株式会社）の設立，組織，運営，管理について
規制するのは会社法である。

　これに対して，非営利法人を規制する法律が「一般社団法人及び一般財団法
人に関する法律」である。一般社団法人は，学術団体，業界団体等において用
いられ，一般財団法人は，美術館，博物館等に用いられることが考えられる。
両法人は特に利用目的に制限がないため，その目的が営利でもなく公益でもな
い法人（いわゆる中間法人）を設立する場合を含めて，容易に設立することが
できる。法人格が付与されると，法人名義で不動産登記や銀行口座を開設する
こと等が可能となり，法人財産と個人の財産と区別することもできるようにな
る。しかしながら，学術研究会，同窓会等が社団としての実体があっても，設
立手続を経ておらず法人格を取得していない場合は権利能力を有していない。
これを権利能力なき社団という。権利能力なき社団も一定の要件の下で法人に

### 表4-1　法人の種類

| 目的＼形態 | 社団法人 | 財団法人 |
|---|---|---|
| 営利法人 | 営利社団法人<br>株式会社等 | |
| 非営利法人 | 一般社団法人<br>学術団体，業界団体等 | 一般財団法人<br>美術館，博物館等 |
| | 公益社団法人<br>（公益認定を受けたもの） | 公益財団法人<br>（公益認定を受けたもの） |

準じた扱いが認められるが（最判昭和39.10.15民集18.8.1671），権利能力なき社団に属する財産の登記に関しては，その社団を権利者とする登記，または，社団の代表者である旨の肩書きを付した代表者の個人名義の登記は認められず（最判昭和47.6.2民集26.5.957），構成員全員の名前で登記をするか，その代表者の個人名義による登記しか認められていない。同様に，財団としての実体を有しながら法人格を有していない権利能力なき財団もある。

　これらの法人を設立するためには，定款を作成し，財団の場合には300万円以上の財産を拠出する等一連の設立手続をおこない，最後に設立の登記をしなければならない。また，これらの法人には共通して理事が選任され，大規模法人の場合には会計監査人の設置が義務付けられる。これに加えて，社団法人の場合は社員総会，定款で任意の機関として理事会を置いた場合，あるいは，会計監査人を置いた場合には，業務執行を監査する監事，財団法人の場合は評議委員会，理事会，監事を置かなければならないことになっている。

　主な目的として学術，技芸（ぎげい），慈善（じぜん），祭祀（さいし），宗教その他の公益目的の事業を行う一般社団法人，あるいは一般財団法人が，「公益社団法人及び公益財団法人の認定等に関する法律」に従って申請を行い，行政庁により公益認定を受けることによって公益社団法人，公益財団法人となる。公益認定された法人には，税法上の優遇措置等が受けられる。たとえば，日本医師会等が公益社団法人であり，日本相撲協会等が公益財団法人である。また，特別法の規定により認められる公益法人もあり，宗教法人法に基づく宗教法人，社会福祉法に基づく社会福祉法人，私立学校法に基づく学校法人，医療法に基づく医療法人等がある。

　国際協力活動や福祉の増進を図る活動等の特定非営利活動を行う団体は，特定非営利活動促進法の定めに従い，所轄庁から認証を得ることにより法人格が付与される。このような法人をNPO（Non Profit Organization）法人という。

## 2 権利の客体

　権利の客体とは，法律の効力が向けられている対象のことであり，土地や商品の所有権のような物権の客体は物（もの）であり，物の引渡しや賃借権のような債権の客体は債務者の給付（きゅうふ）である。

　物とは有体物をいい（85条），有体物とは有形的に存在するものをいい，民法上は電気や特許権のような有形性のないものは物ではない。物は数々の観点から分類できるが，民法は不動産，動産の区別をしている（86条）。不動産とは，土地およびその定着物のことで，定着物とは土地に継続して付着し分離や移動が予定されていないもので，たとえば建物や鉄塔等を指す。動産とは，パソコンや自動車等で，不動産以外のものすべてであるが，自動車，船舶，航空機等の登記，登録の制度を有するものは不動産に近い取扱いがなされる。

　ある物（主物）の所有者が，その物を常に利用しやすくするために自己の所有に属する他の物をこれに付属したときは，その物を従物という（87条1項）。たとえば，母屋と物置，刀と鞘等がその例であり，主物が処分されれば従物もこれに従うこととなる（同2項）。

## 3　法律行為

　法律行為とは，たとえば売買契約を例にとれば，売主の「あるマンションを売りたい」という意思表示（申込み）と，買主の「そのマンションを買いたい」という意思表示（承諾）がなされ，その結果マンションの売買という効果が生ずるものである。言い換えれば，意思表示を不可欠の要素とする法律要件のことであり，この意思の内容通りの法律効果が発生する。なお，これに似たものとして準法律行為がある。この要素として意思表示的なものがある点で法律行為に似ているが，その意思内容に従って法律効果が生ずるのではなく，それを要件として法律が定めている一定の効果が生ずるところが法律行為と異なる。例えば，「催告をする（意思の通知）」ことで解除権が発生し，「債権譲渡の通知をする（観念の通知）」ことでその対抗要件の具備という効果を生じさせるような場合等である。

　法律行為の種類も様々な観点から分類することができるが，意思表示の結合の態様により，1つの意思表示からなる単独行為（取消し，遺言等），対立する2つの意思表示が合致することによる契約（売買契約，賃貸借契約等），同一の方向に向けられた複数の意思が合同することによる合同行為（社団法人の設立等）とに分けることができる（図4-6）。

　法律行為が成立するためには，契約を例にとれば，上記の売買契約では当事者の申込みと承諾の意思表示の合致が必要である。しかし，例外的に意思表示に加えて物や金銭の授受を必要とする要物契約（書面によらない消費貸借契約等）や，一定の方式ですることを必要とする要式契約（保証契約等）がある。

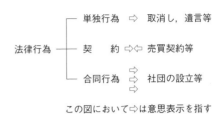

図4-6　意思表示の結合の態様

　法律行為が有効であるためには，当事者（自然人の場合）に，（1）意思能力，行為能力があること，（2）意思表示が完全であること，（3）意思表示の内容に，ⓐ確定可能性（たとえば，「何かいい物を買う」という内容では意思の内容通りの効果を発生させられない），ⓑ実現可能性（たとえば，太平洋に落とした指輪を拾ってくるという契約は今日の科学の力では実現が不可能であるため実現可能性はない），ⓒ適法性（たとえば，当事者間で時効の完成前に時効の利益の放棄を認めるとする契約は146条に反するため適法でない），ⓓ社会的妥当性（90条の公序良俗に違反するもの，たとえば男女の定年の年齢に差別を設けるような男女を不平等に扱う契約には社会的妥当性はない）が備わっていることが必要である（図4-7）。以下，（1），（2）について述べる。

## （1）意思能力および行為能力

　意思能力とは，自己の行った行為の結果を認識するに足るだけの判断能力のことで，意思表示をした時に，意思能力を有しなかった者（幼児，重度の精神障害者，泥酔者等）の行った法律行為は無効とされる（3条の2）。しかし，意思能力が欠けていることの証明は困難であり，意思無能力者と取引をした相手方が不測の損害を被らないようにするために意思能力を欠いている者を定型化したものが制限行為能力者である。これらの者は，単独で独立して完全に有効に法律行為をすることができる能力である行為能力が制限されている。

　制限行為能力者には，①18歳に満たない未成年者（保護者として法定代理人が付される，4～6条），②精神上の障害により事理を弁識する能力を欠く常況にある成年被後見人（保護者として成年後見人が付される，7～10条），③精神上

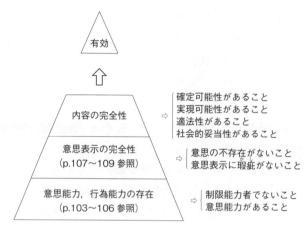

**図4-7　法律行為が有効であるための要件**

**図4-8　制限行為能力者の4類型**

の障害により事理を弁識する能力が著しく不十分な被保佐人（保護者として保佐人が付される，11〜14条），④精神上の障害により事理を弁識する能力が不十分な被補助人（保護者として補助人が付される，15〜18条）の4類型が定められており（図4-8），それぞれ法に定められている一定の法律行為を取り消すこと等が可能で（表4-2），行為の時に意思能力を有しなかった者や制限行為能力者であった者は，その行為によって現に利益を受けている限度において，返還の義務を負う（121条の2第3項）。しかし，制限行為能力者の側で自分が能力者であるように相手方を欺く（あざむ）ために詐術（さじゅつ）を用いた場合には，制限行為能力者は法律行為を取り消すことができない（21条）。

　未成年者を除いた3類型の制限行為能力者を保護する制度を法定後見制度といい，これに任意後見制度をあわせたものが，成年後見制度（図4-9）である。任意後見は，本人がまだ事理を弁識する能力があるときに，将来それが不十分になるときに備えて療養看護，財産の管理等を予め指定する任意後見人に委託する契約であり，任意後見契約の方式として公証（こうしょう）人（にん）により作成される公

## 表4－2　制限行為能力者の要件、保護者の権能等

| | | 未　成　年　者 | 成年被後見人 | 被　保　佐　人 | 被　補　助　人 |
|---|---|---|---|---|---|
| 本　人 | 実質的要件 | 18歳に満たない者 | 精神上の障害により事理を弁識する能力を欠く常況にある者 | 精神上の障害により事理を弁識する能力が著しく不十分な者 | 精神上の障害により事理を弁識する能力が不十分な者（注1） |
| 形式的要件 | 申立権者（本人の同意を必要とする場合有り）および家庭裁判所の開始の審判が必要　／　申立権者　共通 | | 本人・配偶者・四親等内の親族・未成年後見人・未成年後見監督人・保佐人・保佐監督人・補助人・補助監督人 | 後見人・後見監督人・補助人・補助監督人・検察官・市町村長 | 後見人・後見監督人・保佐人・保佐監督人 |
| | 本人の同意 | | 不要 | 不要 | 本人請求以外は必要 |
| 行為能力の範囲 | | 法定代理人（親権者または未成年後見人）の同意を得た行為は単独で行うことが可能　以下の行為だけ単独で行うことを得る行為<br>ⓐ法定代理人の同意を得た行為<br>ⓑ単に権利を得または義務を免れる行為（たとえば、財産を贈与してもらう）<br>ⓒ債務を免除してもらう行為<br>ⓓ目的を定めないで処分を許された財産を使う行為（たとえば、目的を定めないで処分を許された小遣いを使うこと）<br>ⓔ目的を定めて処分を許された財産を処分する行為（たとえば、目的を定めて渡されたお金でパソコンを買うこと）<br>ⓕ営業を許された場合その営業に関する行為（たとえば、古物営業を許された場合の店の賃借契約をすること）<br>ⓖ一定の身分行為（たとえば、15歳以上での遺言）<br>（単独でできる行為の範囲が広い） | 日用品の購入、その他日常生活に関する行為だけ単独でできる<br>（単独でできる行為の範囲が最も狭い） | 借財や保証をすること、不動産や重要な動産を処分すること、訴訟行為をすること、贈与、和解、仲裁契約をすること等民法13条1項1～10号に定められている行為その他定める行為の法定代理権をもってすることを制限（単独でできること）（単独でできる行為の範囲が2番目に狭い） | 13条1項1～10号に定められた行為の一部（家庭裁判所が定める）について定められた特定の行為の法定代理をもってできる（単独でできる行為の範囲が最も広い） |
| 保護者の種類（必ず設置） | | 法定代理人（親権者または未成年後見人）（複数人でも法人でも可） | 成年後見人（複数人でも法人でも可）（注2） | 保佐人（複数人でも法人でも可） | 補助人（複数人でも法人でも可） |
| 監督人（必要がある場合のみ設置） | | 未成年後見監督人 | 成年後見監督人 | 保佐監督人 | 補助監督人 |
| 保護者の権能 | 代理権　本人の同意 | ○ | ○ | △（特定の法律行為について与えられる場合あり）本人請求以外は必要 | △（特定の法律行為について与えられる場合あり）本人請求以外は必要 |
| | 同意権 | ○ | × | ○ | △（13条1項に定められた行為の一部について与えられる場合あり） |
| | 追認権 | ○ | ○ | ○ | △（同意権が与えられた場合） |
| | 取消権 | ○（未成年者自身も○） | ○（成年被後見人自身も○） | ○（被保佐人自身も○） | △（同意権が与えられた場合）（被補助人自身も○） |

○認められる　×認められない　△一定の場合に認められる

（注1）市町村長の申立ては、老人福祉法32条、知的障害者福祉法28条、および精神保健及び精神障害者福祉に関する法律51条の11の2による。
（注2）成年後見人は、必要があると認めるときは成年被後見人の死亡後においても火葬等一定の範囲の職務を行うことができる。いわゆる死後事務。

正 証 書によることが必要とされている（任意後見契約に関する法律3条）。法定
後見制度と任意後見制度のどちらを利用するかは本人の選択による。

　取消しと無効の違いについて述べれば，取消しの効果は取消しがなされるま
で有効で，取り消された場合にその行為の時点まで遡って効力がなかったこ
とになるが，無効は最初から何の効力も生じていない。また，取消しは取消権
を有する者のみが取消しをすることができるが，無効は誰でもその主張ができ
る。さらに，取消しは一定の期間が経過するともはやそれを行使することがで
きなくなるが，無効の主張は時の経過に左右されない（表4-3）。

　無効な行為に基づき債務が履行された場合において，当事者は原則として原
状回復義務を負うが（121条の2第1項），無効な行為が無償行為（たとえば，贈
与）に基づいて給付を受けた相手方が行為の時に無効行為であることを知らな
かった場合は，「現に利益を受けている限度」で返還の義務を負う（同2項）。
取り消すことができる行為は，取消権を有する者が追認したときは，有効にな
り取り消すことができない（122条）。無効の行為は，追認しても効力は生じな
いが，当事者がその行為が無効であることを知って追認をしたときは，新たな
行為をしたものとみなされる（119条）。

**図4-9　成年後見制度**

**表4-3　取消しと無効の相違点**

| | 効　　　力 | 主張できる者 | 時の経過が及ぼす効果 |
|---|---|---|---|
| 無効 | 0％の効力である。<br>（全く効力が生じていない） | 誰でも | いつまでたっても効力は変わらない。 |
| 取消し | 100％の効力が生じている。<br>（取り消されると遡って0％になる） | 取消権を有する一定の者 | 一定の期間が経過すると取り消すことができなくなる。 |

## （2）意思表示の完全性

意思表示の完全性とは，意思の不存在である心裡留保（単独虚偽表示，93条），虚偽表示（通謀虚偽表示，94条），錯誤（95条）がないこと，および瑕疵ある意思表示である詐欺（96条），強迫（96条）がないことである（図4-10）。

### 1）意思の不存在 —— 心裡留保，虚偽表示，錯誤

① 心裡留保　真意と表示された意思表示の内容が異なっていることを表意者（意思表示をした者）が知っている場合であっても，その意思表示は有効である（93条）。たとえば，Aが友人に冗談で土地を贈与すると言ったとしても，その意思表示の効果は有効である。しかし，相手方（意思表示を受けた者，この場合友人）が，冗談であること（真意ではないこと）を知っている場合，または知らなくても注意すれば容易に冗談であることがわかる場合は，例外的に無効とされる（93条ただし書）。しかし，この無効は善意（意思表示が真意でないことを知らない）の第三者に対抗することができず，この場合に友人がその土地を事情を知らない第三者である買主に転売した場合，Aは土地の贈与が無効であるということを第三者に主張できない。

② 虚偽表示　相手方と通謀して行った真意でない虚偽の意思表示（たとえば，自分の土地の差押えを免れるために友人と通謀して行った虚偽の売買契約）

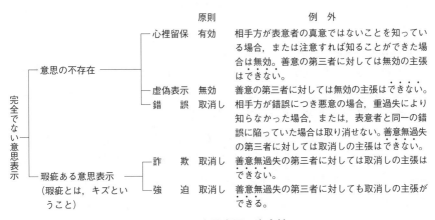

図4-10　意思表示の完全性

で，その効果は当事者間では無効である。しかし，もし友人が裏切って，その土地を「善意」（仮装の土地譲渡があったことを知らないということ，反対にその事実を知っている場合を「悪意（あくい）」という）の第三者に譲渡してしまった場合は，最初の土地の所有者は第三者に無効を主張することができない（その土地は第三者から取り戻すことはできない）（94条）。

　③　錯　誤　　内心の意思と表示された意思が異なっていることを表意者が知らないこと。そして，その意思表示が錯誤に基づくものであり，その錯誤が法律行為の目的と取引上の社会通念に照らして重要なものであり，かつ，表意者に重過失（通常の過失よりも注意義務を違反した程度が大きい場合）がない場合に，取消しが認められる（95条1項）。錯誤には「表示の錯誤（5ユーロと書くところ5ドルと書き間違った場合やユーロとポンドが同じ意味だと思い違いをしてユーロと書くところポンドと書いた場合）」と「動機の錯誤（近くに地下鉄の駅ができると思い土地を買ったが駅はできなかった場合）」があり，後者の場合は「その事情が法律行為の基礎とされていることが表示されていたとき（地下鉄が開通するからこの土地を買うということ）」に限り，取り消すことができる（同2項）。さらに，相手方が表意者に錯誤があることを知っていた場合（悪意）や重大な過失によって知らなかったとき，あるいは，相手方が表意者と同一の錯誤に陥っていたときは，表意者に重過失があっても取消しが可能である（同3項）。また，錯誤による取消しは善意無過失の第三者にはその主張ができない（同4項）。

### 2）瑕疵ある意思表示──詐欺，強迫

　①　詐　欺　　相手方の欺罔行為（人をだます，欺く行為）により，錯誤に陥って意思表示をした場合（たとえば，ブランド品のバッグと偽って偽物を販売した場合），その意思表示者は相手方（詐欺をした者）に対してその意思表示を取り消すことができるが，善意無過失の第三者に対して取消しを主張することはできない（96条3項）。第三者が詐欺を行った場合は，意思表示の相手方がそのことにつき悪意または善意でも過失があるときに限り，取り消すことができる（96条2項）。

　②　強　迫　　相手方に脅（おど）されて意思表示をした場合，強迫による意思表示

として，相手方（脅した者）に対してその意思表示を取り消すことができる。さらに，悪意の第三者，善意（無過失）の第三者，いずれの者に対しても取消しを主張できる。第三者が強迫を行った場合は，意思表示の相手方の悪意や善意（無過失）にかかわらず取り消すことができる。

　刑事上（刑法）の詐欺や脅迫は，それぞれ詐欺罪，脅迫罪という罪でどのような刑罰が科されるかという問題であるが，民法上の詐欺，強迫（脅迫との文字の違いに注意）は，それに基づいて行った意思表示を表意者が取り消して，たとえば手放した財産を取り戻すことができるかどうかという問題である。

　なお，意思表示は，それが到達したときにその効力が生じ（97条1項），必ずしも相手方が了知（その内容を知る）する必要はない。また，相手方が正当な理由なく意思表示の通知が到達することを妨げたときは，それは，通常到達すべきであった時に到達したものとみなされる（同2項）。意思表示は，表意者が通知を発した後に死亡したり，意思能力喪失または行為能力の制限を受けたりしても，その効力は妨げられない（同3項）。

## 4 代　　理

　代理とは，代理人が本人の代わりに意思表示をし，あるいはそれを受けることによって直接本人に法律効果が生ずる制度であり（図4-11），その存在理由は，私的自治の拡張，補充のためである。

図4-11　代理の三面関係

### （1）法定代理と任意代理

　代理には，法律により代理権を与えられている法定代理（たとえば，未成年者の親権者）と，本人により代理権を与えられた任意代理（たとえば，3,000万円で軽井沢で別荘を探し，購入してほしいと不動産会社に依頼する場合）がある。法定代理と任意代理は，復代理人を選任する復任権とその選任に伴う責任（104〜106条）および代理権の消滅原因（111条）等に違いがある（表4-4）。

表4-4　任意代理と法定代理の違い

| | 任意代理 | 法定代理 |
| --- | --- | --- |
| 代理権の発生原因 | 本人と代理人との間の契約（委任契約，請負契約等） | 法律の規定による（未成年者の親権者，成年後見人等） |
| 復任権および代理人の責任 | 本人の許諾がある場合か，またはやむを得ない事由がある場合に復代理人を選任することができるが，債務不履行責任の一般原則により責任を負う | いつでも復代理人を選任することができるが，原則として全責任を負う。例外的に，やむを得ない理由で選任した場合は，その選任および監督についての責任のみを負う。 |
| 代理権の消滅原因 | 共通の原因：本人の死亡，代理人の死亡・破産・後見開始 | |
| | 本人の破産，代理権を発生させた契約の関係の消滅（委任の終了等）等 | 未成年者が成人した場合，成年被後見人の能力回復による後見開始の審判の取消等 |

　法定代理の場合その代理権の範囲は法令に定められている場合が多いが，任意代理の場合に本人により代理権が与えられる。これを授権行為という。

## （2）代理行為の有効性

　代理人の行為の効果を本人に帰属させるためには，代理人は，たとえば，「A代理人B」という資格を示すことで「本人のためにすることを示して」意思表示をする必要がある（99条）。これを顕名主義といい，これは相手方に誰と取引するのかを明らかにするためである。

　代理人が相手方に対してした意思表示の効力が意思の不存在，錯誤等によって影響を受ける場合は，その事実の有無は，代理人について判断されるが，特定の法律行為を委託された代理人がその行為をしたときは，本人は，自ら知っていた事情について代理人が知らなかったことを主張することができない（101条）。

　代理の効果は直接本人に帰属するため，制限行為能力者であっても代理人になることは可能であるが，意思能力は必要とされている。この場合，制限行為能力者が代理人としてした行為は，行為能力の制限によっては取り消すことはできないが，制限行為能力者が他の制限行為能力者の法定代理人としてした行

為は取り消すことができる（102条）。

### （3）無権代理

代理人として行為をした者に代理権がなかった場合が問題となる。これを広義の無権代理といい，さらに表見代理と狭義の無権代理に分かれる。

#### 1）表見代理

表見代理とは，本人と無権代理人との間に代理権を推認させるような特別な事情がある場合で，取引の安全のために本人に責任を負わせる制度である。①本人がある者に代理権を授与した旨の表示をしたが現実には授与しなかった場合（109条1項），②基本代理権は授与したが，代理人がその代理権の範囲外の取引をした場合（110条），③代理権が消滅したにもかかわらず代理人として取引をしたような場合（112条1項）に加えて，①のときに，ある者が第三者と授与したと表示した代理権の範囲外の行為をした場合（109条2項），言い換えると①と②が重なる場合（④），③のときに，ある者が第三者と消滅した代理権の範囲外の行為をした場合（112条2項），言い換えると③と②が重なる場合（⑤）であるが，①〜⑤いずれの場合も本人に責任を負わせるためには，相手方が代理権の存在に関して善意無過失でなければならない。

#### 2）狭義の無権代理

狭義の無権代理とは，代理人に代理権がない場合であり，本人に対していかなる法律効果も生じないが，本人が追認することにより本人にその効果を帰属させることができる（113条）。相手方も本人に追認するかどうかの催告権を与えられており（114条），さらに本人の追認がない間は，相手方には取消権の行使も認められている（115条）。無権代理人は代理権の証明をしたとき，または本人の追認を得たときを除いて，相手方の選択に従って履行または損害賠償の責任が生じる（117条1項）。ただし，相手方が代理権が存在しないことを知っていた場合（同2項1号），代理人が行為能力の制限を受けていた場合は上記の責任を追及することはできない（同2項3号）（図4-12）。

### 5 時　　効

時効とは，ある一定期間事実が継続する場合に，真実とその事実が一致しな

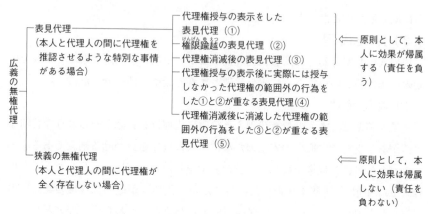

**図4-12　無権代理**

い場合でもその事実を権利として尊重する制度である。

### （1）消滅時効と取得時効

　時効には権利が消滅する消滅時効（しょうめつじこう）と，権利を取得する取得時効（しゅとくじこう）とがある。

　たとえば，友人に金銭を貸した場合の債権は権利を行使することができることを知った時から5年間，または権利を行使することができる時から10年経過すると，いずれか早い方で時効により消滅する（166条1項）。これを消滅時効という。債権または所有権以外の財産権は，権利を行使することができる時から20年間行使しないときは，時効によって消滅する（同2項）。生命または身体の侵害による損害賠償請求権も，権利を行使することができる時から20年間行使しないと時効で消滅する（167条）。確定判決または確定判決と同一の効力を有するものにより確定した権利は，10年より短い期間であっても，その時効期間は10年となる（169条）。なお，所有権およびこれに基づく物権的請求権や，登記請求権は消滅時効にはかからない。

　取得時効とは，20年または10年，所有の意思をもって他人の物を占有することにより，その物の所有権を取得するという制度である。たとえば，20年間他人の土地を所有の意思をもって，平穏（へいおん）かつ公然（こうぜん）に占有した場合，その土地の所有権を取得することになる。他人の土地であることを知っている場合，すなわち悪意でもよい。占有の始めに他人の土地であることを知らず，かつ，知らな

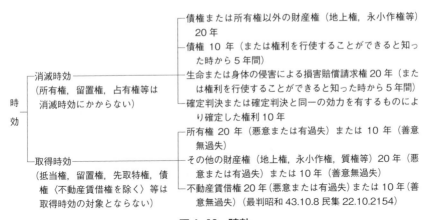

図 4 -13　時効

いことに過失がない場合は（善意無過失），10年（途中で悪意になっても同じ）で
その土地の所有権を取得できる（162条）。土地の所有権を取得できるとは，登
記所へその土地を自己の土地として移転登記をするように請求でき，また，賃
貸したり，譲渡したりすることが可能になることである（図 4 -13）。

## （2）時効の効力の発生と阻止

　時効は，それに必要な期間が経過しても，それによる利益を当然には享受す
ることはできない。当事者（消滅時効にあっては，保証人，物上保証人等権利の
消滅について正当な利益を有する者を含む）による時効の利益を受けるという意
思表示，すなわち時効の援用をすることが必要である（145条）。援用されると
時効の効果はその起算日に遡ることになる（144条）。たとえば，上記の取得時
効の場合，その不動産の占有の始めより権利を有していたことになる。また，
時効の利益を受ける者は援用する義務を負っているわけではないので，時効完
成後はその利益を放棄することが可能であるが，時効完成前にあらかじめこれ
を放棄することは禁止されている（146条）。

　時効の効力の発生を阻止するための，いわゆる時効障害として「更新」と
「完成猶予」がある。時効の更新とは，これまでの時の経過，たとえば 9 年10
か月をゼロにして，最初からカウントし直す制度である。時効の更新事由に
は，たとえば権利の承認がある（152条 1 項）。時効の完成猶予とは，本来の時

効期間が経過しても一定期間（3か月，6か月，1年）は時効が完成しないとされるものである。時効の完成猶予事由には仮差押え，仮処分，催告，協議を行う旨の合意等があり，仮差押え，仮処分はその事由が終了したときから6か月間時効は完成せず（149条），催告はそれがなされた時から6か月間時効は完成しない（150条1項）。協議を行う旨の合意が書面あるいは電磁的記録でされたときは，合意があった時から1年（これより短い合意がある場合はその期間）は，時効は完成しない（151条）。

　さらに，完成猶予および更新が生ずる事由がある。裁判上の請求，支払督促，裁判上の和解，破産手続参加等は，これらの裁判上の請求等の事由が終了するまでの間は，時効は完成せず（完成猶予），これらが確定判決また確定判決と同一の効力を有するものによって権利が確定したときは，時効はこれらが終了した時（たとえば，裁判や支払督促が確定した時等）から新たにその進行を始める（更新）。ただし，権利確定しないで，終了した場合は，その時から6か月時効の完成が猶予される（147条）。また，強制執行，担保権の実行，財産開示手続等も，強制執行等の事由が終了するまでの間は，時効は完成せず（完成猶予），これらの事由が終了した時から新たにその進行を始める（更新）。ただし，申立の取下げ等で終了した場合は，その時から6か月時効の完成が猶予される（148条）。

# 第4節　物　　権

## 1　物権およびその種類

　物権とは，ある物を直接的，排他的（はいたてき）に支配する権利である。自己が所有している土地やパソコンは誰の手を借りることなく直接に，そして他の者を排してでも（排他的に）その物を使用したり，貸し出して収益したり，譲渡等の処分等を自由にできる。

　所有権が，典型的な，かつ，最も完全な物権であるが，民法に定められている。その他の種類の物権としては，用益物権（ようえきぶっけん）として，地上権（ちじょうけん），地役権（ちえきけん），永小（えいこ）

作権，入会権があり，担保物権として，法律の定める一定の要件を満たせば当
然に発生する法定担保物権である留置権，先取特権，当事者の設定契
約に基づいて発生する約定担保物権である質権，抵当権がある（図4-14，表
4-5）。用益物権と担保物権は，前者が使用・収益は認められるが処分が認め
られず，また，後者が担保目的の範囲でのみ物の支配が認められるという制限
があるため，使用・収益・処分のすべてが認められている所有権に対して制限
物権と呼ばれる。

このほかに占有権があるが，これは他の物権と異なり，自己のためにする意
思をもって物を所持すること，すなわち物に対する事実上の支配に対して与え
られる権利である。

民法に定めがない非典型担保物権として，譲渡担保，所有権留保，仮登記
担保がある（表4-6）。また，特別法による物権として漁業権，企業担保権等が
認められ，さらに慣習法上の物権として温泉権や流水利用権等が認められている。

物権の種類に関して，当事者で新たな種類の物権や，法律で定められている
内容と異なる内容の物権を創設することは禁じられており，これを物権法定主
義という。また，物権にはすでに述べたように排他性があるために，1つの物
の上には同一内容の物権は1つしか成立しないという原則があり，これを一物
一権主義という。複数の物の上に（たとえば，あるデパートの全商品）1つの物
権の成立が認められるかに関して判例は，一定の要件の下でこれを認めている

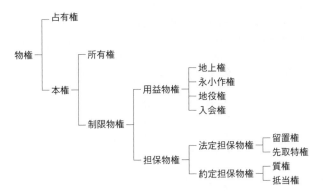

図4-14 民法上の物権の種類

## 表4-5　物権の種類と内容

| 占有権と所有権 | | | |
|---|---|---|---|
| 占　有　権 | 自己のためにする意思をもって物を所持することである（泥棒でもその盗んだ品物に対して占有権を取得する）。 | | |
| 所　有　権 | 法令の範囲内で自由に物を「使用」（その物の用法に従った利用）・「収益」（賃貸して収入を得る等）・「処分」（贈与，譲渡等）できる権利である。 | | |
| **用益物権** | | | |
| | | 期　　間 | 地　代 |
| 地　上　権 | 他人の土地で工作物（ビル・鉄塔等）や竹木を所有する権利である。 | 制限なし（永久可，更新可） | 無料でもよい |
| 永 小 作 権 | 小作料を支払って他人の土地で耕作または牧畜をする権利である。 | 20〜50年（更新可） | 小作料を支払う |
| 地　役　権 | 他人の土地（承役地）を自分の土地（要役地）の便益に供する権利である（他人の土地を通行させてもらうための通行地役権等）。 | 制限なし（永久可，更新可） | 無料でもよい |
| 入　会　権 | たとえば，ある村に住む者が一定の山林，原野で薪やきのこ等をとることができる慣習上の権利である。 | | |
| **担保物権** | | | |
| 留　置　権 | 他人の物の占有者がその物に関して生じた債権を有する場合，その債権の弁済を受けるまでその物を留置することができる権利である（たとえば，時計を修理した時計屋は修理代金を受け取るまでその時計の引渡しを拒むことができる）。 | | |
| 先 取 特 権 | 先取特権者は民法その他の法律の規定に従って債務者の財産から他の債権者に優先して自己の債権の弁済を受けることができる権利である（たとえば，ホテルに宿泊したがその代金を支払うことができない場合，ホテルはその宿泊客の手荷物の上に先取特権を有している。一般の先取特権，動産の先取特権，不動産の先取特権がある）。 | | |
| 質　　　権 | 債権の担保として債務者または第三者から担保として受け取った宝石等を占有し，不履行の場合その物を競　売する等により他の債権者に優先して自己の債権の弁済を受けることができる権利である（動産質，不動産質，権利質がある）。 | | |
| 抵　当　権 | 債権の担保として債務者または第三者から供せられた不動産に関して，不履行の場合この不動産を競売する等により他の債権者に優先して自己の債権の弁済を受けることができる権利である（民法では抵当権は，土地，建物等の不動産のほか地上権，永小作権もその目的とすることができる）。 | | |
| 根抵当権 | 基本的には抵当権と同じであるが，抵当権は特定の債権の担保を目的とするのに対して，たとえば，銀行と商社の取引のように反復継続して増減するような一定の範囲に属する不特定の債権を極度額の限度で担保するもので，通常の抵当権と比べて付従性，随伴性が緩和されている。 | | |

表4-6　非典型担保物権

| | 対　象 | 内　　容 |
|---|---|---|
| 譲渡担保 | 不動産<br>動産<br>権利<br>集合物等 | 債務者が担保物の所有権をいったん債権者に譲渡した後，債権者から債務者がこの担保目的物を使用させてもらい一定の期間内に弁済がなされれば，債権者から債務者へ担保物の所有権を復帰させるが，弁済がなされない場合に債権者が担保物から優先的に債権の回収を図るというもの。 |
| 所有権留保 | 主に動産 | クレジットで商品を購入したような場合に，商品は買主に引き渡されているが，代金債権を担保するために代金の全額を支払うまで売主に所有権を留めておくというもの。 |
| 仮登記担保 | 主に不動産 | 金銭債務を担保するため，債務不履行の場合に，たとえば，債務者または第三者に属する土地の所有権を移転することを目的として代物弁済予約等の契約をし，この土地の所有権の取得を保全するために仮登記をするというもの。 |

（最判昭和54.2.15民集33.1.51）。これを集合物（しゅうごうぶつ）という。

## 2　物権の効力

　物権の効力として優先的効力と物権的請求権がある。

### （1）優先的効力

　優先的効力は，物権相互間における優先的効力と，物権と債権の間の優先的効力とに分けることができる。前者は，たとえばある土地に抵当権を設定した後に同一の土地にさらに抵当権を設定した場合は，同一順位の抵当権は同一の土地には成立せず，先に設定された抵当権が後に設定された抵当権に優先するというように，同一の物の上に同一内容の物権が競合した場合は，先に成立した物権が優先するというものである。後者は，たとえばAから時計を賃借していたBは，その後Aから時計を購入したCからの時計の引渡しを拒むことができないというように，同一の物の上に物権と債権が成立している場合には，その成立の前後にかかわらず物権が債権に優先するというものである。

### （2）物権的請求権

　物権的請求権（物上請求権）とは，物権の内容の円満な直接的支配が妨害さ

表4-7　物権的請求権

| 物権的返還請求権 | たとえば，カメラを盗まれた者はそれを占有している者に対して，自己に返還するように請求できる権利である。 |
|---|---|
| 物権的妨害排除請求権 | たとえば，自分の庭に高台にある隣家の庭石が落ちてきた場合に，その庭石を排除するように請求できる権利である。 |
| 物権的妨害予防請求権 | たとえば，隣家が地下室をつくるために土地を深く掘ったために自己の土地が崩れるおそれがある場合に，何らかの対策を講ずることを請求できる権利である。 |

れた場合，あるいは妨害されそうな場合に，その除去，予防を認めるものである。これには，物権的返還請求権，物権的妨害排除請求権，物権的妨害予防請求権の3つがある（表4-7）。

## 3　物権変動と対抗要件

### （1）物権変動

　物権変動とは，物権の得喪および変更をいう。これには，売買契約により，ある土地の所有権を取得するような法律行為に基づく場合（これを承継取得という）と，取得時効により，ある土地の所有権を取得するような法律行為に基づかない場合（これを原始取得という）とがある。前者の場合「物権の設定及び移転は，当事者の意思表示のみによって，その効力を生ずる」（176条）と定められており，たとえば土地を売買するという当事者間の意思表示があれば，登記や売買代金の支払いがなくても所有権は移転する。

### （2）対抗要件

　物権は直接性・排他性を有する強力な権利であるため，取引の安全を図るためにその変動を第三者に示す必要がある。そのためには不動産の権利変動に基づく自己の権利を「第三者に対抗する」ために登記しなければならないと定められている（177条）。すなわち，自己の権利を第三者に主張するためには登記が必要ということになり，このような第三者に対する効力を対抗力といい，そのために必要な要件を対抗要件といい，不動産は「登記」（同条）を対抗要件としている。この第三者に「単なる悪意者」は含まれるが，たとえば詐欺また

は強迫により登記の申請を妨げる行為をしたような「背信的悪意者」は含まれない。言い換えれば，177条の第三者とは，当事者およびその包括承継人（相続人等）以外の者であって，登記の欠缺を主張する正当な利益を有する者である（最判昭和43.8.2民集22.8.1571）。

　動産は「引渡し」（178条）を対抗要件としている。引渡しとは占有を移転することであり，これには，①現実の引渡し，②簡易の引渡し，③占有改定，④指図による占有移転がある。即時取得（善意取得）と質権の設定は占有改定（たとえば，中古車を買って1週間後に引取りに来るまでそのまま預かってもらう場合で，中古車は同じ場所にそのままあるが，占有が売主から買主に目に見えない形で移動している）によることが認められない。

　なお，登記には公示力しか認められないため，たとえばA所有の不動産に関して登記名義が何らかの原因で無権利者のBになっていた場合，そのB名義を信頼してBよりその不動産を買い受けたCは，善意無過失でも原則として不動産の所有権を取得することができない。しかし，これとは反対に，動産の対抗要件である引渡しには公信力が認められるため，たとえば，Aから動産を預かっているBがそれを自己のものとしてCに売却した場合に，Bが真の権利者であると信じた善意無過失のCがその動産の占有をすれば所有権を取得することができる。これを即時取得という（192条）。質権も即時取得の対象となる。

　即時取得された動産が盗品または遺失物の場合は，被害者または遺失主は盗難または遺失のときより2年間占有者に対して回復請求ができる（193条）。ただし，この場合に占有者がその物を公の市場等で購入していた場合は，その代価を支払わなければならない（194条）。

　その他の対抗要件として明認方法がある。これは立木や未分離の果実が土地とは別に譲渡された場合に木の幹に焼印を押す，未分離果実の近くに立札をたてる等の方法により所有権を公示するものである（立木は立木法による登記をすることもでき，この場合登記された立木は不動産として扱われる）（表4-8）。

**表4-8　対抗要件**

| 不　動　産 | 登　記 |
|---|---|
| 動　産 | 引渡し |
| 立　木<br>未分離の果実等 | 明認方法 |

## 4 担保物権の通有性および効力

　担保物権とは，債権の回収を確保するため債権者に対して担保目的物に対する優先的地位を認める物権である。

### （1）担保物権の通有性

　民法上の典型担保物権に共通の原則として，①付従性（ふじゅうせい），②不可分性（ふかぶんせい），③随伴性（ずいはんせい），④物上代位性（ぶつじょうだいいせい）がある（表4-9）。

　①　付従性　　被担保債権の存在を前提に担保物権は存在し，反対に被担保物権が弁済（べんさい）等により消滅すれば，担保物権もこれに伴って消滅するというものである。留置権，先取特権，質権，抵当権すべてに認められているが，質権，抵当権（特に，根抵当権（ねていとうけん））は付従性が緩和されている。

　②　不可分性　　被担保債権が全額弁済されるまで担保権者は，担保目的物の全部に対して権利を行使することができるというものであり，すべての担保物権に認められている。

　③　随伴性　　被担保債権が譲渡されたような場合には，担保物権もそれに伴って移転するというものであり，根抵当権以外のすべてに認められている。

表4-9　担保物権の通有性（性質）および効力

| | | 法 定 担 保 | | 約 定 担 保 | |
| | | 留 置 権 | 先取特権 | 質　　権 | 抵 当 権 |
|---|---|---|---|---|---|
| 通有性 | 付 従 性 | ○ | ○ | ○ | ○（根抵当権を除く） |
| | 不 可 分 性 | ○ | ○ | ○ | ○ |
| | 随 伴 性 | ○ | ○ | ○ | ○（根抵当権を除く） |
| | 物 上 代 位 性 | × | ○ | ○ | ○ |
| 効力 | 優先弁済的効力 | × | ○ | ○ | ○ |
| | 留 置 的 効 力 | ○ | × | ○ | × |
| | 収 益 的 効 力 | × | × | ×（不動産質権を除く） | × |

○は認められるもの　×は認められないもの

④ **物上代位性** 担保目的物の滅失，毀損等により担保目的物の所有者が受けるべき金銭その他のものに対しても担保権者は権利を行使することができるというものであり，留置権以外のすべてに認められている。

## （2）担保物権の効力

担保物権の効力については，物権としての効力のほかに，①優先弁済的効力，②留置的効力，③収益的効力がある（表4-9）。

① **優先弁済的効力** 担保物権の本質的効力であり，担保権者が被担保債権の弁済を受けられない場合に，担保目的物を換価して他の債権者に優先して弁済を受けられる効力で，留置権以外のすべてに認められている。

② **留置的効力** 債務者が債務の弁済をするまで担保目的物を担保権者の手元に置いておくこと，すなわち留置することができる効力で，留置権と質権に認められている。

③ **収益的効力** 担保権者が担保目的物からの収益により優先的に弁済を受けることができる効力で，不動産質権に認められている。

# 第5節 債 権

## 1 債権とは

債権とは，ある特定の者からある特定の者に対して一定の行為（給付）をすること（あるいは，しないこと）請求することができる権利である。たとえば，Aが1,000万円の絵画をBから購入する売買契約を締結したとしよう。この場合，BはAに1,000万円支払うよう請求できる。この1,000万円の支払いに関してBを債権者，Aを債務者という（図4-15①）。同様に，AはBにその絵画を引き渡すよう請求できるが，絵画の引渡しに関してAを債権者，Bを債務者という（図4-15②）。すなわち，売買契約は，Aは絵画の引渡しに関しては債権者であるが，金銭の支払いに関しては債務者であり，反対に，Bは絵画の引渡しに関しては債務者であるが，金銭の支払いに関しては債権者ということになる（図4-15③）。債権が発生する原因としては，この様な契約（521～696条）の

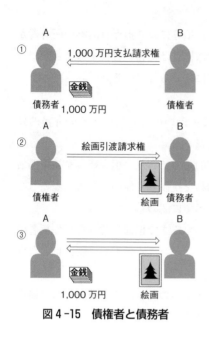

**図4-15　債権者と債務者**

ほかに，事務管理（697～702条），不当利得（703～708条），不法行為（709～724条）がある（表4-10）。

債権を物権と比較した場合，まず，排他性がないため同じ内容の債権は複数の成立が可能であること，次に，物権のように直接性がなく常に他人の行為を必要とすること，さらに，物権は誰に対しても主張できるのに対して，債権は債務者に対してしか主張できないこと，そして，その内容も当事者間で自由に定めることができるという点が大きく異なっている。債権は「金銭に見積もることができないもの」でもその目的とすることができ，給付の内容は，物の引渡しを内容とする「与える債務」と，一定の行為をする（作為），あるいは，しない（不作

**表4-10　債権の発生原因**

| 契約 | p.132～137参照。 |
|---|---|
| 事務管理 | 義務なく他人のために事務を管理することで，この場合他人のために支出した有益な費用の償還を認めるというもの。たとえば，海外赴任のため長期留守にしている隣家の窓ガラスが台風で壊れた場合，特に頼まれていないにもかかわらず隣人のために新しいガラスを入れておくような場合，後日隣人にガラスの代金を請求できる。 |
| 不当利得 | 法律上の原因がないにもかかわらず他人の財産や労務により利益を受け他人に損失を及ぼした場合に，存在する利益をその他人に返還しなければならないというもの。たとえば，電話料金を誤って二重に請求した場合に，二重に料金を受け取った会社は法律上の原因がなく金銭を取得したことになるので，余分な料金を不当利得として返還しなければならない。 |
| 不法行為 | p.137～138参照。 |

表 4 -11　給付の内容

| 与える債務 | | 貸りた10万円を弁済する，マンションを貸す等 |
|---|---|---|
| なす債務 | 作 為 | 結婚式場で芸人が漫才をする等 |
| | 不作為 | 夜 8 時以降はピアノを弾かない等 |

為）ことを内容とする「なす債務」とに分けることができる（表 4 -11）。

## 2　債権の効力

### （1）請求力，給付保持力，訴求力，執行力

　すべての債権に共通な最小限の効力は，債務者に履行の請求（請求力）をして，債務者がした給付を保持することである（給付保持力）。債務者が履行を拒んだような場合には，裁判所に訴えを提起して（訴求力），さらに場合によっては，勝訴判決をもとに執行（執行力）により強制的に給付を実現することになる（図 4 -16）。また，訴求力と執行力を有しておらず，給付保持力しかない債務を自然債務（自然債権とはいわない）といい，判例により認められている（カフェー丸玉女給事件，大判昭和10.4.25新聞3835.5）。

債権の効力 →　請求力
　　　　　　　給付保持力
　　　　　　　訴求力
　　　　　　　執行力

図 4 -16　債権の効力

　給付を強制的に実現することを履行の強制（強制履行，現実的履行の強制）というが，これには直接強制，代替執行，間接強制（414条 1 項）がある（表 4 -12）。

### （2）債務不履行

　債務者が正当な理由なく債務の本旨（当事者が契約等で合意した内容のこと）に従った履行をしない場合を債務不履行という。これには，履行が可能であるにもかかわらず履行期を過ぎてしまった履行遅滞，債務が成立した後に履行が不可能になった履行不能，何らかの履行はなされたがそれが不完全であった不完全履行があり，契約その他の債務の発生原因および取引上の社会通念に照らして債務者の責めに帰すべき事由（帰責事由）で，債務不履行が生じた場合は，

**表4-12　強制履行**

| | |
|---|---|
| 直接強制 | たとえば，本節冒頭の債権の例で1,000万円支払ったにもかかわらず債務者が絵画を引き渡さない際に，国家機関（執行官）が債務者の占有をといて債権者に強制的に絵画を引き渡すような場合である。 |
| 代替執行 | たとえば，家屋の取壊し債務を債務者である建築会社が履行しない際に，他の建築会社にその家屋の取壊しを依頼し，債務者からその費用を強制的に取り立てるような場合である。 |
| 間接強制 | たとえば，離婚した父親が幼児を親権者である母親に引き渡す義務を履行しない際に，一定期間内に履行しないときには債務の履行を確保するために，一定の額の金銭を債権者（母親）へ支払うように命ずるような場合である。 |

　その効果として損害賠償の請求が認められ（415条1項）（表4-13），また，場合によっては履行の強制を裁判所に請求できる（414条）。さらに，この損害賠償が認められる場合に，履行不能や債務者が履行拒絶の意思を明確に表示したとき等は，債務の履行に代わる損害賠償（填補賠償）を請求することができる（同2項）。また，債務者に帰責事由がなくとも，債務者は契約の解除をすることも認められる（541条，542条）。履行不能に関しては，契約その他の債務の発生原因および取引上の社会通念に照らし不能のとき，履行の請求をすることはできないが，その契約の成立の時に不能（原始的不能）であっても損害賠償の請求が可能であり（412条の2），また一定の場合に債権者は債務者に対して権利の移転等を求める代償請求権が認められる（422条の2）。

　損害賠償の方法は，別段の意思表示がないときは金銭賠償であり（417条），その範囲は原則として「通常生ずべき損害」が賠償とされる（416条）。しかし，例外として金銭債務においては，債務者は不可抗力を抗弁とすることができず（419条3項），損害賠償の額は年3パーセントの法定利率によるが，この利率は3年ごとに見直される（404条）。なお，法定利率より高い約定利率が定められている場合はそれが優先する（利息制限法による利率の制限あり）。

## （3）債権の効力の強化
### 1）債権者代位権と詐害行為取消権（債権者取消権）

　債務者の責任財産の保全のために，債権者代位権（423条）と詐害行為取消

**表 4 -13　債務不履行の種類**

| 履行遅滞 | たとえば，弁済期を過ぎているのに，借りた金銭を弁済しない場合等である。 |
|---|---|
| 履行不能 | たとえば，ピカソの絵画を引き渡す前に，引き渡す債務を負っている者の失火で燃やしてしまった場合等である。 |
| 不完全履行 | たとえば，有名な競走馬を買ったら不治の病にかかっていた場合や，ビールを 1 ダース届けてもらったら半分割れていた場合等である。 |

権（424条）が認められている。

　① **債権者代位権**　債権者が自己の債権を保全するために債務者に属する権利（被代位権利）を債務者に代わって行使することができる権利である。たとえば，AはBから1,000万円借りているが，AはCに貸している900万円の債権以外，特に財産を有していない（無資力）場合，Aは債権を行使してもBに弁済することになるだけであるから放置したままのとき，BがAの代わりにCから900万円の債権を取り立てることができるというものである（図 4 -17）。

　債務者の一身専属権利，差押えを禁じられた権利，強制執行で実現できない権利は被代位権利の行使はできない（423条 1 ， 3 項）。しかし，登記・登録請求権を被代位権利とすることは認められている（423条の 7 ）。被代位権利が金

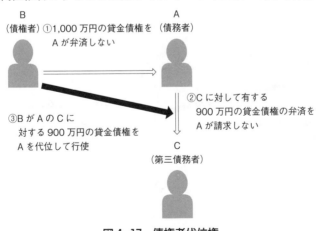

**図 4 -17　債権者代位権**

銭の支払または動産の引渡しを目的とするものであるときは，相手方（第三債務者）に，直接自己（債権者）に対してすることを求めることができる（423条の3）。なお，債権者が被代位権利を行使しても，債務者は，被代位権利につき自ら取立てその他の処分をすることが可能である（423条の5）。

　②　**詐害行為取消権**　　債権者は債務者が債権者を害することを知って行った行為の取消しを，その行為によって利益を受けた者（受益者）が行為時に債権者を害することを知っていたときに，裁判所に請求できる権利である（424条）。たとえば，AはBから1,000万円借りているが，Aは唯一の財産として有している1,000万円の自動車をCへ贈与してしまった場合に（無資力の場合），Bはこの贈与契約の取消しを裁判所に請求することができる（図4-18）。財産権を目的とする行為で強制執行が可能な債権でなければならず，かつ，債権が詐害行為の前の原因に基づいて生じたものである必要がある。この訴えは，債務者が債権者を害することを知って行為をしたことを債権者が知った時から2年，行為の時から10年以内に行使しなければならない（426条）。

### 2）人 的 担 保

　債権の確実な回収のために，担保物権等の物的担保のほか，人的担保として，債権者と複数の債務者がその債務者の数だけ独立して同一の債務を負担する連帯債務（432条以下）や，債権者が債務者以外の第三者と締結する保証債務

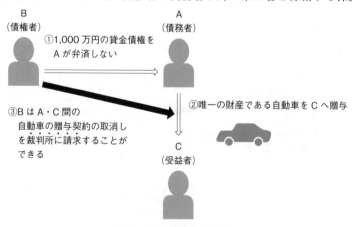

**図4-18　債権者取消権**

等（446条以下）がある（図4-19）。

### ① 連帯債務

　たとえば3人が共同して900万円を銀行から連帯債務で借りる場合（債務の目的が可分である場合），各人が900万円の債務を独立して負うことになり，弁済期が到来すれば銀行はそのうちの任意の1人，2人あるいは全員に900万円全額を，または，一部を順次にもしくは同時に請求することができ，そのうちの1人でも弁済をすれば全員の債務が消滅するというものである（436条）。この場合，銀行は1人に300万円の請求権があるのではなく，3人に対してそれぞれに900万円の請求権がある。なお，900万円の債務を1人が300万円を負担して，3人で負う場合を分割債務という。この違いは3人のうち2人が破産したような場合，分割債務では破産していない残りの1人から300万円しか弁済を受けられないが，連帯債務では900万円全額の弁済を破産していない残りの1人から受けられるということである（銀行は900万円しか貸していないため，3人からそれぞれ900万円，計2700万円受け取ることができるわけではなく，あくまで債権の確実な回収のための人的担保である）。この連帯債務は，法令の規定（たとえば，夫婦の日常家事債務，761条）または契約等当事者の意思表示で成立する。履行の請求，債務の免除および消滅時効等は連帯債務者の一人に生じても他の連帯債務者には影響を及ぼさない。

### ② 保証債務

　保証債務とは，債務者（この場合，主たる債務者という）とは別の者が保証人

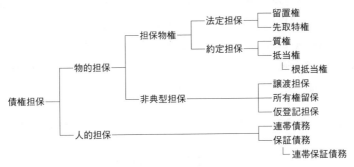

**図4-19　債権担保**

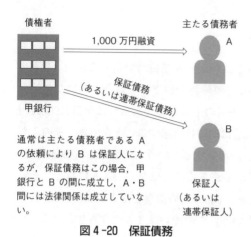

債権者

主たる債務者

1,000万円融資

A

保証債務
（あるいは連帯保証債務）

甲銀行

B

通常は主たる債務者である A
の依頼により B は保証人にな
るが，保証債務はこの場合，甲
銀行と B の間に成立し，A・B
間には法律関係は成立していな
い。

保証人
（あるいは
連帯保証人）

**図4-20　保証債務**

として債権者と保証契約を結ん
で，主たる債務者が弁済できな
かった場合に，その債務を債務
者の代わりに保証人が弁済する
という債務を負うものである。
たとえば，Aが甲銀行から1,000
万円の融資を受ける場合，A
（主たる債務者）と甲（債権者）
との間の債務を主たる債務とい
い，B（保証人）と甲（債権者）
との間の債務を保証債務とい
う。この場合Aが1,000万円弁済できないときにBがAの代わりに甲銀行に
1,000万円弁済しなければならなくなる（図4-20）。しかし，保証債務の補　充
性により，債権者が保証人に債務の履行を請求してきた場合は，まず主たる債
務者に催告するように抗弁できる催告の抗弁権（452条）と主たる債務者に催
告した後でも主たる債務者に弁済の資力があり，かつ，執行が容易であること
を証明して，まず主たる債務者の財産に執行するよう抗弁できる検索の抗弁権
（453条）を有している。保証契約は，書面あるいは電磁的記録（電子メール等）
で契約しなければその効力が認められない（446条2項・3項）。保証人が主たる
債務者の委託を受け保証した場合，保証人の請求があったときは，債権者は遅
滞なく，主たる債務の元本，利息，違約金等に関する情報を提供しなければな
らず，これを情報提供者義務という（458条の2）。特殊な保証として重要なも
のに連帯保証債務がある（458条）。連帯保証債務に関しては，その内容は基
本的に保証債務と同様であるが，補充性である催告の抗弁権と検索の抗弁権が
認められていない点が異なっている（454条）（図4-21）。

保証債務 ┌ （通常の）保証債務―補充性あり（催告の抗弁権と検索の抗弁権がある）
　　　　　└ 連帯保証債務―補充性なし（催告の抗弁権と検索の抗弁権の両方ない）

**図4-21　保証債務と連帯保証債務の違い**

　一定の範囲に属する不特定債務を主たる債務とする保証契約を根保証契約といい，保証人が法人でないものを個人根保証契約という（465条の 2 ）。個人根保証契約は，主たる債務の元本，主たる債務に関する利息，違約金等その全部に係る極度額を定めなければならず，その場合書面あるいは電磁的記録によらなければその効力が認められない。

　なお，事業のため負担した貸金等債務を主たる債務とする保証契約または主たる債務に事業のために負担する貸金等債務が含まれる根保証契約で保証人が個人の場合，契約締結日前 1 か月以内に作成された公正証書（保証意思宣明公正証書）で，保証人が保証債務を履行する意思を表示していなければ効力を生じない（465条の 6 ）。

### 3 債権譲渡

　たとえば，債権者であるＡ銀行が債務者Ｂに対して有する500万円の貸金債権をＣファイナンスに譲渡するような場合である（図 4 -22）。すなわち，債権者が債務者に有している債権を，その内容を変えないで第三者に譲渡するものであり，この場合，Ａ銀行とＣファイナンスの間の合意のみで効力を生じ，債務者であるＢの承諾は必要ない（466条）。債権の対抗要件は，ＡからＢに対する通知（ＣからＢへの通知は不可），またはＢからＡもしくはＣに対する承諾であり，第三者への対抗要件としての通知または承諾は，確定日付のある証書によってしなければならない（467条）。将来発生すべき債権の譲渡契約も有効で

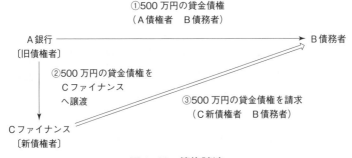

**図 4 -22　債権譲渡**

ある（466条の6）。なお，当事者が債権譲渡を禁止し，または制限する旨の譲渡制限の意思表示をしたときであっても，その債権譲渡は有効であるが（預貯金債権を除く）（466条2項），譲渡制限の意思表示について悪意あるいは重過失がある譲受人に対しては履行を拒むことができる（同3項）。

## 4　債権（債務）の消滅

　債権の消滅原因として，債権総則には弁済，代物弁済，（弁済）供託，相殺，更改，免除，混同が規定されている。

### （1）弁　　済

　弁済とは，債務者または第三者が債務の本旨に従った債務の内容である給付（履行）をすることにより債権が消滅することで，たとえば100万円の消費貸借契約で，債務者は弁済期に現金100万円を準備し，債権者に持参し（弁済の提供），債権者がこれを受取ること（受領）で貸金債権は消滅する。債務者は弁済の提供をすれば債権者が受領を拒んでも債務不履行責任から免れる（492条）。

　第三者による弁済も債務の性質がこれを許さない場合（タレントのテレビ出演等）等でない場合は原則として有効である（474条1項）。正当な利益を有しない第三者は債務者の意思に反して弁済をすることはできないが（同2項），正当な利益のある第三者（物上保証人等）は，債務者の意思に反しても弁済は可能である。また，債権者等の受領権者ではないが，取引上社会通念に照らして受領権者としての外観を有する者に対する弁済は，債務者等の弁済者が善意無過失のときは有効である（478条）。たとえば，預金証書と印鑑を有する者への銀行の預金払戻等である。

### （2）代物弁済

　債権者と弁済者が本来の給付の代わりの給付で債務を消滅させる契約をして弁済者が現実に給付をすることで債権は消滅する（482条）。たとえば，200万円支払う代わりに自動車を給付する場合である。

### （3）（弁済）供託

　債務者等の弁済者が弁済の提供をしても債権者が弁済を拒む場合等一定の場合に，供託所に弁済目的物を寄託することで債務を消滅させる制度で（494条），

供託は登記を扱う国の機関である法務局で行う。

## （4）相　　殺

　債権者と債務者がお互いに同種の債権を有しているときに，どちらかの一方的意思表示によって対等額で相殺が適する状態（相殺適状<ruby>そうさいてきじょう</ruby>）に遡って債権と債務を消滅させるものである（505条）。たとえば，AがBに100万円の貸金債権（α債権）を有し，BがAに100万円の売買代金債権（β債権）を有している場合，Aがα債権でβ債権を相殺する意思表示をすると両債権は消滅する。この場合相殺する債権（α債権）を自働債権，される債権（β債権）を受働債権という（図4-23）。相殺は両債権が弁済期に来ている必要があるが，自働債権が弁済期に来ていれば受働債権が弁済期になくても可能である。債権者は①悪意による不法行為に基づく損害賠償の債務，あるいは②人の生命または身体の侵害による損害賠償の債務を受働債権とする相殺は認められない（509条）。また，債権の性質上相殺に適しないものは相殺は許されない（たとえば，著名な音楽家の演奏会）。

## （5）更改，免除，混同

　更改とは，当事者が従前の債務の契約の内容の重要な部分の変更，債務者の交代，あるいは債権者の交代をすることで，新たな債務を成立させる契約により従前の債務を消滅させることである（513条）。免除とは，債権者の債務者に対する一方的意思表示で債権を消滅させる行為である（519条）。混同とは，債権者と債務者が同一人に帰属することで債権が消滅することである（520条）。たとえば，金銭を貸していた債権者が死亡したが，借りていた債務者はその唯一の相続人であるような場合である。

**図4-23　相殺**

## 5　契約および不法行為

### （1）契 約 と は

　たとえば，1,000円で書籍を購入する（売買契約），月8万円の家賃でマンションの部屋を借りる（賃貸借契約），コインロッカーに荷物を預ける（寄託契約），年4％の金利で金銭を借りる（消費貸借契約）等のさまざまな契約が存在する。

　契約は，法律行為として，また債権の発生原因として重要なものであり，申込みと承諾という対立する2つの意思表示の合致により成立するものである（522条1項）。契約の申込みおよび承諾は到達主義により相手方に申込みが到達した時点から効力が生ずる。これは対話者間の契約でも，隔地者間の契約でも同様である。

### （2）契約の種類等

　契約はさまざまに分類できる。

#### 1）双務契約と片務契約

　双務契約とは，契約当事者が互いに対価的意義を有する債務を負担する契約である。片務契約とは，一方の当事者が債務を負担する契約と，当事者双方が債務を負担するがそれが対価的意義を有していない契約である。

　双務契約には，同時履行の抗弁権（533条）と危険負担（534～536条）の適用がある。

　同時履行の抗弁権とは，たとえば1,000万円で絵画を購入するという売買契約において，画商がまだ絵画を引き渡さない状態で1,000万円の支払いを買主に請求してきた場合に，両債務がともに弁済期にあるとき，買主は絵画の引渡しと引換えでなければ代金を支払わないと主張できる抗弁である。双務契約は互いが対価的関係を有しているため，一方の当事者が履行をしない場合に相手方も自己の履行（債務の履行に代わる損害賠償の債務の履行を含む）を拒めるとするのが公平であるとの見地から認められたものである。

　危険負担とは，たとえばある別荘を3,000万円で購入する契約を締結した後に落雷による火災（落雷は別荘の売主である債務者に責任はない（帰責性），もちろん債権者にも責任はない（帰責性））で，その別荘が消滅してしまった場合に

買主である債権者は3,000万円の代金を支払う義務があるかどうかという問題である。このような当事者双方の責めに帰することができない事由により，債務を履行することができなくなった場合は，債権者は，反対給付の履行を拒むことができる（536条1項）。しかし，債権者の責めに帰すべき事由により債務を履行することができなくなったときは，債権者は，反対給付の履行を拒むことはできない（同2項）。

### 2）有償契約と無償契約

有償契約とは，契約当事者が互いに対価的意義を有する出捐をする契約で，そうではない契約が無償契約である。有償契約には売買契約に関する規定が準用される（559条）。

### 3）典型契約と非典型契約

典型契約（有名契約）とは，民法典に規定がある13種類の契約で，民法典に定めのない契約を非典型契約（無名契約）という。

典型契約は，贈与契約，売買契約，交換契約，消費貸借契約，使用貸借契約，賃貸借契約，雇用契約，請負契約，委任契約，寄託契約，組合契約，終身定期金契約，和解契約の13種類である（表4-14）。非典型契約の例としては，出版契約，リース契約，フランチャイズ契約等を挙げることができる。

なお，諾成契約とは，当事者の意思表示の合致のみで成立する契約であり，要物契約とは，契約の成立のために当事者の契約の意思表示の合致に加えて，目的となる物の引渡しが必要とされる契約である。

### 4）第三者のためにする契約

たとえば，AとBとの契約によってAがお歳暮をBデパートからCに送るという場合，AはBデパートに代金を支払い，CはBに対してその給付（お歳暮）を直接請求する権利を有する。このようなAB間の契約を第三者のためにする契約という（537条1項）（図4-24）。この場合，Aを要約者，Bを諾約者，Cを受益者（第三者）という。第三者は利益を受ける義務

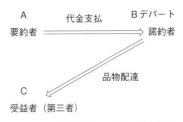

図4-24　第三者のためにする契約

**表4-14  典型契約一覧表**

| | | | | |
|---|---|---|---|---|
| 贈与契約 （549～554条） | | 片　務 | 無　償 | 諾　成 |
| 売買契約 （555～585条） | | 双　務 | 有　償 | 諾　成 |
| 交換契約 （586条） | | 双　務 | 有　償 | 諾　成 |
| 消費貸借契約 （587～592条） | 無利息の場合 | 片　務 | 無　償 | 要　物* |
| | 利息付の場合 | 片　務 | 有　償 | 要　物* |
| 使用貸借契約 （593～600条） | | 片　務 | 無　償 | 諾　成 |
| 賃貸借契約 （601～622条の2） | | 双　務 | 有　償 | 諾　成 |
| 雇用契約 （623～631条） | | 双　務 | 有　償 | 諾　成 |
| 請負契約 （632～642条） | | 双　務 | 有　償 | 諾　成 |
| 委任契約 （643～656条） | 無償の場合 | 片　務 | 無　償 | 諾　成 |
| | 有償の場合 | 双　務 | 有　償 | 諾　成 |
| 寄託契約 （657～666条） | 無償の場合 | 片　務 | 無　償 | 諾　成 |
| | 有償の場合 | 双　務 | 有　償 | 諾　成 |
| 組合契約 （667～688条） | | 双　務 | 有　償 | 諾　成 |
| 終身定期金契約 （689～694条） | 無償の場合 | 片　務 | 無　償 | 諾　成 |
| | 有償の場合 | 双　務 | 有　償 | 諾　成 |
| 和解契約 （695～696条） | | 双　務 | 有　償 | 諾　成 |

＊書面による場合はどちらも諾成

当事者の一方がある財産を無償で相手に与える契約。たとえば，友人にただでパソコンを与える場合。

当事者の一方がある財産権を相手に移転することを約束し，相手方がこれに対して代金を支払うことを約束する契約。たとえば，1,000円で書籍を買う場合。

当事者が互いに金銭の所有権ではない財産権を移転することを約束する契約。たとえば，田舎の100坪の土地と都会の50坪の土地を交換する場合。

当事者の一方が金銭その他の代替物を借りて後日これと同種・同等・同量の物を返還する契約。たとえば，無利息の場合の例として友人から10万円借りる場合，利息付の場合の例として消費者金融から年利4％で10万円借りる場合。

当事者の一方が相手方にある物を無償で使用・収益することを認め，契約が終了したときに返還することを約することにより生ずる契約。たとえば，友人からただで自転車を借りる場合。

当事者の一方が相手方にある物を使用・収益させることを約束し，相手方がこれに対する使用・収益の対価を支払うことおよび引渡しを受けた物を契約が終了したときに返還することを約することにより生ずる契約。たとえば，マンションの部屋を月8万円で借りる場合。

当事者の一方が相手方に対して労務に服することを約束し，これに対して相手方が報酬を支払うことを約束する契約。たとえば，1日1万円で家政婦を雇うというような場合（大多数の雇用契約は労働基準法が適用されるため，現実には民法が適用される余地はほとんどない）。

当事者の一方がある仕事を完成することを約束し，相手方がその仕事の結果に対して報酬を与えることを約束する契約。たとえば，建築業者に1億円で5階建てのマンションを建築してもらう場合。

当事者の一方が法律行為をなすことを相手方に委託し，相手方がこれを承諾することにより生ずる契約。たとえば，無償の場合の例として任意後見契約において親族が無償で任意後見人として事務をする場合，有償の場合の例として任意後見契約において弁護士に月5万円で任意後見人として事務をしてもらう場合。

当事者の一方が相手方のために保管をすることを約束して，相手方がこれを承諾することにより成立する契約。たとえば，無償の場合の例としてホテルのクロークに荷物を預かってもらう場合，有償の場合の例として駅のコインロッカーに荷物を預かってもらう場合。

各当事者がそれぞれ出資をして共同の事業を営むことを約束する契約。たとえば，3人がそれぞれ資金，店，労務を提供してレストランを経営する場合。

当事者の一方が自己，相手方または第三者が死亡するまで定期的に金銭その他の物を相手方または第三者に給付することを約束する契約。たとえば，無償の場合の例としてある資産家が本人が死ぬまで月3万円を定期的に支払ってくれる場合，有償の場合の例として当事者の一方が他方に公債等を贈与して，その利息等を贈与者の生きている間交付するとした場合。

当事者が互いに譲歩してその間に存在する争いを止めることを約束する契約。たとえば，当事者の各々が自分の土地の境界線を主張する場合に，両者が主張する真中を境界線と定めて争いを解決する場合。

はなく断ることも可能である。この権利は，その第三者が債務者に対し利益を
享受する意思表示をした時に発生するが（同3項），成立時に第三者が現存し
ない場合（たとえば，胎児）または第三者が特定していない場合（たとえば，懸
賞小説）でも有効である（同2項）。

### 5）契約の解除

　これは当事者の一方が解除権に基づいて，相手方に対する一方的意思表示で
契約を終了させること（540条）である。解除権には，契約によるもの（約定解
除権）と法律の規定によるもの（法定解除権）とがある。重要なのは法定解除
権で，なかでも債務不履行により発生する解除権である。

　債務不履行の場合，相手方が相当の期間を定めてその履行の催告をし，その
期間内に履行がないときは，相手方は契約解除をすることができる（催告によ
る解除，541条）。ここでは債務者の帰責事由は要件ではないが，不履行がその
契約および取引上の社会通念に照らして軽微であるときや債務不履行が債権者
の帰責事由による場合（543条）は解除できない。

　債務全部が履行不能の場合や契約の性質等により，特定の日時または一定の
期間内に履行をしなければ契約をした目的を達することができない場合（定期
行為，たとえば結婚式の祝電）等には無催告解除が認められる。

　解除権は相手方に対する一方的意思表示によって行うが，相手方が複数の場
合はその全員に対して行う必要があり（544条），契約の効果をその締結時に
遡って消滅させる。さらに，未履行の給付は義務を免れ，既にされた給付は原
状回復義務を負うが，第三者の権利を害することはできない（545条）。

### 6）定型約款

　たとえば，インターネット取引のように不特定多数の利用者を対象に大量の
取引をするような定型取引では，利用者に対する契約内容が画一的であること
が合理的である。このような取引において，契約内容とするためサイトの運営
者等の特定の者（定型約款準備者）により準備された条項の総体を定型約款と
いう。そして定型約款準備者があらかじめ，それを契約内容とする旨を相手方
に表示していたとき等の場合に利用者は個別条項につき合意をしたものとみな
される（548条の2第1項）。もっとも，同条項において，相手方の権利を制限

する，または義務を加重する条項で，その定型取引の態様やその実情ならびに取引上の社会通念に照らし相手方の利益を一方的に害すると認められるものは，合意をしなかったものとみなされる（同2項）。

　定型約款準備者は，定型取引合意の前または合意後相当の期間内に相手方から請求があった場合には遅滞なく相当な方法で定型約款の内容を示さなければならないが（548条の3），定型約款の変更が，相手方の一般の利益に適合するとき等一定の要件を見たす場合は，個別に相手方と合意をすることなく契約内容を変更できる（548条の4）。

## （3）不法行為とは

　日常の社会生活において交通事故，医療過誤等様々な事故に遭遇する可能性があり，この場合に発生した損害を加害者に賠償させる必要がある。不法行為は，加害者により発生させられた損害を金銭により賠償させる制度であり，契約と並ぶ重要な債権の発生原因である。

　一つの行為から民事上の責任と刑事上の責任が生ずることが多くみられるが，両者は区別しなければならない。たとえば，自動車を運転中に赤信号に気づかず横断歩道を歩いていた人にけがをさせた場合，刑事上は業務上過失傷害罪となり懲役，罰金等の刑罰が科されるが，これは国に対する責任である。これとは別に被害者に対する責任として，治療費や事故に遭わなかったら得られたであろう逸失利益を損害賠償として支払わなければならない。この民事上の責任を負わせる法制度を不法行為という。

## （4）不法行為の種類と効果

### 1）不法行為の種類

　不法行為は，一般の不法行為（709条）と特殊の不法行為（715条，717条等）に分けることができ，また製造物責任法等の不法行為に関する特別法もある。

　不法行為が成立するための一般的要件は，①加害者に故意または過失があること，②違法な権利侵害があること，③加害者に責任能力があること，④損害が発生したこと，⑤権利侵害と損害の発生に因果関係があること，である（709条）。②の要件に関して判例は，厳密な意味における権利でなくても違法な侵害に対して救済を与えることが必要であればよいとしている（大学湯事件，大

判大正14.11.28民集4.670)。また，③の要件に関しては，11，12歳（小学校5，6年生）くらいの年齢を境にして責任能力が肯定される。

　特殊の不法行為において重要なものに使用者責任がある。これはある事業のため他人を使用する者あるいは使用者に代わって事業を監督する者は，被用者がその事業の執行につき第三者に加えた損害を賠償しなければならないとするものである（715条）。使用者責任の要件は，一般の不法行為の要件に加えて，①ある事業のために使用者が他人を使用していること，②被用者がその事業の執行につき第三者に損害を与えたことである。たとえば，ある社会福祉法人に雇われている介護福祉士が介護に際して被介護者になんらかの損害を与えた場合は，損害を与えた介護福祉士は一般の不法行為による責任を負い，社会福祉法人は特殊の不法行為としての使用者責任を負うことになる。ただし，社会福祉法人が被用者の選任，監督に相当の注意をしたとき，または，相当の注意をしても損害が生じたことを使用者が証明した場合は，使用者責任を免れることができる（715条1項ただし書）。この場合，発生した損害を社会福祉法人が被介護者に対して支払った場合は，法人は求償権を取得し，その介護福祉士に対して自己（法人）に対して金銭を支払うよう請求できる（同3項）。

### 2）不法行為の効果

　不法行為の効果として，被害者は損害賠償請求権を取得することになるが，これは原則として金銭賠償であり（722条1項），被害者に過失がある場合は過失相殺がなされる（722条2項）。また，名誉毀損においては，裁判所は損害賠償に代え，または損害賠償とともに謝罪広告等の名誉を回復するのに適当な処分を命じる場合もある。不法行為に基づく損害賠償請求権の時効期間は，被害者またはその法定代理人が損害および加害者を知ったときより3年で，また，行為のときから20年である（724条）。人の生命または身体を害する不法行為による損害賠償請求権の消滅時効は，被害者またはその法定代理人が損害および加害者を知ったときより5年で，また，行為のときから20年である（724の2条）。

# 第6節　消費者の保護に関する法律の動向

　超高齢社会の到来とともに高齢者が，そしてインターネット・携帯電話等の普及により社会人のみならず学生が，これまでより消費者として経済的取引をすることが多い時代になった。また，情報通信技術の発達により24時間大量の取引が行われて，そのサービス内容も複雑化している。このような状況のもと，消費者が締結した契約をめぐるトラブルが多発している。

　多くの情報を有し交渉能力や経済力にまさる企業と消費者間の不公平を是正するため，対等な私人を前提とする民法は修正を余儀なくされ，消費者を保護するために数々の特別法が定められている。ここでは，消費者契約法，特定商取引に関する法律（以下，特定商取引法），割賦販売法について説明する。

　消費者契約法が2000（平成12）年に制定された。消費者契約とは，消費者と事業者との間で締結される契約をいう（消費者契約法2条3項，以下条文のみ）。この法律により，たとえば事業者の巧みなセールストークを鵜呑みにしてしまい契約の内容をよく吟味しないで締結した場合等一定の場合に取り消すことを認め（4条），また，事業者の損害賠償の責任を免除する条項（たとえば，いかなる場合も返金をしない等，8条），その他消費者の利益を不当に害することとなる条項（たとえば，高額のキャンセル料が一方的に定められている場合，9条）の全部または一部を無効とすることにより，消費者の利益の擁護が図られている。これらの条項はすべての消費者契約について適用される。さらに，2016（平成28）年の改正で，過量な内容の契約を取り消すこと（4条4項）や「いかなる場合でも解約を認めない」（8条の2）というような消費者の利益を不当に害する契約条項は無効とする規定が追加され，2018（平成30）年の改正で，加齢等による判断力の低下を不当に利用することで，不必要な商品等の契約を締結させた場合等に取消権を認め（4条3項3～8号），また，たとえばアパートの賃借人である消費者が後見開始等の審判を受けたときは，賃貸人である事業者は直ちに本契約を解除できるというような，消費者が成年後見の後見開始等の審判を受けたことのみで事業者に解除権を付与する条項は無効とされた

（8条の3）。

　次に，特定商取引法は，2000（平成12）年の改正で1976（昭和51）年に成立した「訪問販売等に関する法律」から，この法律名に変更された法律であり，訪問販売や，特定継続的役務提供（たとえば，エステティックサロン，外国語会話教室等）や，いわゆるモニター商法等の業務提供誘引販売取引等の特定商取引を公正にし，購入者等の損害防止，購入者等の利益を保護し，あわせて商品等の流通および役務の提供を適正かつ円滑にすることを目的としている（特定商取引法1条，以下条文のみ）。クーリングオフ制度により，理由を問わず書面により一方的に申込みの撤回あるいは契約の解除が認められている（9条，24条，40条等）。さらに，2016（平成28）年の改正で悪質業者への対応（8条，8条の2等）や刑事罰が強化された（70条，74条等）。

　最後に，割賦販売法は，1961（昭和36）年成立した法律で，クレジット等による割賦販売等の取引の公正の確保，購入者等の損害の防止，クレジットカード番号等の適切な管理等により，割賦販売等の取引の健全な発達，購入者等の利益保護，あわせて商品等の流通，役務の提供を円滑にすることを目的としている（割賦販売法1条，以下条文のみ）。割賦販売とは，販売業者等が購入者等に対し，商品等の代金等を2か月以上，かつ3回以上分割して受領することである（2条）。2016（平成28）年の改正でクレジットカード番号等の適切な管理が義務付けられた（35条の16）。

# 第7節 親　　　族

　超高齢社会を迎えたわが国において，成年後見制度や家族・親族間の介護・扶養といった問題は，私たちが最も身近に感じて対処していかなければならないものである。今後は，任意後見契約におけるトラブルの解決，後見登記に関する事務など，ますます重要性を増す分野の一つと思われる。現状を認識し，わが国が抱えている問題点を把握するとともに，より快適な生活を享受し，安心して老後を送るためにはどうすべきなのか，本節を通じて検討していっていただきたい。

# 1 親　　　族

親族とは，一定の身分的関係に，法律上一定の効果が与えられるものの総称である。つまり，民法で親族というのは，6親等内の血族，配偶者および3親等内の姻族の総称である（725条）。他の法律において親族というときも同様である（図4-25，図4-26）。

どの範囲の者の間に親族関係を認めるか，あるいはその関係にどのような法律上の効果を認めるかは，それぞれの国家あるいは時代や社会によって異なっている。わが国においては，家族としては核家族をその基本形態として据えているが，それよりもさらに広い範囲についての身分関係を規定している。すなわち，4親等以上の直系血族が，同時代に生活して法律関係を生ずるなどということは稀有であるし，6親等の傍系血族にまで法律上の権利義務を生ぜしめるとするのは，近代的市民社会の実際生活に即さないため，このように広範囲にわたる血族の観念を認めることは無意味ではないかとする批判がある。

では，どうして夫婦・親子・親族の総称である身分関係が存在するのか。それは，「現在の結合を通じて未来に向かっての種族の保存を目的とする」のが親族的共同生活であったからである。これは，今日まで連綿として社会において行われてきたものである。したがって親族的共同生活を規律するものは，その社会の構成員各自の意思を離れた客観的規範となり，このことはまた，親族法の規定の多くが強行規定であることを意味することになる。それは認識・感情・意思・身体的等の総特徴の総体である全人格的結合であるから，そこには，条件あるいは期限などを付することはできないと解釈すべきことになる。

以上のように，身分的な結合関係が，その民族の発展の基礎であり，国民活動の源泉であり，さらにそれは国家の健全発展の源でもある。このことから，国家は，国民がどのような家族的生活を行っているのかは，非常に興味のあるところであり，その共同生活の中におけるあり方については，国家は無関心ではあり得ず，後見的に関与をすることになる（社会保障，社会福祉サービス，特に公的扶助規定などは，この意味合いを強くもつ）。

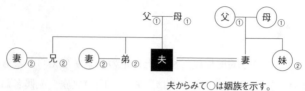

夫からみて○は姻族を示す。
数字は親等を示す。

図4-25　姻　族

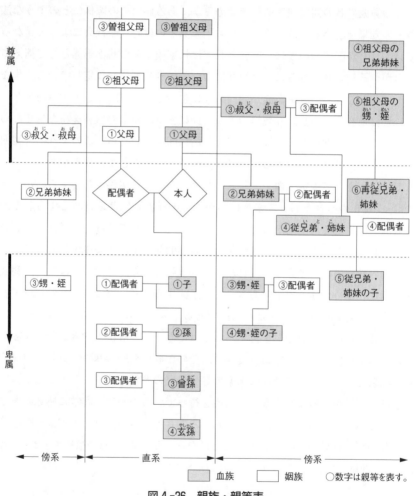

図4-26　親族・親等表

## （1）6親等内の血族

　親族関係の基幹をなすのは血族である。民法が血族を6親等内に限定したのは，江戸時代の慣行とされた親類・縁者の範囲が，現在の計算で6親等であったことに由来するといわれている。

### 1）血　　　族

　相互に自然的血縁関係のある者（自然血族），または血縁はないが法律上血縁関係があると擬制された者（法定血族・準血族・人為血族）が血族であり，それは父系であるか母系であるかによって区別されない。親子，兄弟姉妹や伯 叔父母と甥姪は自然血族であり，養親およびその血族と養子とが現行法の認める唯一の法定血族である（727条）。

### 2）直系と傍系

　2人の血族のいずれか一方が他方の子孫である場合，逆にいえば，他方が一方の父祖であって，血縁が直下する場合を直系という。父母と子，祖父母と孫などがそれである。

　これに対して，双方とも父祖と子孫の関係になく，同一ないし共同の始祖から分岐した2つの親系に属する子孫であるものを，傍系という。父母を同一の始祖とする兄弟姉妹，祖父母を共同の始祖とする伯叔父母，甥姪，従兄弟姉妹などがこれに属する。

### 3）尊属と卑属

　親族のうち，自己または配偶者の父祖および父祖と同じ世代にある者を尊属といい，自己または配偶者の子孫および子孫と同じ世代にある者を卑属という。民法中の「尊属」に関する条文には889条（直系尊属等の相続権）などが，同様に「卑属」に関する条文には787条（直系卑属と認知の訴え）などがある。

　父母，祖父母は直系尊属であり，伯叔父母は傍系尊属である。同様に，子，孫は直系卑属であり，甥姪は傍系卑属である。自己と同じ世代にある者，すなわち，兄弟姉妹や従兄弟姉妹は尊属でも卑属でもない。

### 4）親　　　等

　親族関係の親疎遠近の程度を測定する単位を親等という。親等の計算方法については，直系親族の間では，親族相互間の世代数を数えて定め，傍系親族の

間では，その一人またはその配偶者から同一の始祖に遡り，その始祖から他の一人に下るまでの世代数を合計して定める（726条）。

## （2）配　偶　者

　法律上の夫婦の一方を，他方に対して配偶者という。配偶者であるためには，法律上の婚姻がなされていることを前提とするから，内縁関係にある事実上の夫婦はもとより，妾関係にある者は配偶者といわない。配偶者は血族でも姻族でもなく，親等も尊卑の関係もないが，親族の中に加えられている。

## （3）3親等内の姻族

　夫婦の一方と他方の血族との関係を相互に姻族という。たとえば，夫と妻の父母や兄弟，または妻と夫の父母や兄弟とは互いに姻族である。しかし，夫婦の一方の血族と他方の血族（夫の親と妻の親），夫婦の一方と他方の姻族（自己の夫と弟の妻）は，いずれも姻族ではない。姻族間の親等は，配偶者が血族として有する親等による。

## 2 婚　　姻

### （1）婚姻の社会的意義

　婚姻とは，法律によって承認された男女の性的結合関係であり，永続的な共同生活関係である。すなわち，社会の習俗・宗教・道徳などの社会規範によって支持される男女の性的結合関係が婚姻であり，この婚姻に関する社会規範の全体を婚姻制度と呼ぶことができる。

　婚姻は，単純な男女の結合関係としての意味をもつだけではなく，男女の共同生活体は，一般に，その間に子を生ずるのであり，その子の保護・育成，男女の分業的共同生活の維持などの機能を有しており，家族生活の中核を形成する制度でもある。

### （2）婚姻の成立

　夫婦となるためには，民法上に規定する要件を備える必要がある。これは夫婦が一つの社会的制度として認められている以上，当然のことであるが，基本的には憲法に規定するように，両性の合意によってのみ成立する関係である（憲法24条）。婚姻の成立には，法律の規定する一定の要件を満たすことが必要

である（731〜741条）。

### 1）婚姻意思の合致

　婚姻も契約である以上，当事者間に婚姻意思の合致があることが必要である。民法は，「人違いその他の事由によって当事者間に婚姻をする意思がないとき」を無効とし（742条1号），詐欺または強迫によって婚姻した者はその婚姻を取り消し得る（747条1項）とされている点からみても，民法が婚姻意思の合致を婚姻の要件と考え，前提としている。

### 2）婚 姻 適 齢

　男は満18歳，女は満16歳にならなければ，婚姻することができない（731条）。このような婚姻適齢の制度は，早婚によって生ずる弊害を防止しようとする公益的目的によるものである。男女に年齢差が設けられているのは，婚姻に必要な精神的・肉体的・経済的成熟度を考慮したためであって，男女の平等に反するものではないと考えられる。なお，2022年4月より男女とも満18歳以上となる。

### 3）重婚の禁止

　配偶者のある者は，重ねて婚姻をすることができない（732条）。この規定は，一夫一婦制の原則をとることを表明したものである。ここに配偶者のある者とは，法律上の配偶者がある者のことであるから，内縁関係にある者が他の者と法律上の婚姻をしても，あるいは逆に法律上の婚姻をしている者が他の者と内縁関係を生じても，重婚にはならない。

### 4）再婚禁止期間

　女が再婚する場合には，前婚の解消または取消しの日から100日を経過した後でなければならない（733条1項）。この期間を待婚期間または寡居期間ともいう。前婚と後婚があまりに接着すると，再婚後に産んだ子の父が前夫であるか後夫であるかが不明となり，血統が混乱するのを防止する趣旨によるものである（772条，773条）。

　なお，2016（平成28）年6月1日，民法の一部を改正する法律が成立し，女性の再婚禁止期間が6カ月から100日に短縮された。民法の改正の概要は，次のとおりである。

①女性に係る再婚禁止期間を前婚の解消又は取消しの日から起算して100日
　とした。

②女性が前婚の解消若しくは取消しの時に懐胎（妊娠）していなかった場合
　又は女性が前婚の解消若しくは取消しの後に出産した場合には再婚禁止期
　間の規定を適用しないこととした。

#### 5）近親婚の禁止

　一定範囲内における近親者間の婚姻の禁止は，人類文化のきわめて早い時期
からみられ，今日に至ったものである。その理由は，優生学的理由，道義的理
由による。

#### 6）未成年者の婚姻と父母の同意

　婚姻適齢の未成年の子が婚姻をするには，父母の同意を得なければならない
（737条1項）。未成年者は一般に思慮分別が乏しいので，軽率な婚姻をしない
ようにするため，父母がその判断を保佐する趣旨で認められたものである。

#### 7）婚姻の届出

　民法739条1項は，「婚姻は，戸籍法の定めるところにより届け出ることに
よって，その効力を生ずる」と規定している。通説的見解は，戸籍法に定める
届出という方式により婚姻意思を合致させることによって，婚姻がはじめて成
立するとし（創設的届出），届出を婚姻の成立要件と解している（成立要件説）。

### （3）婚姻の無効・取消し

　婚姻は，性的結合を伴う全人格的な継続的身分関係であって，当事者間に精
神的・肉体的共同生活を伴うのが通常であるため，財産関係と異なって，いっ
たん成立した以上その事実関係を文字どおりに原状回復するということは不可
能である。このように，事実上婚姻が成立したときは，たとえそれが民法の定
める成立要件に違反している場合でも，その効力を否定することは，きわめて
重大な影響を与えるので，努めて慎重にかつ制限的に行うことを要する。

　しかし他面，婚姻は当事者自身にとってはもとより，第三者の利益に関する
こと大であるから，その成立に瑕疵があるならば，その効果を否定し，当事者
ないし第三者の利益を保護しなければならない。

　そのため，民法は，婚姻の効果を否定する無効・取消しについては，総則編

の一般規定の適用を排除し，いったん成立した婚姻は，なるべく存続させよう
とする制限的態度をとるとともに，無効・取消しの原因を限定し，取消しには
所定の手続きを定め，残された事実関係の処理につき妥当な解決を図ろうとし
ている（742〜749条）。中でも婚姻届の欠いている，いわゆる内縁関係について
は，できるだけ婚姻に準じた取扱いをするのが一般的である。

## （4）婚姻の効果

　婚姻の基本的効果は，当事者が配偶者たる地位を取得することにある。それ
によって，当事者は重ねて婚姻をすることができなくなり，夫婦の一方と他方
の血族との間に姻族関係を生ずるほか，種々の法律的効果を生ずる。

### 1）夫婦同氏の原則

　夫婦は，婚姻の際に定めるところに従って，夫または妻の氏を称する（750
条，戸籍法74条1号）。すなわち，婚姻の届出をする際に，その夫婦は必ず夫の
氏または妻の氏のいずれを称するかを明らかにすることを要し（戸籍法74条），
新夫婦のために新たに編製する戸籍には，氏を改めなかった方（夫の氏を選ん
だ場合は夫，妻の氏を選んだ場合は妻）が筆頭者となる（戸籍法14条1項，16条）。
氏は，夫婦という基本的生活共同体の表象とみるべきものであり，かつ，それ
を社会的に公示する趣旨のものであるから，夫婦が別々の氏を称することや，
新たな第3の氏を称することは許されない。

　この点，夫婦が希望すればそれぞれ結婚前の姓を名乗ることができる「選択
的夫婦別姓制度」導入の是非が議論されている。

　氏は，本来，その個人がどの血族あるいは家族の集団に属するか，また，旧
法下においては「家」の名称であり，どの家に属するかを表示するためのもの
であった（旧民法1346条）。しかしながら現行法の下においては，氏は単に各個
人の同一性を示すための便宜的呼称である。氏の変動は出生・婚姻（750条）・
養子縁組（810条）・離婚（767条）・離縁（816条）などによって当然に生じる。
ただし，氏は，現行法上あくまでも個人の呼称にすぎないものであるから，当
事者の利益を考え，離婚の場合について例外を設けている（767条2項では，離
婚後においても婚姻中の氏を称することができると規定する）。

### 2）同居協力扶助の義務

　夫婦は同居し，互いに協力し扶助しなければならない（752条，家事審判法9条1項乙類1号）。同居は，精神的・肉体的な生活共同の基盤であり，協力扶助は，経済的共同の表現である。婚姻が終生にわたる共同生活体の形成を目的とする全人格的結合であることを考えると，夫婦が同居し，協力扶助するのは，婚姻の本質的要請に基づくものであり，当然の義務である。

### 3）貞操義務

　夫婦は互いに貞操を守る義務を負う。民法は，直接この点を規定しないが，婚姻の本質ないし一夫一婦制をとる近代法の下では当然の事理である（大判大正15.7.20刑集5.318）。配偶者に不貞行為があるときは，離婚原因とされている（770条1項1号）のは，この義務を前提とするものといえよう。

### 4）成年の擬制

　未成年者が婚姻したときは，これによって成年に達したものとみなされる（753条）。その結果，婚姻した未成年者は，独立して財産法上の行為を有効になし得る能力を取得し，親権または未成年後見は終了し，他人の後見人になることもできる。未成年者といえども婚姻した以上，相当程度に成熟したものとみられ，親権者や後見人の干渉を受けるのは相当でなく，独立した社会の構成単位として取り扱い，夫婦共同生活を両人の協力によって維持することを可能にするのが至当だからである。したがって，いったん婚姻し，成年に達したものとみなされると，その後実際の成年前に婚姻が解消しても，制限行為能力者に逆戻りすることはないというのが通説である。

### 5）夫婦間の契約取消権

　夫婦間で契約をしたときは，その契約は，婚姻継続中であれば，夫婦の一方からいつでもこれを取り消すことができる（754条本文）。契約といっても，現実には贈与が多いであろうが，その場合でも書面によらない一般贈与の取消権（550条）と異なり，履行完了の前後を問わず取り消し得る。

### 6）夫婦財産制

　夫婦財産制とは，夫婦間の財産上の権利義務に関する規定を総称したものである。民法は，夫婦平等の原則に基づき，別産制を採用している（762条1項）。

　夫婦財産制は，婚姻する男女が，合意によって自由にその内容を定める夫婦財産契約（契約財産制）と，そのような契約が結ばれなかった場合，またはその契約が不完全であった場合，いわば補充的な性格をもつ法定財産制の2つに分かれる（755条）。

### 7）日常家事債務の連帯責任

　夫婦の一方が，日常の家事に関して第三者と法律行為をし，それによって債務を負担したときは，他の一方も連帯してその責めに任じなければならない（761条本文）。すなわち，日常家事は婚姻共同体の維持に不可欠の共同事務であり，それゆえ，日常家事債務の負担を夫婦の連帯責任とすることで，家事処理の便宜を図るとともに，取引相手方の信頼を保護しようという趣旨である。

## （5）婚姻の解消

　婚姻は本来，男女の終生の共同生活を目的とした結合である。しかしながら，このような関係も事実上破綻することがあり，この破綻の事実をどのように法律上評価し，取り扱っていくかは，各国の習俗あるいは宗教といったものによって異なってくる。

　特にわが国においては，夫婦の別居期間が長期にわたっている，あるいは未成熟の子がいないといった一定の要件の下（最判昭和62.9.2民集41.6.1423では別居期間が36年，最判昭和62.11.24判時1256.28では30年，最判昭和63.2.12では22年，最判昭和63.4.7では16年である）に，その破綻の原因をつくった者（有責配偶者）からの離婚の請求を認める傾向にある。しかし，下級審の判決（東京高判昭和63.8.23判時1288.86）では，11年間の別居期間では有責配偶者からの離婚請求を棄却している。離婚請求が正義，公平の観念，社会的倫理観に照らしても，信義誠実の原則に反しないものとして容認できるものであることが求められる（東京高判昭和62.9.24，東京高判昭和62.1.8判時1269.79以下）。

## （6）離　　婚

　離婚とは，有効に成立した婚姻を，夫婦がその生存中に当事者の意思に基づいて解消することである。夫婦関係を人為的に消滅させる点で，夫婦の一方の死亡による婚姻の自然的解消とは異なる。

　離婚には，夫婦がその協議で離婚することができる協議離婚（763条），家庭

裁判所の調停によって成立する調停離婚（家事審判法17条，18条），調停離婚が成立しない場合に家庭裁判所が一切の事情を考慮して，職権で当事者双方の申立ての趣旨に反しない程度で審判をなし得る審判離婚（家事審判法24条），協議離婚・調停離婚が成立せず，審判離婚がなされないときに，夫婦の一方の一定の原因に基づく離婚の請求に対し，裁判所が判決によって婚姻を解消せしめる裁判離婚（770条）がある。いずれも当事者の意思に基づく婚姻の解消である。

　離婚により，婚姻の効力は将来に向かって解消し，離婚成立と同時に婚姻関係は終了する（728条1項）。

## （7）財 産 分 与

　離婚をした者の一方は，相手方に対して，財産の分与を請求することができる（768条1項）。財産分与とは，夫婦が婚姻中に有していた実質上共同の財産を分配し，かつ，離婚後における一方の当事者の生計を図ることを目的とする制度である（最判昭和46.7.23民集25.805）。

　現行法が新設した制度であって，主として離婚婦の保護という点で重要な意義をもっている。財産分与と離婚慰謝料の関係において，財産分与の請求権の要素に，離婚によって生じた精神的損害に対する慰謝料を含むかどうかについては争いがある。

　これについて最高裁判所は，財産分与請求権と慰謝料請求権とはその本質を異にすることを認めながらも，一方に他方を含ませ，または双方を前後して請求することを認めている（最判昭和31.2.21民集10.124，最判昭和46.7.23前掲）。

## 3　親子・親権・後見

## （1）親　　　子

　前述の親族関係の中心となる関係であり，これには実親子関係（自然の親子関係）と養親子関係（法の擬制した親子関係，792条以下）がある。実親子関係では，さらに実子が「嫡出である子（嫡出子）」と「嫡出でない子（非嫡出子）」とがある（図4-27）。前者は，婚姻関係がある状態から生まれたものであり，嫡出の推定を受ける子とそうでない子とがある（772条。この場合に父は嫡出を否認することもでき，そのための訴えについても規定する，774条，775条）。後者

は，婚姻関係にない状態から生まれたものであり，父に認知された子と認知されない子とがいる（779条）。

　認知の効力は出生のときに遡り（784条），認知された子は，父母の婚姻によって，嫡出子としての身分を取得する（準正，789条1項）。法律は，法の擬制した親子関係である養親子について，その縁組の要件・無効・取消し・効力・離縁について規定する（養親と養子，792～817条）。また，1987（昭和62）年の改正によって，養子縁組成立の日から実親との親族関係を消滅させ，養親との間に実親子と同様の親子関係をつくり，専ら子の利益を図るための「特別養子制度」が創設されている（817条の2～11）。

## （2）養子・特別養子

　養子制度は，自然血縁による親子関係のない者の間に，法的に親子関係を擬制する制度である。血のつながりではなく意思によって親子関係が発生する点に特徴がある。今日の養子制度は，子の利益保護から家庭的に恵まれない子の福祉を図り，他児養育に法的安定性を与えるという理念に支えられている。

### 1）普通養子縁組の成立

　縁組が成立するためには，当事者間に縁組をする意思の合致があること（802

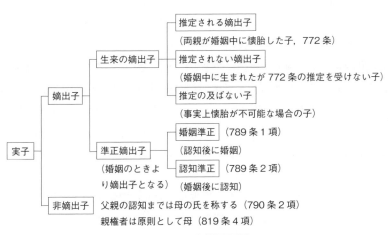

**図4-27　実親子関係**

条1号）のほか，792〜817条の実質的要件と形式的要件を満たす必要がある。

　実質的要件としては，養親となる者が成年者であること（792条），養子となる者が養親となる者の尊属または年長者でないこと（793条），後見人が被後見人を養子とするには家庭裁判所の許可を得なければならないこと（794条，家事審判法9条1項甲類7号），配偶者のある者の縁組であること（795条本文），養子となる者が15歳末満であるときはその法定代理人が本人に代わって縁組を承諾すること（代諾縁組，797条1項）などが挙げられる。これらの実質的要件に加えて，縁組の形式的要件である，戸籍法の定めるところに従い戸籍事務管掌者に届け出ることによって成立する（799条，739条1項）。

### 2）普通養子縁組の効果

　普通養子縁組の基本的効果は，養親の血族との間に法定血族関係が発生し（727条），養子は縁組の日から養親の嫡出子たる身分を取得する（809条）。養子が未成年者であれば実親の親権が消滅し，養親の親権に服することになり（818条2項），その他養親と養子との間には嫡出実親子間におけると同一の法律効果を生ずる。ただし，実親との親子関係は存続し，養子は養親の相続人となると同時に実親の相続人でもある。

### 3）普通養子縁組の解消

　民法は，縁組が解消する原因は離縁だけであるとしている。離縁とは，当事者の双方または一方の意思に基づき，養親子関係を終了させることである。民法の定める離縁には，協議上の離縁と裁判上の離縁の2形態がある。ところが，家事審判法が裁判上の離縁につき調停前置主義をとる関係から，調停により離縁が成立する調停離縁（家事審判法17条）と調停に代わる審判により離縁が認められる審判離縁（同法24条）によって縁組を解消し得るものとしている。そのため現行法上の離縁制度には，協議離縁，調停離縁，審判離縁および裁判離縁の4形態がある。

### 4）離縁の効果

　離縁によって養親と養子との間に発生していた法定嫡出親子関係が消滅し，それに伴う効果として，養子と養親の血族との間の法定血族関係およびそれに基づく姻族関係もすべて消滅する（729条）。

### 5）特別養子

　1987（昭和62）年の民法の一部改正により，特別養子の制度が新設された。特別養子は，専ら子の利益を図るために，一定の年齢に達しない幼児のみを対象として，実親との親族関係を消滅させ，養親との間に実親子と同様の親子関係をつくろうとする制度である。特別養子制度は，育ててくれる親のない子の福祉という理念と，実子として育てたいという養親の心情を満たすという目的がある。

　特別養子制度の特色としては，実親と法的親子関係の断絶および養親との間の心理的親子関係の形成への期待から，以下の点が挙げられる。①特別養子となり得るのは，原則として15歳未満の幼児で，その子の利益のために特に必要がある場合に限られる（817条の5），②家庭裁判所は，養親となる者の申立てに基づき，6カ月間以上の試験的な養育の状況をみて，審判により縁組を成立させることができる（817条の8第1項），③縁組の成立には，原則として実親の同意が必要である（817条の6本文），④縁組の成立により，特別養子は，養親夫婦の嫡出子としての身分を取得し，実親およびその親族との法律上の関係は，婚姻障害を除き，消滅する（817条の9），⑤離縁は原則として許されない（817条の10第2項），⑥戸籍上，一見しただけでは養子であることがわからないような措置がとられている，などである。

## （3）親　　　権

### 1）親 権 制 度

　親権とは，父母の養育者としての地位・職分から流出する権利・義務の総称をいう。人が親子という身分関係を有することによって，相互に扶養の権利・義務を負い（877条），または相互に相続人となり（887条以下），第三者の生命侵害に対する慰謝料請求権をもつ（711条）など，様々な法的効果を生ずる。

　しかし，親子関係から生ずる最も重要な効果は，親が未成熟の子に対して，保育・監護・教育をすべき地位を有することである。これは親の重要な権利であり，また義務でもある。この責任を遂行するために，親は最大の努力をすべきことを意味し，また，このような権利（義務）を与えているのは，未成熟の子に対して，保育・監護・教育をするという目的のためであり（820条），その

趣旨に反するような，いわば親権の濫用があれば，その権利は喪失することになる（834条，児童福祉法および児童虐待防止法参照）。

　このような法的効果という以前に，子への保育・監護・教育は人間としての親の責務であり，国家社会もそれを期待し，依存するところが大である。民法は，これを親権の作用という形でとらえたが，その本質は，「子の監護及び教育をする権利を有し，義務を負う」（820条）ことにほかならない。

　その意味において，親権こそ近代的親子関係の中核を占めるものであるといえよう。親が子を自分の信ずるところに従って養育することについて，みだりに他人の干渉を許さないという意味で，それは権利であるが，同時に子を健全な社会の一員として育成することが，国家社会に対する義務であると考えられる。

　現行法は，子の人格の尊厳と夫婦の本質的平等を基礎とし，子の利益保護を中心とする父母平等の親権制度を確立している。親権は，その本質上，常に子の利益のためにのみ行使されるべきであって，濫用を許さないと同時に，辞退・放棄も原則として認められないこととなっている。

　そして，このような親権のもつ社会的意義から，国家も重大な関心をもち，教育基本法，学校教育法，生活保護法，児童福祉法，母体保護法，少年法などによる直接間接の公的監督ないし保護・助成も行われている。

### 2）親権の当事者

　親権関係の当事者として，まず親権に服する子は未成年の子である。独立生活の可否は要件ではない（818条1項）。ただ，未成年者であっても，婚姻をした場合には成年に達したものとみなされ（753条），その後，婚姻が取消しや離婚，配偶者の死亡等により解消されても，親権に服することはない。

　親権者は，父母の婚姻中は父母が共同して行う（818条3項）。父母の一方が被後見人，親権喪失その他精神病であるか，または法律上あるいは事実上親権の行使ができない場合は，他の一方が，これを行使する（818条3項）。離婚する場合は，その一方が親権者となる（819条1項，ただし協議による。なお家事審判法9条1項乙類7号）。非嫡出子については，認知後協議により父とすることもできるが，母である（819条4項）。養子については，養親がなる（818条2

項）。また家庭裁判所は，親権の変更をすることができる（819条6項）。

### 3）親権の内容

親権の内容として居所指定権がある（821条）。これは民法820条に規定するように，子の監護・教育を行うのに必要な範囲内でこの居所を指定し，そこに居住させることができ，第三者がそれを妨害する場合には，その排除請求が可能である（大判大正1.12.19）。子にとって不利益ではない状態にある場合や，その自由意思によって第三者と同居している場合などは，実力で連れ帰ることや妨害排除請求はできない（最判昭和49.2.26，大判昭和13.3.9参照）。

また，親権を行わない親でも，子との面接権（アクセス権）は自然的な権利であり，「面接が子の監護・教育上相当でない場合を除き，当然認められる」（東京高判昭和42.8.14家月20.3.64参照）。親権者の懲戒権についても規定するが，監護・教育のために必要な範囲内で認められるものである（822条，家事審判法9条1項甲類，同法規則65条，66条）。親権者は子の財産を管理し，その財産に関する法律行為について，その子を代理する（824条，法文は「代表する」）。

ただし法は，親権者が子に代わって，労働契約を締結すること，あるいは賃金を受け取ることを禁じている（労働基準法58条，59条。本人の同意が必要である）。また，売買の当事者が子と親権者であるといった，互いの利益が相反する場合には（利益相反行為），家庭裁判所が子のために特別代理人を選任し，その特別代理人が子を代理し，あるいは同意を与える（826条1項，家事審判法9条1項甲類10号）。

# 第8節 相 続 法

## 1 相続人と法定相続

### （1）相 続 と は

相続とは，人が死亡した場合にその被相続人の財産的権利義務（法律関係）は，一定の親族によって，法律上当然に，承継されることである（882条。ただし失踪宣告を受けた者については相続が開始する，31条）。これが狭義の相続であ

る。

　しかし，この財産的権利義務の承継は「遺言」の制度も相続の問題として含
める場合（960条以下），法律が規定する狭義の相続とは異なった処分が可能と
なる。しかも，民法は遺言による相続人の指定は認めないから，遺産の承継に
関する事項がその主要なものとなる。このように狭義の相続に関する規定とは
異なった財産の処分を行うことができる。

　遺言は，相続人以外の者にも与えることができるが，しかしそれは財産的権
利義務の承継であり，広義の相続である。遺言がない場合には，法律の規定に
基づいて，当事者（被相続人と相続人）の知・不知にかかわらず効力を生じる。
この法律の規定に基づいて生じる相続を法定相続（無遺言相続）と呼ぶ。

### （2）相続人と相続分

　相続人には，被相続人と血縁関係（法定血族を含む）があることによって相
続権が与えられる血族相続人と，被相続人の配偶者であることによって相続権
が与えられる配偶者相続人（配偶相続人）の2系統に分類される（表4-15）。

　血族相続人には，第1順位に子とその代襲相続人（887条），第2順位に直系
尊属（889条1項1号），第3順位に兄弟姉
妹とその代襲相続人（889条1項2号・2項）
となる。このうち，相続開始時に生存する
最優先順位の血族相続人のみが現実に相続
することになるため，第1順位者の子とそ
の代襲相続人がいれば，直系尊属や兄弟姉
妹は，相続人とはなり得ない。被相続人の
配偶者は，常に，以上の相続人との共同相
続人となる（890条）。

**表4-15　相続人と相続分**

| 相続人 | 相続分 |
|---|---|
| 配　偶　者　と　子 | 1/2：1/2 |
| 配偶者と直系尊属 | 2/3：1/3 |
| 配偶者と兄弟姉妹 | 3/4：1/4 |
| 嫡出子と非嫡出子 | 1：1 |
| 全血兄弟と半血兄弟 | 1：1/2 |

　相続分については，子と配偶者とが共同
相続人である場合には，子と配偶者はそれぞれ1/2である（900条1号）。配偶
者と直系尊属が共同相続人である場合には，配偶者が2/3，直系尊属が1/3であ
る（900条2号）。配偶者と兄弟姉妹が共同相続人である場合には配偶者は3/4，
兄弟姉妹は1/4となる（900条3号）。

　また，嫡出でない子の相続分は嫡出である子と同等，父母の一方のみを同じくする兄弟姉妹（半血兄弟）の相続分は，父母の双方を同じくする兄弟姉妹（全血兄弟）の1/2である（900条4号ただし書）。

　なお，胎児は相続についてはすでに生まれたものとみなしている（886条）。

　以上のほかに，民法904条の2に規定する寄与分制度がある。これは相続人の中に，被相続人財産の維持形成などの経済的寄与をした者がいるとき，その者に，被相続人が相続の開始のときにもっていた財産の価額から，共同相続人の協議によって定めた額を，その寄与者の相続分に上乗せするものである。

## 2 相続の承認および放棄

　被相続人の死亡によって一応当然に発生する財産的権利・義務を，相続人が全面的に承認する場合を単純承認（920条，921条），相続人の責任の範囲をその相続の範囲に限定して承認する場合を限定承認（922条，924条），その財産的権利・義務を相続人が全面的に拒否する場合を放棄（938条，939条）という。これらのいずれかの選択のための考慮期間として，相続人が自己のために相続の開始があったことを知ったときから3カ月間与えられ，その期間内にいずれかの選択を行う（915条1項）。

## 3 遺 産 分 割

### （1）遺産分割とは

　相続の開始によって共同相続人の共同所有となった相続財産は，遺産分割手続きを通して個別具体的に各相続人に帰属することになる。相続開始後の遺産の共有は，遺産分割が行われるまでの過渡的・暫定的な措置であるにすぎない。

　すなわち，相続財産は，共同相続人の相続分と実情に応じて適正妥当に配分され，各個人の単独所有または通常の共有に移行するのであるが，これを総合的に分配する手続きが遺産の分割である。このように遺産分割をすることによって，遺産を構成する個々の財産が，相続人中のだれに確定的に承継帰属するか，はじめて具体化することになる。

## （2）遺産分割の方法

　相続財産の共同所有関係が，上記のような性格をもつので，共同相続人は，その関係を終了させるため，相続開始後いつでも自由に他の相続人に対して，遺産の分割を求めることができる（分割自由の原則，907条1項）。ただし，相続人の中に，心身に障害をもつ者，生活困窮者等がいる場合には，それぞれの実情に応じた各相続人にふさわしい財産の配分がされるように分割することが必要となる（906条）。

　遺産分割にはさまざまな方法がある。まず，遺言による分割方法の指定があればそれに従って分割しなければならない（指定分割）。次に，遺言による指定がない場合には，共同相続人間の協議によって分割することになる（協議分割）。さらに，協議が調わないか，協議することができない場合には，相続人の申立てによって家庭裁判所による分割が行われる（審判分割）。もっとも，家庭裁判所は，分割の審判に先立って調停による分割を試みる（家事審判法17条以下，調停分割）。

## （3）遺産分割の効果

　遺産分割の効果は，相続開始時に遡及し，分割によって取得した個々の権利は，相続開始のときからその相続人に帰属していたことになる（909条本文）。すなわち，各相続人が分割によって取得した財産は，相続開始のときから，直接被相続人から承継したものとして取り扱われるのである。これを遺産分割の遡及効果という。通常の共有物や組合財産の分割にあっては，分割のときから将来に向かってその効力を生じ，いわゆる移転的（創設的）効果を生ずるとされているのと構造を異にし，遺産分割においては前述のとおり，その効力が相続開始時に遡及し，いわゆる宣言的（認定的）効果を生ずるのである。

　その結果，たとえば，共同相続人の一人が相続開始後分割前に遺産に属する特定不動産上の自己の持分を第三者に譲渡した場合，遺産分割の宣言的効果により，上記相続人が当初から前記不動産につき何らの権利をもっていなかったことになると，第三者は不測の損害を受け，取引の安全を害することになる。

　そこで，このような第三者を保護するため，民法は，「第三者の権利を害することはできない」（909条ただし書）と定め，宣言的効果を例外的に制限し，

取引の安全保護を図るものとした。

# 4 遺 言

遺言は，人の最後の意思に何らかの効力を認める制度であり，遺言能力は満15歳以上に認められている（961条）。しかし，この最終の意思のすべての項目について，法律上の効果を与えるのではない。この最終の意思の中には，法律上の効果を与えるのにふさわしくないものや，あるいはまた，なじまないものが考えられるからである。法律は，遺言について，法律上の効果を付与する事項を定めている（遺言事項）。

## （1）遺言の要式性と受遺者

遺言に法律上の効果を認めるためには，つまり遺言者が包括または特定の名義で，財産の一部あるいは全部を処分するためには（包括遺贈・特定遺贈，964条），法律の定める一定の方式に従って行われることが必要である（遺言の要式性，960条）。

さらに遺言を受ける側，すなわち受遺者となれる資格（受遺能力）についても規定されている。胎児は，相続についてはすでに生まれたものとして扱われるから，受遺能力を有する（965条，886条）。しかし，相続欠格能力を有するものは，受遺者にもなれない（965条，891条）。

遺言の種類は，大別して，普通方式（967条）と特別方式（976条）がある。前者には，自筆証書遺言（968条），公正証書遺言（969条），秘密証書遺言（970条）があり，遺言者の選択によって行われ，公正証書遺言を除いて，検認が必要である。後者は，特別の事情を考慮したものであり，これには危急時遺言（死亡危急者の遺言（976条）と船舶遭難者の遺言（979条）を含む）と，隔絶地遺言（伝染病隔離者の遺言（977条）と在船者の遺言（978条）を含む）がある。

遺言は，あくまでも本人の意思の反映であることが要件であり，その観点から，遺言の内容の解釈が必要な場合も出てくる。また，1999（平成11）年の改正は，聴覚，言語機能障害者の公正証書遺言に関するものである。公正証書遺言については，「口授」，「口述」および「読み聞かせ」が必須の要件とされており（969条），また秘密証書遺言の場合における発言不能者のための例外規定

（申述ではなく自書でよい）も設けられていなかった（旧972条）。そのため，聴覚・言語機能に障害をもつ者は公正証書遺言をすることができないとされていた。

　しかし，公正証書遺言は，公証人の関与により遺言の内容の適法性が担保されることに加えて，遺言証書の滅失や改ざんのおそれもないことから，聴覚・言語機能に障害をもつ者にも利用できるように要件を改める必要があることが従来から指摘されていた。

　1999（平成11）年の改正により，聴覚・言語機能障害者にも手話通訳または筆談によって公正証書遺言をする途が開かれた（969条の2）。

### （2）遺言の効力と執行

　以上のような遺言内容がその効力をもつのは，遺言者が死亡したときからである（985条）。その内容の実現のために，遺言を執行する者が必要な場合には，遺言執行者が，遺言者の指定または家庭裁判所の選任によって，定められる（1006条，1010条）。

　遺言の法的性質は，相手方のない単独行為であり，遺言の性質上その代理を認めず，また，遺言者によって任意に撤回できる（1022条）。また，先の遺言と後の遺言が抵触するときは，後の遺言が先の遺言を取り消したものとされ，遺言と遺言の後の生前処分その他の法律行為と抵触する場合も同様であり，遺言書の故意による破棄もその破棄した部分について取り消したものとされる（1023条，1024条）。

## 5 遺　留　分

### （1）遺留分とは

　遺留分は，相続人となることのできる者のうち一定の範囲の者に留保された，相続財産の一定の割合であり，兄弟姉妹以外の相続人（遺留分権利者）について認めている。遺留分については，被相続人は生前あるいは死因処分ができない。

　この遺留分制度の根拠は，争いはあるが，夫婦の共同による経済的活動による財産の蓄積と子に対する扶養の義務の延長に求められている。この制度に

よって被相続人が，その相続財産のすべてを処分できないことになる。

## （2）遺留分の算定

　遺留分の割合は，直系尊属のみが相続人である場合には被相続財産の1/3，その他の場合には1/2であり（1028条），この計算の結果得られる数に，各法定相続人の相続分を乗じたものが，各人の遺留分である。

　具体例としては，配偶者と子ども2人（長男・次男）で相続財産が4,000万円，相続開始1年前までの贈与が1,000万円，債務が1,000万円の場合，配偶者と子どもの具体的な遺留分額は，次のとおりである。

- ・遺留分算定の基礎となる財産：4,000万円＋1,000万円－1,000万円＝4,000万円
- ・配偶者と子ども2人合計の遺留分：4,000万円×1/2（遺留分割合）＝2,000万円
- ・配偶者の遺留分：2,000万円×1/2（法定相続分）＝1,000万円
- ・子どもの遺留分：2,000万円×1/2（法定相続分）×1/2（2人分）＝500万円

　したがって，この場合，配偶者と子どもが，遺言でもらえる金額がそれぞれ1,000万円，500万円を下回る場合は，遺留分が侵害されているため，遺留分侵害額請求権が行使できる。

　自己の遺留分が侵害されている場合，侵害をしている者に対して遺留分侵害額請求権を行使して，侵害されている分を取り返すことができる。たとえば，長男にすべての財産を譲るという内容の遺言がある場合，配偶者と次男は，長男に対して遺留分侵害額請求権を行使して，それぞれ1,000万円と500万円を取り返えすことができる。行使の方法は，遺留分を侵害している者に対して任意の交渉を持ちかけ，話し合いで解決することも可能である。しかし，任意での話し合いができない場合には，家庭裁判所での調停で問題解決を目指すことになる。調停でも決着がつかない場合，訴訟に移行することになる。

# 第5章 社会福祉の法と関連領域

## 第1節 福祉サービス法

### 1 社会福祉法制の展開

　社会福祉の制度や政策は，日本国憲法，国会で定める法律，内閣が定める政令，所管大臣が定める省令，地方自治体が定める条例など数多くの法令によって体系が形成されている。たとえば生活保護法では，日本国憲法，生活保護法（法律），生活保護法施行令（政令），生活保護法施行規則（厚生省令），生活保護法による保護の基準などが連なって，実際の運用がなされている。

　第二次世界大戦後，社会福祉の法と制度はどのように形成されてきたのか。ここでは，はじめに戦後の社会福祉関連法の施行と社会福祉制度の形成過程を概観しておこう。戦後の社会福祉の形成は，大きく4つの時期に分けてみることができる。第1期は1945〜1959（昭和20〜34）年の福祉三法体制の形成，第2期は1960〜1973（昭和35〜48）年の福祉六法体制の形成，第3期は1974〜1988（昭和49〜53）年の高度成長後の見直し期，第4期は1989（昭和59）年から今日までの改革期と分けられる。さらに第4期は2000年の前後で前期と後期に分けられる（表5-1）。

### （1）福祉三法の成立

　終戦から1950（昭和25）年初頭までは，生存権保障を担う制度として，社会福祉制度の基礎ができる時期であった。占領政策下のGHQは，国家責任，公私分離，無差別平等の原則を強調し，憲法25条1項に生存権保障，2項に「社会福祉」の向上増進に努めるべき国の責務が規定された。それらに基づいて，戦後の社会福祉法制が本格的に形成されていった。

　戦後，緊急の対策として求められたのは，引揚者・孤児・失業者などを含む

表5-1 社会福祉関連法の変遷

| 法　　律 | 主な福祉政策 |
|---|---|
| 第1期：福祉三法体制確立期（1945～1959年）<br>1946年　旧生活保護法<br>1947年　児童福祉法<br>1949年　身体障害者福祉法<br>1950年　生活保護法<br>1951年　社会福祉事業法（2000年，社会福祉法に改正）<br>1955年　売春防止法<br>1958年　新国民健康法<br>1959年　国民年金法 | 1950年　社会保障審議会「社会保障制度に関する勧告」 |
| 第2期：福祉六法体制確立期（1960～1973年）<br>1960年　精神薄弱者福祉法（1998年，知的障害者福祉法に改正）<br>1961年　児童扶養手当法<br>1963年　老人福祉法<br>1964年　母子福祉法（1981年，母子及び寡婦福祉法，2003年，母子及び父子並びに寡婦福祉法に改正）<br>1970年　心身障害者対策基本法（1993年，障害者基本法に改正）<br>1971年　児童手当法 | 1961年　国民皆年金，国民皆保険<br><br>1973年　「福祉元年」，老人医療費無料化，健康保険法改正 |
| 第3期：見直し期（1974～1988年）<br>1982年　老人保健法<br>1984年　社会福祉・医療事業団<br>1986年　地方公共団体の執行機関が国の機関として行う事務の整理及び合理化に関する法律<br>1987年　社会福祉士及び介護福祉士法 | 1981年　第2次臨時行政調査会の設置<br>1982年　国際障害者年「参加と平等」<br>1985年　基礎年金の導入 |
| 第4期：改革期（1989年～）<br>1990年　老人福祉法等の一部を改正する法律（福祉関係八法改正）<br>1993年　障害者基本法（心身障害者対策基本法より改正）<br>1995年　高齢社会対策基本法<br>　　　　精神保健及び精神障害者福祉に関する法律〈精神保健福祉法〉（精神保健法の改正）<br>1997年　介護保険法（2000年4月施行） | 1989年　ゴールドプラン策定<br>1994年　エンゼルプラン策定<br>1995年　障害者プラン策定<br>　　　　社会保障審議会「社会保障の再構築に関する勧告」<br>1999年　新エンゼルプラン策定<br>　　　　ゴールドプラン21策定 |

| | | | |
|---|---|---|---|
| 2000年 | 社会福祉の増進のための社会福祉事業法等の一部を改正する法律<br>児童虐待の防止等に関する法律〈児童虐待防止法〉 | | |
| 2001年 | 配偶者からの暴力の防止及び被害者の保護に関する法律〈DV 防止法〉（2014年，配偶者からの暴力の防止及び被害者の保護等に関する法律に改称） | | |
| 2002年 | ホームレスの自立の支援等に関する特別措置法〈ホームレス自立支援法〉 | | |
| 2003年 | 少子化対策基本法 | | |
| 2004年 | 発達障害者支援法（2005年 4 月施行） | | |
| 2005年 | 障害者自立支援法（2006年 4 月一部施行，10月全面施行）<br>高齢者虐待の防止，高齢者の養護者に対する支援などに関する法律〈高齢者虐待防止法〉（2006年 4 月施行） | | |
| 2008年 | 高齢者の医療の確保に関する法律（老人保健法より改称） | 2010年 | 障害者自立支援法違憲訴訟基本的合意 |
| 2011年 | 障害者虐待の防止，障害者の養護者に対する支援などに関する法律〈障害者虐待防止法〉（2012年10月施行） | | |
| 2012年 | 社会保障制度改革推進法<br>障害者の日常生活及び社会生活を総合的に支援するための法律〈障害者総合支援法〉（2013年 4 月施行）<br>国等による障害者就労施設等からの物品の調達等に関する法律〈障害者優先調達推進法〉 | | |
| 2013年 | 子どもの貧困対策の推進に関する法律〈子どもの貧困対策法〉（2014年 1 月施行）<br>生活困窮者自立支援法（2015年 4 月施行）<br>障害を理由とする差別の解消の推進に関する法律〈障害者差別解消法〉（2016年 4 月施行）<br>障害者雇用促進法改正 | 2013年<br>2014年<br><br>2015年 | オレンジプラン策定<br>国連「障害者権利条約」批准<br><br>新オレンジプラン策定 |

生活困窮者の最低生活を保障することであった。1946（昭和21）年4月に「生活困窮者緊急生活援護要綱」（閣議決定）が施行され，生活困窮者の援助が応急的に開始された。この後，占領軍の覚書「救済ならびに福祉計画に関する件」を踏まえ，「（旧）生活保護法」が制定された。また，戦争による親の死亡などから，孤児あるいは浮浪児となる児童の対策として，1947（昭和22）年に児童福祉法が制定された。さらに，戦争で負傷した傷痍軍人の対策に緊急を要していたことから，1949（昭和24）年に身体障害者福祉法が制定された。1950（昭和25）年には，旧生活保護法の問題点を大幅に改定し，憲法25条の理念に基づいた新生活保護法が旧法にとって代わった。以上の生活保護法，児童福祉法，身体障害者福祉法をもって福祉三法と呼ばれている。

　1951（昭和26）年には，社会福祉事業の全分野における共通的事項を定めた社会福祉事業法（2000（平成12）年に社会福祉法に名称変更）が制定された。この法は，公的責任および公私分離を立法化したものであり，具体的な方法として措置制度が制度化された。したがって，公私分離の原則に基づけば，民間事業者は社会福祉事業を担えないことになった。しかし当時，民間事業者を度外視して社会福祉事業を拡充することは不可能であったため，公の担い手としての社会福祉法人を制度化した。そこで民間事業者を社会福祉法人化することにより，措置委託することを認める方式を通じて公的責任を維持しようとした。

## （2）福祉六法体制の形成

　1960年代に入ると，対象者別の新しい福祉立法が相次ぎ，質的な変化の兆しがみられるようになる。1960（昭和35）年に精神薄弱者福祉法（1998（平成10）年に知的障害者福祉法に名称変更）が成立した。それまで18歳未満の障害のある児童は児童福祉法の範疇であったために，この法律は成人のための福祉法として制定された。次いで，1963（昭和38）年に老人福祉法が成立した。この法の成立により，特別養護老人ホームの利用資格の緩和などがなされ，従来救貧対策の枠に組み込まれていた老人福祉対策が一般施策として独立した。さらに，1964（昭和39）年には総合的な母子施策を目指す母子福祉法が成立した（1981（昭和56）年に母子及び寡婦福祉法，2003（平成15）年に母子及び父子並びに寡婦福祉法と名称変更）。1960年代に制定されたこの3つの法と，すでに制定されてい

た福祉三法（生活保護法，児童福祉法，身体障害者福祉法）を合わせて福祉六法と呼び，戦後の福祉的枠組みが福祉六法体制を基に確立した。

　当時の日本の経済は飛躍的に成長を遂げ，1950年代半ばから1970年代初頭まで高度成長を続けた。高度成長は国民の生活を向上させたが，同時に，高度成長による社会生活の変化に伴う家族の扶養機能の低下など，それまでにない問題もあらわれ始めた。また，老人や障害者，母子世帯の生活は，高度成長による所得上昇の影響を受けず，一般世帯との経済格差が広がっていった。さらに，都市化に伴う核家族の進行，低い年金水準と過重な医療費負担などに悩む一般在宅老人の問題が国民的関心を集めた。こうした状況に対応し，1971（昭和46）年に児童手当法，1973（昭和48）年には医療保険の家族給付率の引き上げ，老人医療費支給制度（老人医療費無料化制度）や高額療養費給付制度の新設など，供給体制の拡充と受給層の拡大による福祉政策を目指すようになった。このような福祉の拡充政策を始めようとしたことから，1973年は「福祉元年」と名づけられた。しかし，その翌年のオイルショックを契機とした低成長期の到来により，福祉政策は軌道修正されることとなった。

## （3）見直し期

　1980年代になると，行財政改革や規制緩和など「小さな政府」と呼ばれるイデオロギーも加わって，社会福祉の制度の見直し・再編が相次いで実行されていった。国の歳出抑制に関連して，1982（昭和57）年に「老人保健法」が制定されたことにより，老人医療費無料化制度が廃止されることになった。

　その後，1981（昭和56）年の第二次臨時行政調査会の行財政改革の答申を受け，1986（昭和61）年以降，社会福祉に関する国庫負担割合が段階的に引き下げられ，従来の8割から最終的に5割（生活保護は7.5割）となった。一連の国庫負担の引き下げに合わせて，地方の権限を増大し分権を推進する一連の法律が成立した。これとあわせて，施設入所措置に関する事務が機関委任事務から団体委任事務に改められた（1987（昭和62）年）。

## （4）改　革　期

　次にくる社会福祉法制における課題は，少子高齢化の政策的対応であった。1989（平成元）年に「高齢者の保健福祉推進10か年戦略（ゴールドプラン）」が

策定された。このゴールドプランと「地域における民間活動の推進について（中間報告）」（中央社会福祉審議会・地域福祉専門部会）を受けて，1990（平成2）年に福祉八法改正（老人福祉法，身体障害者福祉法，精神薄弱者福祉法，児童福祉法，母子及び寡婦福祉法，社会福祉事業法，老人保健法，社会福祉・医療事業団法の8つの法律を改正）が行われた。この法改正の主な内容は，①在宅福祉サービスの法定化とその積極的推進，②市町村を社会福祉の総合的な実施主体としての権限の強化，③老人保健福祉計画の策定，などであった。児童の分野では，1994（平成6）年に，文部・厚生・労働・建設4大臣の合意により「今後の子育ての支援のための施策の基本的方針について（エンゼルプラン）」が策定された。

　また，戦後すぐにつくられた措置制度は徐々に制度疲労を起こし始め，その解決のために，1998（平成10）年に旧厚生省により社会福祉基礎構造改革が提起された。この改革は，戦後の社会福祉法制度の抜本的な改革を意図しており，その理念は，自己決定の実現，福祉サービスを自ら選択できる利用者本位の仕組みの確立，公私の適切な役割分担，および，民間活力の利用であった。改革の中心的な柱は，サービス利用の法的仕組みを，地方公共団体の措置決定から，利用者の選択による事業者との直接契約する方式に代えることであった。

　社会福祉基礎構造改革の先駆けとして，1997（平成9）年に児童福祉法が改正され，保育所利用の選択利用方式の導入が行われた。同年，介護保険法も成立し，社会保険方式によるサービス給付が行われるようになった。2000（平成12）年の「社会福祉の増進のための社会福祉事業法等の一部を改正する等の法律」によって，社会福祉事業法が改正され，社会福祉法と名称変更した。同時にその他の社会福祉の各法が改正されたが，その最大の改正点は，身体障害者福祉法・知的障害者福祉法の施設入所・居宅サービス等において，これまでのサービスを給付する方式にとって代わり，その利用に要した費用を支給する方式（支援費支給方式）が導入されたことであった。これら一連の流れは，行政主導の制度から利用者主体の制度へと転換するものであった。さらに2005（平成17）年には，身体障害，知的障害，精神障害を総合的に支援する障害者自立

支援法が成立した。この法では，支援費支給方式に代わって自立支援給付など
の新しい仕組みが導入された（2012（平成24）年に障害者自立支援法にとって代
わる形で，障害者総合支援法が成立）。

　2010年代に入り子育て支援の分野においても，子ども・子育て支援法が2012
（平成24）年に成立し，2015（平成27）年より施行されている。これにより，認
定こども園・保育所・幼稚園の3施設を通じた共通の給付方法になった。

　2000年以降は，こうした社会福祉の構造改革への追求や，障害者分野でみら
れるような分野横断的な福祉政策が展開されるようになった。一方で，複合的
な課題を含んだ新たな福祉的課題があらわれ始め，これらの課題に対応する必
要性が高まってきた。たとえば，家庭内で起こる暴力については，対象者別
に，「児童虐待の防止等に関する法律」（2000（平成12）年），「配偶者からの暴
力の防止及び被害者の保護に関する法律」（2001（平成13）年），「高齢者虐待の
防止，高齢者の養護者に対する支援などに関する法律」（2005（平成17）年制定，
2006（平成18）年施行），「障害者虐待の防止，障害者の養護者に対する支援な
どに関する法律」（2011（平成23）年制定，2012（平成24）年施行）が立て続けに
制定された。また，2000年以降は，生活保護の受給者が増加し，都市部を中心
に路上生活を余儀なくされる人々が確認されるなど，貧困や格差の広がりが顕
著となり，「ホームレス自立支援法」（2002（平成14）年），「生活困窮者自立支
援法」（2013（平成25）年），「子どもの貧困対策法」（2013（平成25）年）が制定
された。

## （5）法の細分化と包括化

　戦後以降に成立した社会福祉とその周辺の法律を辿ってみてきたが，それら
の法律を，福祉六法に基づいた対象者別と，関連する諸課題・政策分野をクロ
スさせて一覧にしたものが表5-2である。特徴的なことは，戦後から70年代
までの社会福祉の実施体制は，所得保障である公的扶助を中心とした福祉六法
によって形づくられ，さらに，対象者別の各政策分野において，各々の固有の
理念や目的・制度を定めていったことである。しかし，時代が進むにつれ，周
辺的課題や福祉的課題も単純ではなくなり，複合的要因の絡み合いによる問題
が形成され，他分野，他施策，多くの社会資源・ネットワークを用いた対応が

実践されるようになってきている。また，新たな個別的課題や問題事象の解決や支援に向けた法律が制定されてきている。

　それらの課題に応じて，関連する法は，当然つながりながら運用されなければならないが，これまで対象者別で分けられていた問題をどう扱うかが，福祉サービスや制度の枠組み，その法の対象の定義付けも含めて，明確な区別がしにくくなってきている。あるいは，相互の法律に，同義であったり，共通する部分もみられるようになってきた。その中で大きな流れでみれば，対象者別につくられた法律は一部，障害分野，保育・子育て支援にみられるように包括的な法体系へと改められる動きが出てきた。

## 2 社会福祉各分野の法律

　上記のように，一部障害分野にみられるような包括的な施策への動きはあるものの，全体として現行の法体系は依然として戦後に形づくられた対象者別で括られている。そのため，ここでも分野・対象別にそれぞれの法律について概観していくことにする。

### （1）社会福祉法

　社会福祉法は，社会福祉を目的とする事業の全分野における共通的基本事項を定めた，いわば総論的法律である。この法律は，2000（平成12）年に制定された「社会福祉の増進のための社会福祉事業法等の一部を改正する法律」によって，それまでの社会福祉事業法から名称を改めた。また，2016（平成28）年に福祉サービスの供給体制の整備および充実を図るために「社会福祉法人制度の改革」と「福祉人材の確保の促進」に重点を置いた改正が，2017（平成29）年に「地域力強化」に重点を置いた改正がなされた。

　① 目的と基本理念

　本法の目的は，「社会福祉を目的とする事業の全分野における共通的基本事項を定め，社会福祉を目的とする他の法律と相まって，福祉サービスの利用者の利益の保護及び地域における社会福祉の推進を図るとともに，社会福祉事業の公明かつ適正な実施の確保及び社会福祉を目的とする事業の健全な発達を図り，もって社会福祉の増進に資する」（1条）ことである。本法では，①社会

## 表 5 - 2　主な社会福祉関連法

| | 全　般 | 貧困・低所得者福祉 | 児童・家庭・女性 |
|---|---|---|---|
| 基本法 | ・社会福祉法（1951） | | ・少子化社会対策基本法（2003）<br>・次世代育成支援対策推進法（2003）<br>・子ども・若者育成支援推進法（2009） |
| 社会保障 | ・社会保障制度改革推進法（2012）<br>・持続可能な社会保障制度の確立を図るための改革の推進に関する法律（2013） | | |
| 所得 | ・国民年金法（1959）<br>・厚生年金法（1954） | ・生活保護法(1950) | ・児童手当法（1971）<br>・児童扶養手当法（1961）<br>・特別児童扶養手当等の支給に関する法律（1964） |
| 医療介護 | ・健康保険法（1922）<br>・国民健康保険法（1958） | | |
| 保健 | ・地域保健法（1947）<br>・母子保健法（1965） | | |
| 福祉・介護サービス法 | | ・行旅病人及行旅死亡人取扱法(1899)<br>・ホームレスの自立の支援などに関する特別措置法（2002）<br>・生活困窮者自立支援法（2013） | ・児童福祉法（1947）<br>・母子及び父子並びに寡婦福祉法（1964）<br>・児童買春，児童ポルノに係る行為等の規制及び処罰並びに児童の保護等に関する法律（1999）<br>・子ども・子育て支援法（2012）<br>・子どもの貧困対策の推進に関する法律(2013)<br>・就学前の子どもに関する教育，保育等の総合的な提供の推進に関する法律（2006） |
| 雇用 | ・労働者災害補償保険法（1947）<br>・雇用保険法（1974） | ・職業訓練の実施等による特定求職者の就職の支援に関する法律（2011） | ・母子家庭の母及び父子家庭の父の就業の支援に関する特別措置法（2012） |
| 暴力虐待自殺いじめ | ・自殺対策基本法（2006） | | ・売春防止法（1956）<br>・児童虐待の防止等に関する法律（2000）<br>・配偶者からの暴力の防止及び被害者の保護等に関する法律（2001）<br>・いじめ防止対策推進法（2013） |
| 生活環境 | | ・住宅確保要配慮者に対する賃貸住宅の供給の促進に関する法律（2007） | |
| 資格組織 | ・民生委員法（1948）<br>・社会福祉士及び介護福祉士法（1987）<br>・精神保健福祉士法（1997） | | |

| 高齢者 | 障害者 |
|---|---|
| ・高齢者社会対策基本法（1995） | ・障害者基本法（1970）<br>・障害を理由とする差別の解消の推進に関する法律（2013） |
| | |
| | ・特定障害者に対する特別障害給付の支給に関する法律（2004） |
| ・高齢者の医療の確保に関する法律（1982）<br>・介護保険法（1997） | |
| | ・心神喪失等の状態で重大な他害行為を行なった者の医療及び観察等に関する法律（2003） |
| ・老人福祉法（1963） | ・身体障害者福祉法（1949）<br>・知的障害者福祉法（1960）<br>・精神保健及び精神障害者福祉に関する法律（1950）<br>・障害者総合支援法<br>・発達障害者支援法（2004）<br>・身体障害者の利便の増進に資する通信・放送身体障害者利用円滑化事業の推進に関する法律（1993）<br>・身体障害者補助犬法（2002） |
| ・高齢者等の雇用の安定等に関する法律（1971） | ・障害者の雇用の促進に関する法律（1960） |
| ・高齢者の虐待の防止，高齢者の養護者に対する支援等に関する法律（2005） | ・障害者の虐待防止，障害者の養護者に対する支援等に関する法律（2011） |
| ・高齢者の居住の安定確保に関する法律（2001） | ・高齢者・障害者の移動などの円滑化の促進に関する法律（バリアフリー新法）（2006） |
| ・介護労働者の雇用管理の改善などに関する法律（1992）<br>・介護従事者の人材確保のための介護従事者などの処遇改善に関する法律（2008） | ・国等による障害者就労施設等からの物品等の調達の推進などに関する法律（2012） |

福祉事業の定義，理念，②社会福祉審議会や福祉事務所，社会福祉主事などの行政組織，③社会福祉法人，④福祉サービスの情報提供，苦情解決など，福祉サービスの適切な利用，⑤社会福祉協議会や共同募金，地域福祉の推進などが定められている。

### ②　社会福祉事業の定義

　社会福祉法では，社会福祉事業について，対象者の要援護性，事業の対象者に与える影響の度合いから，第一種社会福祉事業と第二種社会福祉事業に分類している（2条）。

　第一種社会福祉事業は，生活の場となる施設の経営や金銭貸与などの経済上の保護などを行う事業である（表5-3）。これらの事業は，対象者に及ぼす影響が大きく，対象者の心身や人格の尊厳が損なわれたり，不当に対象者の利益を搾取されやすくもある。そのため，この事業は限定的列挙によって規定され，その経営にあたっては，原則として国，地方公共団体，社会福祉法人に限定されている（60条）。

　第二種社会福祉事業は，第一種社会福祉事業以外の社会福祉事業である（表5-3）。第一種社会福祉事業に比べ対象者への影響がそれほど大きく及ばない事業であるが，利用者に対する援助の役割や支援の責任に違いはない。ホームヘルパー派遣事業，デイサービス事業，保育所，身体障害者福祉センターなど日々通う施設，各種の相談事業など，通所・在宅サービスが中心である。なお，第一種のように経営主体の制限は課されていない。

### ③　行 政 組 織

　本法では，現行の行政組織のうち各福祉分野に共通する「地方社会福祉審議会」「福祉事務所」「社会福祉主事」「社会福祉法人」などを規程している。

　・地方社会福祉審議会：社会福祉に関する事項（児童福祉および精神障害者福祉に関する事項を除く）を調査審議するため，都道府県，指定都市，中核市に設置されるものである。審議会はそれぞれの長の監督に属し，その諮問に答え，または関係省庁に具申する働きをもつ（7条）。また，専門分科会として，民生委員審査専門分科会，身体障害者福祉専門分科会を置くことになっている。さらに，必要に応じて老人福祉専門分科会，その他の

## 表5-3　第一種社会福祉事業・第二種社会福祉事業一覧

| 第一種社会福祉事業 | ・生活保護法に規定する救護施設，更生施設を経営する事業<br>・生計困難者を無料または低額な料金で入所させて生活の扶助を行う施設<br>・生計困難者に対して助葬を行う事業<br>・児童福祉法に規定する乳児院，母子生活支援施設，児童養護施設，障害児入所施設，児童心理治療施設，児童自立支援施設を経営する事業<br>・老人福祉法に規定する養護老人ホーム，特別養護老人ホーム，軽費老人ホームを経営する事業<br>・障害者総合支援法に規定する障害者支援施設を経営する事業<br>・売春防止法に規定する婦人保護施設を経営する事業<br>・授産施設を経営する事業<br>・生計困難者に対して無利子または低利で資金を融通する事業<br>・共同募金を行う事業 |
|---|---|
| 第二種社会福祉事業 | ・生計困難者に対して，日常生活必需品・金銭を与える事業<br>・生計困難者生活相談事業<br>・生活困窮者自立支援法に規定する認定生活困窮者就労訓練事業<br>・児童福祉法に規定する障害児通所支援事業，障害児相談支援事業，児童自立生活援助事業，放課後児童健全育成事業，子育て短期支援事業，乳児家庭全戸訪問事業，養育支援訪問事業，地域子育て支援拠点事業，一時預かり事業，小規模住居型児童養育事業，小規模保育事業，病児保育事業，子育て援助活動支援事業<br>・児童福祉法に規定する助産施設，保育所，児童厚生施設，児童家庭支援センター<br>・児童福祉増進相談事業<br>・就学前の子どもに関する教育，保育等の総合的な提供の推進に関する法律に規定する幼保連携型認定こども園を経営する事業<br>・母子及び父子並びに寡婦福祉法に規定する母子家庭日常生活支援事業，父子家庭日常生活支援事業又は寡婦日常生活支援事業及び母子・父子福祉施設を経営する事業<br>・老人福祉法に規定する老人居宅介護等事業，老人デイサービス事業，老人短期入所事業，小規模多機能型居宅介護事業，認知症対策型老人共同生活援助事業，複合型サービス福祉事業<br>・老人福祉法に規定するデイサービスセンター（日帰り介護施設），老人短期入所施設，老人福祉センター，老人介護支援センターを経営する事業<br>・障害者総合支援法に規定する障害福祉サービス事業，一般相談支援事業，特定相談支援事業，移動支援事業，地域活動支援センター，福祉ホームを経営する事業<br>・身体障害者福祉法に規定する身体障害者生活訓練等事業，手話通訳事業，介助犬訓練事業，聴導犬訓練事業，<br>・身体障害者福祉法に規定する身体障害者福祉センター，補装具製作施設，盲導犬訓練施設，視聴覚障害者情報提供施設を経営する事業<br>・身体障害者更生相談事業<br>・知的障害者更生相談事業<br>・生計困難者に無料または低額な料金で簡易住宅を貸し付け，又は宿泊所その他の施設を利用させる事業<br>・生計生活困難者に無料または低額な料金で診療を行う事業<br>・生計困難者に無料または低額な費用で介護保険法に規定する介護老人保健施設を利用させる事業<br>・隣保事業<br>・福祉サービス利用援助事業<br>・各社会福祉事業に関する連絡<br>・各社会福祉事業に関する助成 |

分科会を置くことができる（11条）。

・**福祉事務所**：住民に対して社会福祉全般に関する相談・指導や給付等の業務（現業）を行う第一線の専門機関である。都道府県と特別区を含む市には条例を定めてこれを設置する義務があり、町村の設置は任意である。生活保護法、児童福祉法、母子及び父子並びに寡婦福祉法に定める援護・育成の措置（都道府県、市町村）や、老人福祉法、身体障害者福祉法および知的障害者福祉法に定める援護・育成・更生の措置（市町村）を行う（14条）。所長のほか、指導監督を行う所員、現業を行う所員、事務を行う所員で構成されている（15条）。

・**社会福祉主事**：福祉事務所には、社会福祉主事が必置とされている（18条）。社会福祉主事は、福祉事務所の現業員として任用される者に要求される資格（任用資格）であり、福祉関係の資格としては、もっとも歴史が古い。福祉事務所等で社会福祉六法等にかかわる援護・育成・更生等の措置事務を職務とするために地方公務員から任用される。資格要件は、①大学等で厚生労働大臣の指定する科目を修めて卒業した者、②厚生労働大臣の指定する養成機関または講習会の課程を修了した者、③厚生労働大臣の指定する社会福祉事業従事者試験に合格した者、④以上の要件と同等以上の能力を有する者として厚生労働省令で定めるものである（19条）。①の基準は、「三科目主事」と呼ばれ、大学の科目を3科目（たとえば、指定科目の法学・民法・社会学）履修すれば任用資格を満たすことになるが、それが社会福祉の専門性として妥当なのかという点はしばしば疑問視されている。

・**社会福祉法人**：民間の社会福祉事業の公共性と純粋性を確立するために、民法上の公益法人とは別に、社会福祉事業を行うことを目的として、社会福祉法に基づき設立された法人である（22条）。社会福祉法人は「公の支配」（憲法89条）に属するものであり、すべての部面で厳しい行政監督を受けることになる。助成に関しても、事業または会計に関する報告徴収、予算変更勧告、役員の解職勧告といった特別の監督が伴うことになる（58条）。福祉サービスが行政からの措置委託という方法で行われていた措置

法式が主流の時代では，主たる福祉サービスの担い手でありサービスの供給も限定されていた。しかし今日では，社会福祉法人だけでなく多様な法人・組織が参入し，多元化している状況がある。

## （2）生活保護と生活困窮者支援に関する法

### 1）生活保護法

#### ① 保護の基本原理と基本原則

生活保護法は，所得保障のみならず，医療や介護保障，または就業援助などを機能としてもつ法律である。日本国憲法25条の規定する理念に基づき，「国が生活に困窮するすべての国民に対し，その困窮の程度に応じ，必要な保護を行い，その最低限度の生活を保障するとともに，その自立を助長すること」を目的とする。国民の健康で文化的な最低限度の生活を保障する最後のセーフティネットである生活保護制度を規定している。

この法の基本原理は，1～4条に規定されており，国家責任による最低生活保障の原理（1条），無差別平等の原理（2条），健康で文化的な最低生活保障の原理（3条），保護の補足性の原理（4条）である。また，保護を具体的に実施する場合の基本原則が7～10条に規定されている。保護は本人，その扶養義務者または同居の親族の申請に基づいて開始するものとする「申請保護の原則」（7条），保護の要否および程度は厚生労働大臣の定める保護基準により測定した需要をもとに，本人の金銭または物品で満たすことのできない不足分を扶助するものであることとする「基準及び程度の原則」（8条），保護は要保護者の年齢別，性別，健康状態その他実際の必要の相違を考慮して行うものとする「必要即応の原則」（9条），保護は世帯を単位としてその要否や程度を定めるものとする「世帯単位の原則」（10条）がある。

#### ② 2014（平成26）年度の「改正」

生活保護法は1950（昭和25）年の新法制定以降，大きな改正はされなかったが，2012（平成24）年に閣議決定された「社会保障・税一体改革大綱」において，生活困窮者対策と生活保護制度の見直しが一体的に検討されることになった。これらの生活保護改革に至る背景には，生活保護費の財源の問題と，いわゆる「生活保護バッシング」の問題があった。2013（平成25）年から生活保護

費の引き下げが実施された中で，2013年12月「生活保護法の一部を改正する法律」が成立，2014（平成26）年7月から施行された（同時に「生活困窮者自立支援法」も制定された）。

主な改正点は，①就労による自立の促進（就労自立給付金の創設，55条の4），②健康生活面等に着目した支援（60条），③不正・不適正受給対策の強化（29条。福祉事務所の調査権限の強化，不正受給にかかわる返還金の強化（78条），扶養義務者に対する報告の求め（78条の2），医療扶助の原因が交通事故などの第三者によるものであった場合の損害賠償権請求権を取得できるとした，第三者行為求償権の創設（76条の2）），④医療扶助の適正化（指定医療機関制度の見直し（49条），後発医薬品の使用促進（34条3項））である。

「一体改革」以降は，多くの被保護世帯で保護費が引き下げられ，2014年の「改正」法の内容は，不正受給への厳格な対応や，生活扶助や受給者に対する締めつけにつながりかねないなどの問題が指摘されたままの施行となった。

### 2）生活困窮者自立支援法

2014（平成26）年の生活保護法の改正と併行して，生活保護に至る段階の自立支援策の強化を図るべく，2013（平成25）年5月に生活困窮者自立支援法が制定され，2015（平成27）年4月より施行された。

### ① 目的と対象者

この法律は，「生活困窮者自立相談支援事業の実施，生活困窮者住居確保給付金の支給その他の生活困窮者に対する自立の支援に関する措置を講ずることにより，生活困窮者の自立の促進を図ること」（1条）を目的としている。

生活困窮者自立支援制度は，生活保護に至る前の段階の自立支援策の強化を図るものであり，その基本的な対象者は「現に経済的に困窮し，最低限度の生活を維持することができなくなるおそれのある者」（2条1項）と規定されている。すなわち，生活保護に至っていない生活困窮者に対する「第2のセーフティネット」を全国的に拡充し，包括的な支援体制を創設するためのものである。

### ② 事　　業

生活困窮者自立支援に関する必須事業として，①生活困窮者に対する自立相

談支援事業，②住宅確保給付金の支給がある。

　任意事業として，①就労準備支援事業，②一時生活新事業，③家計相談支援
事業，④学習支援事業があり，これらは自治体の判断により実施される（表
5-4）。

## （3）子ども・児童・家庭福祉・子育て支援

### 1）児童福祉法

　児童福祉法は，次代の社会の担い手である児童の健全育成と福祉の積極的増
進を基本精神とする児童福祉に関する基本的な法律である。児童の健全育成，
福祉の増進を目的とし，児童相談所の設置，各種の児童の入所施設，保育所等
の最低基準などを指定している。

### ①　基本理念

　児童福祉法の基本理念として，「すべて国民は，児童が心身ともに健やかに
生まれ，且つ，育成されるよう努めなければならない」（1条1項）とし，ま
た，「すべて児童は，ひとしくその生活を保障され，愛護されなければならな
い」（1条2項）としている。さらに，児童に対する社会の責任を果たすため
に「国民及び地方公共団体は，児童の保護者とともに，児童を心身ともに健や
かに育成する責任を負う」（2条）ことを定め，保護者を中心に，その児童の
発達する権利における公的責任を明確化している。また，これらの理念および
責任に関する規定は，「児童の福祉を保障するための原理であり，この原理は，
すべて児童に関する法令の施行にあたって，常に尊重されなければならない」
（3条）と，児童福祉の原理の尊重を強調している。

### ②　対象者の定義

　児童福祉法が対象としているのは，児童とその保護者，障害児，妊産婦であ
る。

　児童福祉法における児童とは満18歳未満の者をいう。さらに年齢別に，満1
歳に満たない者を乳児，満1歳から小学校就学前の者を幼児，小学校就学から
満18歳に達するまでの者を少年として分けている。

　障害児とは，身体に障害のある児童，知的障害のある児童，精神に障害のあ
る児童（発達障害者支援法に規定する発達障害児を含む），または治療方法が確立

## 表5-4　生活困窮者自立支援法 (平成25年法105)

<table>
<tr>
<td>目的</td>
<td>　生活保護に至る前の段階の自立支援策の強化を図るため, 生活困窮者に対し, 自立相談支援事業の実施, 住居確保給付金の支給その他の支援を行うための所要の措置を講ずる。</td>
</tr>
<tr>
<td rowspan="4">法律の概要</td>
<td>1．自立相談支援事業の実施及び住居確保給付金の支給 (必須事業)<br>　○　福祉事務所設置自治体は,「自立相談支援事業」(就労その他の自立に関する相談支援, 事業利用のためのプラン作成等) を実施する。<br>　　※自治体直営のほか, 社会福祉協議会や社会福祉法人, NPO等への委託も可能 (他の事業も同様)。<br>　○　福祉事務所設置自治体は, 離職により住宅を失った生活困窮者等に対し家賃相当の「住居確保給付金」(有期) を支給する。</td>
</tr>
<tr>
<td>2．就労準備支援事業, 一時生活支援事業及び家計相談支援事業等の実施 (任意事業)<br>　○　福祉事務所設置自治体は, 以下の事業を行うことができる。<br>　　・就労に必要な訓練を日常生活自立, 社会生活自立段階から有期で実施する「就労準備支援事業」<br>　　・住居のない生活困窮者に対して一定期間宿泊場所や衣食の提供等を行う「一時生活支援事業」<br>　　・家計に関する相談, 家計管理に関する指導, 貸付のあっせん等を行う「家計相談支援事業」<br>　　・生活困窮家庭の子どもへの「学習支援事業」その他生活困窮者の自立の促進に必要な事業</td>
</tr>
<tr>
<td>3．都道府県知事等による就労訓練事業 (いわゆる「中間的就労」) の認定<br>　○　都道府県知事, 政令市長, 中核市長は, 事業者が, 生活困窮者に対し, 就労の機会の提供を行うとともに, 就労に必要な知識及び能力の向上のために必要な訓練等を行う事業を実施する場合, その申請に基づき一定の基準に該当する事業であることを認定する。</td>
</tr>
<tr>
<td>4．費用<br>　○　自立相談支援事業, 住居確保給付金：国庫負担3/4<br>　○　就労準備支援事業, 一時生活支援事業：国庫補助2/3<br>　○　家計相談支援事業, 学習支援事業その他生活困難者の自立の促進に必要な事業：国庫補助1/2</td>
</tr>
</table>

出典) 厚生労働省資料を一部改変

していない疾病その他の特殊の疾病であって障害者総合支援法4条1項の政令で定めるもの（難病）による障害の程度が同項の厚生労働大臣が定める程度である児童をいう（4条）。

　妊産婦とは，妊娠中または出産後1年以内の女子をいう（5条）。

　保護者とは，親権を行う者，未成年後見人その他の者で，児童を現に監護するものと規定されている（6条）。

### 2）母子及び父子並びに寡婦福祉法

　この法律は，1964（昭和39）年に母子福祉法として制定され，1981（昭和56）年の改正により，母子家庭とともに寡婦に対しても福祉の対象として拡大され，母子及び寡婦福祉法となった。その後2002（平成14）年の改正時に一部の事業については父子家庭もサービスの対象となった（17条）。2014（平成26）年の改正で，母子家庭や寡婦のみならず父子家庭も含めたひとり親全体を包括した対象としてとらえることになり，名称も「母子及び父子並びに寡婦福祉法」と改称した。ただし，法文の中では母子家庭及び父子家庭のことを「母子家庭等」と包括して表記されている（6条5項）。

#### ①　目的・理念

　法律の目的は，「母子家庭等及び寡婦の福祉に関する原理を明らかにするとともに，母子家庭等及び寡婦に対し，その生活の安定と向上のために必要な措置を講じ，もって母子家庭等及び寡婦の福祉を図ること」（1条）としている。基本理念は，「全て母子家庭等には，児童が，その置かれている環境にかかわらず，心身ともに健やかに育成されるために必要な諸条件と，その母子家庭の母及び父子家庭の父の健康で文化的な生活とが保障されるものとする」（2条1項）。また，「寡婦には，母子家庭の母及び父子家庭の父に準じて健康で文化的な生活が保障されるものとする」（2条2項）としている。

　対象は，配偶者のない女子または男子で現に児童を扶養している者，および寡婦（配偶者のない女子であって，かつて配偶者のない女子として民法877条の規定により児童を扶養していたことのある者）であり，未婚の母や未婚の父も含む。寡夫は含まない。なお，本法における児童とは，児童福祉法の18歳未満とは異なり，20歳未満の者をいう（6条3項）。

### ② 母子福祉の行政組織・施設

都道府県，市および福祉事務所設置町村には「母子・父子自立支援員」を置くことになっている。母子・父子自立支援員は，母子家庭および父子家庭ならびに寡婦の福祉の相談・指導，職業能力の向上および求職活動に関する支援を行う（8条）。

本法に定める母子・父子福祉施設は，母子・父子福祉センター，母子・父子休養ホームがある（39条）。

### ③ 母子家庭等に対する福祉事業

本法ではまた，母子福祉資金・父子福祉資金の貸付を規定している（13条，31条）。都道府県は，配偶者のない女子または男子で現に児童を扶養している者またはその扶養している児童に対し，その経済的自立の助成と生活意欲の助長を図り，あわせてその扶養している児童の福祉を増進するために，母子福祉資金・父子福祉資金（事業開始資金，事業継続資金，修学資金，技能習得資金等）を貸し付けることができる（13条1項，31条の6第1項）。

また，居宅等における日常生活支援として，都道府県または市町村は，母子家庭，父子家庭を対象とし，病気その他の理由で日常生活に支障が生じたと認められる場合に，居宅での乳幼児の保育，食事の世話，その他日常生活に必要な利便を供与，または当該便宜の供与を委託する措置をとることができる（母子家庭日常生活支援事業・父子家庭日常生活支援事業，17条，31条の7）。

## 3）子ども・子育て支援法

子どもや子育てをめぐる環境の現実は厳しく，子育てに不安や孤立を感じる家庭は少なくない。社会的な課題となっている少子化，子育て環境の孤立化，待機児童等に対応するため，子育て家庭を支援する改革がなされた。

2012（平成24）年8月に可決・成立した子ども・子育て関連三法（子ども・子育て支援法，認定こども園法の一部改正法，子ども・子育て支援法及び認定こども園法の一部改正法の施行に伴う関係法律の整備等に関する法律）に基づく「子ども・子育て支援制度」が，2015（平成27）年4月から施行された。

この制度は全世代型社会保障の実現の一環でもあり，「介護が必要になれば介護保険給付，子ども期は子育て支援給付」ということであり，介護保険制度

を基にして制度設計されている。待機児童対策，幼保一元化，幼児期の教育の
振興の 3 つの視点が加わったものである。

### ①　法 の 目 的

　子ども・子育て支援法の目的は，「我が国における急速な少子化の進行並び
に家庭及び地域を取り巻く環境の変化に鑑み，児童福祉法その他の子どもに関
する法律による施策と相まって，子ども・子育て支援給付その他の子ども及び
子どもを養育している者に必要な支援を行い，もって一人一人の子どもが健や
かに成長することができる社会の実現に寄与すること」（1 条）である。

### ②　子ども・子育て支援制度の概要

　子ども・子育て支援制度では，「子ども・子育て支援給付」を新設した。さ
らにその中では，「子どものための現金給付」と「子どものための教育・保育
給付」とに分かれる（8 条）。

　「子どものための現金給付」とは児童手当の給付としている（9 条）。

　「子どものための教育・保育給付」は，基礎自治体である市町村が実施主体
となり（3 条），教育・保育の必要性の認定を行った上で（20条），給付を行う。
子どものための教育・保育給付には，「施設型給付」「地域型保育給付」があ
る。施設型給付は，認定こども園・幼稚園・保育所を通じた共通の給付であ
る。地域型保育給付は，「小規模保育」（定員 6 人以上19人以下），「家庭的保育
（保育ママ）」（5 人以下），子どもの居宅において保育を行う「居宅訪問型保育」，
従業員の子どもや地域の子どもの保育を行う「事業所内保育」の 4 つの事業へ
の給付である。

　また，地域子育て支援拠点事業，放課後児童健全育成事業などの「地域子ど
も・子育て支援事業」の実施を定めている（59条）。さらに，5 年を 1 期とし
て，国が定める基本指針に基づき（60条），「市町村子ども・子育て支援事業計
画」（61条）や「都道府県子ども・子育て支援事業支援計画」（62条）を策定す
ることが定められている。

## （4）高齢者福祉

　高齢者に関する法律は，1963（昭和38）年に老人福祉法，1982（昭和57）年
に老人保健法，1995（平成 7 ）年に高齢者のニーズに応えるための基本理念を

定めた高齢社会対策基本法が制定されている。そして，1997（平成9）年12月に，福祉サービスと保健サービスの縦割り的な法体系を改め，総合的なサービスの提供を目指して介護保険法が成立し，2000（平成12）年4月から全面施行された。2008（平成20）年には老人保健法にとって代わり，「高齢者の医療の確保に関する法律（略称・高齢者医療確保法）」が制定され，後期高齢者医療制度がスタートした。

### 1）老人福祉法

#### ①　目的・基本的理念

老人福祉法は，高齢者保健福祉制度の基本的理念と，その理念実践のための福祉サービスについて規定している。老人福祉法の目的は，「老人の福祉に関する原理を明らかにするとともに，老人に対し，その心身の健康の保持及び生活の安定のために必要な措置を講じ，もって老人の福祉を図ること」（1条）としている。

基本理念は，「老人は，多年にわたり社会の進展に寄与してきた者として，かつ，豊富な知識と経験を有する者として敬愛されるとともに，生きがいを持てる健全で安らかな生活を保障されるもの」（2条），また老人は，社会的活動への積極的な参加あるいは参加する機会を与えられるもの（3条）とされている。これらの基本的理念とのかかわりで，国および地方公共団体に対しては老人福祉を増進する責務が課せられている（4条）。

老人福祉法における対象は「老人」となっているが，個人差が大きいという理由から明確な定義がなく，社会通念に委ねるとされている。しかしながら，この法律で提供されるサービスはおおむね65歳以上を対象とするものが多い。

#### ②　福祉の措置

老人福祉法において提供されるサービスは，老人居宅生活支援事業と，老人福祉施設に分けられる。

老人居宅生活支援事業とは，いわゆる在宅福祉サービスで，老人居宅介護等事業，老人デイサービス事業，老人短期入所事業，小規模多機能型居宅介護事業，認知症対応型老人共同生活援助事業，複合型サービス福祉事業をいう（5条の2）。

　老人福祉施設とは，老人デイサービスセンター，老人短期入所施設，養護老人ホーム，特別養護老人ホーム，軽費老人ホーム，老人福祉センターおよび老人介護支援センターをいう（5条の3）。

　老人福祉法の施策として行う福祉の措置の内容については，居宅における介護等（10条の4）および老人ホームの入所等（11条）として規定している。特別養護老人ホームと軽費老人ホームは11条に基づく措置施設であったが，2000（平成12）年の介護保険の導入により特別養護老人ホームは介護保険による給付に移行している（介護保険法上では介護老人福祉施設）。しかし，「やむを得ない事由により」，介護保険法に規定する在宅介護サービスの利用，または特別養護老人ホームへの入所が「著しく困難であると認めるとき」には，市町村は職権で措置を実施することができる。

　③　老人福祉計画

　各市町村および各都道府県は「老人福祉計画」を作成することが義務付けられている（20条の8，20条の9）。

### 2）高齢者の医療の確保に関する法律（高齢者医療確保法）

　1983（昭和58）年に制定された老人保健法は，高齢期の保健事業を総合的に実施するために，医療と医療以外の事業をまとめて位置付け，老人保健制度を創設した。2006（平成18）年には「健康保険法等の一部を改正する法律」の成立による医療制度改革が進められた。その中で老人保健制度の見直しが行われ，それまでの老人保健法は，新たな法律として高齢者の医療確保に関する法律がとって代わって成立し，2008（平成20）年から後期高齢者医療制度が発足した。

　①　法の目的

　この法律の目的は，「国民の高齢期における適切な医療の確保を図るため，医療費の適正化を推進するための計画の作成及び保険者による健康診査等の実施に関する措置を講ずるとともに，高齢者の医療について，国民の共同連帯の理念等に基づき，前期高齢者に係る保険者間の費用負担の調整，後期高齢者に対する適切な医療の給付等を行うために必要な制度を設け，もって国民保健の向上及び高齢者の福祉の増進を図ること」（1条）としている。

### ②　法の概要

　この法律は主に，医療費の適正化の推進と高齢者の医療制度（後期高齢者医療制度）の2つの内容から構成されている。

　医療の適正化の推進については，厚生労働大臣が示す医療適正化に関する施策についての基本的な方針や全国医療費適正化計画に基づき，都道府県において都道府県医療適正化計画を策定し，生活習慣病や長期入院の是正に積極的に取り組むこととされている。後期高齢者医療制度の詳細は別に譲るが，運営主体は都道府県単位ですべての市町村が加入する後期高齢者医療広域連合となる。この制度の被保険者は75歳以上および65〜74歳の一定の障害があり広域連合の認定を受けた者となっている。保険料は個人単位となっている。

## 3）介護保険法

　介護保険法は，従来の老人福祉制度および老人保健制度の問題点を解消し，介護を社会全体で支えていく仕組みをつくるためにできた法律である。1990年代初めごろより新しい高齢者介護システムの検討が始められ，1995（平成7）年に老人保健福祉審議会での審議が始まり，翌1996（平成8）年11月に介護保険関連3法案が国会に提出された。

　介護保険の創設の目的は，①介護に対する社会的支援，②要介護者の自立支援，③利用者本位とサービスの総合化，④社会保険方式の導入であった。1997（平成9）年12月に介護保険法が公布され，2000（平成12）年4月1日に施行された。施行以来の介護保険法は，2005（平成17）年，2008（平成20）年，2011（平成23）年，2014（平成26）年に主な改正が行われた。

### ①　法の目的

　介護保険法は，「加齢に伴って生ずる心身の変化に起因する疾病等により要介護状態となり，入浴，排せつ，食事等の介護，機能訓練並びに看護及び療養上の管理その他の医療を要する者」に対して，「これらの者が尊厳を保持し，その有する能力に応じ自立した日常生活を営むことができるよう，必要な保健医療サービス及び福祉サービスに係る給付を行うため，国民の共同連帯の理念に基づき介護保険制度を設け，その行う保険給付等に関して必要な事項を定め，もって国民の保健医療の向上及び福祉の増進を図ることを目的とする」

（1条）。

そのためには，①医療との連携による要介護状態または要支援状態の予防，軽減，悪化防止，②被保険者の選択によるサービスの総合的・効率的な提供，③居宅での生活支援の優先が必要とされている（2条）。

### ② 介護保険制度の概要

介護保険制度の保険者は，市町村および特別区である。被保険者および保険料は，第1号被保険者が65歳以上の者で，保険料は原則年金から天引きとなる。第2号被保険者は40歳以上65歳未満の医療保険加入者で，保険料は医療保険料と一体的に徴収される。

保険給付は，要介護状態にあるか否か，要介護認定を実施し，介護支援専門員（ケアマネージャー）等の介護サービス計画に基づき，施設や在宅サービスが提供される。「要介護」状態は介護が必要な状況であり，要介護1〜5の5段階に区分される。それに対して介護は必要ではないものの，日常生活に不便をきたしている人が分類されるのが「要支援」となり，要支援1〜2の2段階に区分される。

介護保険で給付対象となるサービスは図5-1のとおりである。要介護者に対しては，居宅・施設両面にわたり多様なサービスが提供される。要支援者に対しては，要介護状態への予防という観点から，施設サービスは提供されない。

## （5）障害者福祉

障害者福祉は，1949（昭和24）年に身体障害者福祉法が制定されて以降，厚生援護に運用の重点が置かれていた。その後，障害者施策を総合的に推進するため，その基本事項を定める心身障害者対策基本法（のちの障害者基本法）が1970（昭和45）年に成立し，1975（昭和50）年に国連総会で「障害者の権利宣言」が決議された。そして，その実施を促進するために1981（昭和56）年を国際障害者年として，障害者の「完全参加と平等」を目指す施策が推進された。これら一連の施策を契機とし，障害者運動の進展と同時に，ノーマライゼーションの理念が普及することになった。このノーマライゼーションの理念は各制度政策面に影響を及ぼし，1993（平成5）年に心身障害者基本法から，「障

| | 予防給付におけるサービス | 介護給付におけるサービス |
|---|---|---|
| 都道府県が指定・監督を行うサービス | ◎介護予防サービス<br><br>【訪問サービス】<br>○介護予防訪問入浴介護<br>○介護予防訪問看護<br>○介護予防訪問リハビリテーション<br>○介護予防居宅療養管理指導<br><br>【通所サービス】<br>○介護予防通所リハビリテーション<br><br>【短期入所サービス】<br>○介護予防短期入所生活介護<br>○介護予防短期入所療養介護<br><br>○介護予防特定施設入居者生活介護<br>○介護予防福祉用具貸与<br>○特定介護予防福祉用具販売 | ◎居宅サービス<br><br>【訪問サービス】<br>○訪問介護<br>○訪問入浴介護<br>○訪問看護<br>○訪問リハビリテーション<br>○居宅療養管理指導<br><br>【通所サービス】<br>○通所介護<br>○通所リハビリテーション<br><br>【短期入所サービス】<br>○短期入所生活介護<br>○短期入所療養介護<br><br>○特定施設入居者生活介護<br>○福祉用具貸与<br>○特定福祉用具販売<br><br>◎居宅介護支援<br><br>◎施設サービス<br>○介護老人福祉施設<br>○介護老人保健施設<br>○介護療養型医療施設 |
| 市町村が指定・監督を行うサービス | ◎介護予防支援<br><br>◎地域密着型介護予防サービス<br>○介護予防小規模多機能型居宅介護<br>○介護予防認知症対応型通所介護<br>○介護予防認知症対応型共同生活介護（グループホーム） | ◎地域密着型サービス<br>○定期巡回・随時対応型訪問介護看護<br>○小規模多機能型居宅介護<br>○夜間対応型訪問介護<br>○認知症対応型通所介護<br>○認知症対応型共同生活介護（グループホーム）<br>○地域密着型特定施設入居者生活介護<br>○地域密着型介護老人福祉施設入所者生活介護<br>○複合型サービス |
| その他 | ○住宅改修 | ○住宅改修 |

| 市町村が実施する事業 |
|---|
| ◎地域支援事業<br><br>○介護予防・日常生活支援総合事業<br>　(1) 介護予防・生活支援サービス事業<br>　　・訪問型サービス<br>　　・通所型サービス<br>　　・生活支援サービス（配食等）<br>　　・介護予防支援事業（ケアマネジメント）<br>　(2) 一般介護予防事業<br>　　・介護予防把握事業<br>　　・介護予防普及啓発事業<br>　　・地域介護予防活動支援事業<br>　　・一般介護予防事業評価事業<br>　　・地域リハビリテーション活動支援事業<br><br>○包括的支援事業<br>　(1) 地域包括支援センターの運営<br>　　・介護予防ケアマネジメント業務<br>　　・総合相談支援業務<br>　　・権利擁護業務<br>　　・包括的・継続的ケアマネジメント支援業務<br>　　・地域ケア会議の推進<br>　(2) 在宅医療・介護連携の推進<br>　(3) 認知症施策の推進<br>　　・認知症初期集中支援チーム<br>　　・認知症地域支援推進員　等<br>　(4) 生活支援サービスの体制整備<br>　　・コーディネーターの配置<br>　　・協議体の設置　等<br><br>○任意事業 |

**図5-1　介護保険制度のサービスの種類**

出典）厚生労働省

害者の自立と参加」を基本理念とする「障害者基本法」の制定に至った。この基本理念は，身体障害者福祉法，知的障害者福祉法，精神保健及び精神障害者福祉に関する法律にも反映されている。

　2005（平成17）年には，それまでの支援費制度の見直しに基づいて，障害者自立支援法が成立した。障害者自立支援法は，障害者の地域生活と就労をすすめ，自立を支援する観点と障害者基本法の基本的理念にのっとり，これまでの3障害別（身体障害，知的障害，精神障害）に提供されてきた福祉サービスを一元化する仕組みをつくった。このことは，障害分野での大きな転換であった。

　また，国連の障害者権利条約（2006年国連採択）の批准に向けて，国内法の整備をはじめとする障害者にかかわる制度の集中的な改革が行われた。一連の改革による2010（平成22）年の改正法の成立によって，障害者自立支援法は2012（平成24）年から障害者総合支援法に改称された（後述）。ほかにも，国連批准に向けての各関係法も所要の改正がなされ，新たな法律も生まれた。2011（平成23）年に「障害者虐待防止法」，2012年に「障害者優先調達推進法」，2013（平成25）年に「障害者差別解消法」が制定された。日本の批准は2014（平成26）年1月20日付で国連に承認されている。

　以下，主要な法律の概要をみていく。

### 1）障害者基本法

　障害者基本法は，障害者関連の主要法の中では最も後に制定された法律であるが，その存在は障害者福祉の根幹をなす法となっている。1970（昭和45）年に心身障害者対策基本法として成立後，1993（平成5）年（障害者基本法に改称），2004（平成16）年，「障害者権利条約」の批准に向けた2011（平成23）年にそれぞれ改正されている。

　障害者基本法の目的は，「全ての国民が，障害の有無にかかわらず，等しく基本的人権を享有するかけがえのない個人として尊重されるものであるとの理念にのっとり，全ての国民が，障害の有無によって分け隔てられることなく，相互に人格と個性を尊重し合いながら共生する社会を実現するため，障害者の自立及び社会参加の支援等のための施策に関し，基本原則を定め，及び国，地方公共団体等の責務を明らかにするとともに，障害者の自立及び社会参加の支

援等のための施策の基本となる事項を定めること等により，障害者の自立及び社会参加の支援等のための施策を総合的かつ計画的に推進する」（1条）ことである。

　この法律における障害者とは，「身体障害，知的障害，精神障害（発達障害を含む。）その他の心身の機能の障害がある者であって，障害及び社会的障壁により継続的に日常生活又は社会生活に相当な制限を受ける状態にあるもの」（2条）である。てんかん，自閉症，難病も含む旨の付帯決議がなされている。

### ①　地域社会における共生等

　すべての障害者が共生社会を実現するための事項について規定されている。すべて障害者は，「基本的人権を享有する個人としてその尊厳が重んぜられ，その尊厳にふさわしい生活を保障される権利を有」（3条）し，「社会を構成する一員として社会，経済，文化その他あらゆる分野の活動に参加する機会が確保される」（3条1号）。「可能な限り，どこで誰と生活するかについての選択の機会が確保され，地域社会において他の人々と共生することを妨げられない」（3条2号）し，「可能な限り，言語（手話を含む。）その他の意思疎通のための手段」や「情報の取得又は利用のための手段についての選択の機会の拡大が図られる」（3条3号）とある。

### ②　差別の禁止

　「障害者に対して，障害を理由として，差別することその他の権利利益を侵害する行為をしてはならない」（4条1項）と明記され，社会的障壁の除去の「実施について必要かつ合理的な配慮がされなければならない」（4条2項）と，障害者権利条約で導入された合理的配慮の考え方が取り入れられている。

### ③　福祉計画

　福祉計画については，国は障害者基本計画，都道府県，市町村はそれぞれ都道府県障害者計画，市町村障害者計画の策定の義務を規定している。

### 2）障害者総合支援法

### ①　法律制定の背景とねらい―支援費制度・障害者自立支援法・障害者総合支援法

　障害者総合支援法の前身である障害者自立支援法は2005（平成17）年10月に

成立し，2006（平成18）年４月から施行された。この法律が求められた背景には，障害者福祉サービスの利用に関する支援費制度（2003（平成15）年４月施行）の限界が生じていたことがあった。支援費制度の実施を契機として障害者サービスを実施する市町村が増えたこと，同時にサービス利用負担を「応能負担」と設定したことと相まって，結果的に福祉サービスの利用者が増加していった。こうして支援費制度は，障害者の地域生活における自立・共生を進める上で一定の役割を果たしたのであるが，サービスの利用状況や提供体制に地域格差が生じていることや，今後のサービス提供にかかわる財源の確保，社会保障制度の持続可能性が問われるようになってきたことなどの課題が浮かび上がってきた。また，精神障害者が支援費制度の対象外となっていたことなど，障害の種別ごとに利用できるサービスと利用できないサービスがあるなどの制度格差もみられた。

　障害者自立支援法は，これらの課題を解決することをねらいとして制定された。すでに述べたように本法は，これまでの３障害別ごとの異なる法に基づいて提供されていた障害者福祉サービスなどを共通の制度の下で一元的に提供する仕組みとし，それまでの対象者別の「施設」等も「事業」として新たなサービス体系に移行させた。

　しかしそれは，一方で利用者負担の定率化（応益負担）の導入を行い，結果的に利用を困難にさせるものであった。応益負担と障害程度区分の導入には強い批判があり，障害があるため必要な支援に自己負担を求めるのは憲法違反だとして，2008（平成20）年から全国14地裁で障害者らが国を訴える「障害者自立支援法違憲訴訟」となった。結果，民主党政権下の2010（平成22）年１月に原告団・弁護団と厚生労働省が基本合意文書を取り交わし，①2013（平成25）年８月までに障害者自立支援法を廃止すること，②それまでの間，低所得者の利用者負担を無料にすることとする内容が締結された。

　その「基本合意」を踏まえて2010（平成22）年10月に，障害者自立支援法の改正法である「障がい者制度改革推進本部等における検討を踏まえて障害保健福祉施策を見直すまでの間において障害者等の地域生活を支援するための関係法律の整備に関する法律」（つなぎ法）が成立し，利用者負担について応能負

担を原則とすること，対象に発達障害を加えること，相談支援の充実などが示され，2012（平成24）年4月に施行された。さらに同年6月には，「地域社会における共生の実現に向けての新たな障害保健福祉策を講ずるための関係法律の整備に関する法律」が成立した。その概要は，障害者自立支援法の名称の変更，基本理念の新設，障害者の範囲に難病の追加，障害支援区分の創設，常時介護を要する者への障害福祉サービスのあり方，サービス基盤の計画的整備を重点項目とし，これに基づいた形で障害者自立支援法は「障害者の日常生活及び社会生活を総合的に支援するための法律（略称・障害者総合支援法）」と改称され，2013（平成25）年4月より施行された。

② 目的・基本理念

障害者総合支援法の目的は，「障害者基本法の基本的な理念にのっとり，身体障害者福祉法，知的障害者福祉法，精神保健及び精神障害者福祉に関する法律，児童福祉法，その他障害者及び障害児の福祉に関する法律と相まって，障害者及び障害児が基本的人権を享有する個人としての尊厳にふさわしい日常生活又は社会生活を営むことができるよう，必要な障害福祉サービスに係る給付，地域生活支援事業その他の支援を総合的に行い，もって障害者及び障害児の福祉の増進を図るとともに，障害の有無にかかわらず国民が相互に人格と個性を尊重し安心して暮らすことのできる地域社会の実現に寄与すること」（1条）としている。

障害者総合支援法となってから，新たに法の基本理念が設けられている。その内容は，障害者基本法に基づき，等しく基本的人権を享有するかけがえのない個人として尊重，社会参加の機会の確保，地域社会における共生等である（1条の2）。

③ 法 の 対 象

本法が対象とする「障害者」は，身体障害者福祉法，知的障害者福祉法にいう知的障害者のうち18歳以上である者，精神保健福祉法に規定する精神障害者（発達障害者支援法にいう発達障害者を含む）のうち18歳以上の者，ならびに治療方法が確立していない疾病その他の特殊の疾病であって政令で定めるものによる障害の程度が，継続的に日常生活または社会生活に相当な制限を受ける程度

である者であって18歳以上であるものとしている。「障害児」とは，児童福祉法に規定する障害児としている（4条1項・2項）。

④　サービスの支給：障害支援区分

障害者総合支援法では，福祉サービスの個別給付を支援の必要度に関する客観的な尺度として，「障害支援区分1〜6」（6が最重度）を設定している。障害支援区分とは，障害者等の障害の多様な特性その他の心身の状態に応じて必要とされる標準的な支援の度合を総合的に示すものとして厚生労働省令で定める区分をいう（4条4項）。

障害支援区分は，訪問による認定調査の結果に基づいて，コンピュータによる一次判定，学識経験者等からなる審査会による二次判定により認定を行う。市町村がサービスの種類や提供する量を決定する場合には，障害支援区分に加え，介護者の状況やサービスに関する意向，サービス等利用計画案などを勘案して行う。福祉サービスの「支給決定」の流れは，図5-2のとおりである。

⑤　サービスの種類：自立支援給付と地域生活支援事業

本法に基づくサービスは，大きく「自立支援給付」と「地域生活支援事業」に分けられる（図5-3）。

本法の中核をなす自立支援給付には，個々の障害程度や状況を踏まえて個別に支給決定が行われる障害福祉サービスとして，介護の支援を受ける場合の「介護給付」（介護保険法の給付とは異なる）と訓練等の支援を受ける場合の「訓練等給付」がある。また，「自立支援医療」「補装具」「相談支援給付」（地域相談支援，計画相談支援）がある。

介護給付は，支給決定された障害者等が，指定障害者サービス事業者もしくは障害者施設から指定障害者サービスを受けたとき，市町村から支給される。支給対象の障害者サービスは，居宅介護，重度訪問介護，行動援護，同行援護，重度障害者等包括支援，療養介護，生活介護，短期入所，施設入所支援である。

訓練等給付は，自立訓練，就労移行支援，就労継続支援，共同生活援助である。

地域生活支援事業とは，市町村および都道府県が地域の実情に合わせて，障

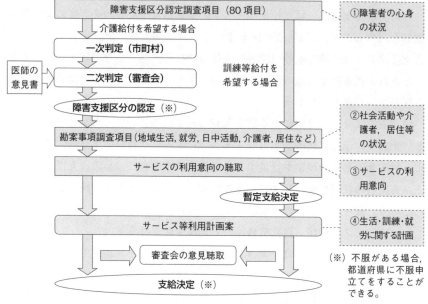

> 障害者の福祉サービスの必要性を総合的に判定するため，支給決定の各段階において，①障害者の
> 心身の状況（障害支援区分），②社会活動や介護者，居住等の状況，③サービスの利用意向，④生活・
> 訓練・就労に関する計画（サービス等利用計画案）を勘案し，支給決定を行う。

**図5-2　障害者総合支援法におけるサービス支給決定の流れ**

出典）厚生労働省社会・援護局障害保健福祉部資料（第22条第1項関係）

害者の地域における生活を支援するための事業である。市町村，都道府県の実情に応じて柔軟に実施することにより，効率的・効果的な事業が可能となるように位置付けている。事業には，市町村と都道府県が必ず取り組まなければならない必須事業と，独自の判断で実施できる事業がある。市町村の必須事業は，理解促進研修・啓発事業，自発的活動支援事業，相談支援事業，成年後見制度利用支援事業，成年後見制度法人後見支援事業，意思疎通支援事業，日常生活用具給付等事業，移動支援事業，地域生活支援センター機能強化事業である（77条）。都道府県の必須事業は，専門性の高い相談支援事業，市町村相互間の連絡調整事業，その他の広域的な対応が必要な事業などである（78条）。

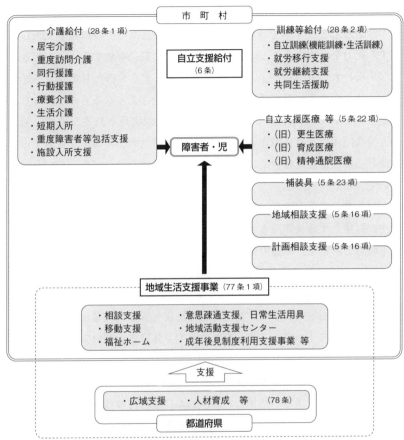

注：自立支援医療のうち，旧育成医療と旧精神通院医療の実施主体は都道府県等。

**図 5-3　　障害者総合支援法に基づくサービス**

出典）「国民の福祉と介護の動向」

## 3）身体障害者福祉法

### ① 目的・基本理念

　身体障害者福祉法は，障害者自立支援法と相まって，「身体障害者の自立と社会経済活動への参加を促進するため，身体障害者を援助し，及び必要に応じて保護し，もって身体障害者の福祉の増進を図ること」（1条）を目的として

いる。

　基本理念として，すべて身体障害者は，「自ら進んでその障害を克服し，その有する能力を活用することにより，社会経済活動に参加することができるように努めなければならない」こと，「社会を構成する一員として社会，経済，文化その他あらゆる分野の活動に参加する機会を与えられるものとする」ことが規定されている（2条）。これらの基本的理念が実現されるために，国および地方公共団体は「身体障害者の自立と社会経済活動への参加を促進するための援助と必要な保護を総合的に実施するように努めなければならない」（3条）と定めている。

　② 　対象者の定義と事業・施設

　本法が対象とする身体障害者とは，同法別表に掲げる身体上の障害がある18歳以上の者であって，都道府県知事から身体障害者手帳の交付を受けた者をいう（4条）。規定されている事業は，身体障害者生活訓練事業，介助犬訓練事業，聴導犬訓練事業，手話通訳事業である（4条の2）。規定されている施設は，身体障害者福祉センター，補装具製作施設，盲導犬訓練施設，視聴覚障害者情報提供施設の4つで，これらを総称して身体障害者社会参加支援施設という（5条）。

　③ 　実施機関・身体障害者手帳等

　身体障害者の更生援護の利便のため，および市町村の行う援護の適切な実施の支援のために，都道府県は「身体障害者更生相談所」を必ず設置しなければならない（11条）。身体障害者厚生相談所には，「身体障害者福祉司」を置かなければならない（11条の2）。その他，身体障害者にかかわるものとして，民生委員や身体障害者相談員などがいる（12条の2，12条の3）。

　身体に障害のある者は，都道府県知事の定める医師の診断書を添えて，その居住地の都道府県知事に身体障害者手帳の交付を申請することができる（15条）。障害者総合支援法のサービスを利用する場合には，身体障害者手帳を必要とする。または障害者総合支援法以外のサービス（たとえば，運賃割引，税の優遇措置など）を利用する場合も身体障害者手帳が障害の証明として活用されている。

　なお，障害福祉サービスについては，2003（平成15）年4月以降，支援費支給制度に基づいて行われてきたが，2006（平成18）年4月より，障害者に関するサービスは障害者自立支援法（現・障害者総合支援法）に基づいて統合的に実施されることとなった。ただし，支援費方式の場合と同様，市町村は障害者総合支援法に基づく支給を受けることが困難であると認めるときは，措置による障害者福祉サービスを提供することができる。

### 4）知的障害者福祉法

#### ①　法の目的

　知的障害者福祉法の目的は，障害者総合支援法と相まって，「知的障害者の自立と社会経済活動への参加を促進するため，知的障害者を援助するとともに必要な保護を行い，もって知的障害者の福祉を図ること」（1条）としている。そして，「すべての知的障害者は，社会を構成する一員として，社会，経済，文化その他あらゆる分野の活動に参加する機会を与えられるもの」（1条の2第2項）とされる。

#### ②　対象者の定義

　知的障害者の援護は社会通念上，児童から成人まで一貫して行われるものであり，年齢を問わず知的障害者と考えられる者が対象とされている。しかし，知的障害者福祉法の対象は18歳以上の知的障害者であり，18歳未満の児童の福祉対策は，児童福祉法により規定されていることから，原則として18歳未満の知的障害児は本法の適用を受けない。

　また，知的障害者福祉法には知的障害の定義が規定されていないが，おおむね療育手帳制度に準ずる障害と理解されている。療育手帳は，法律に根拠を置く手帳ではないが，知的障害者（児）が知的障害者福祉法上の措置や各種の援助措置（特別児童扶養手当等）を受けやすくするためにあり，身体障害者手帳や精神障害者保健福祉手帳と同様の手帳制度である。1973（昭和48）年に厚生事務次官が通知した「療育手帳制度について」の中で，知的障害者更生相談所または児童相談所で知的障害と判定された者への療育手帳の交付や，障害程度の判定について示している。

### ③　実施体制等

知的障害者に関する行政機関等としては，福祉事務所（10条），知的障害者更生相談所（12条），知的障害者福祉司（13条），知的障害者相談員（15条の2）等がある。知的障害者更生相談所は，家庭その他からの相談に応じ，18歳以上の知的障害者の医学的・心理学的・職能的判定を行い必要な指導を行う機関である。都道府県の必置機関で知的障害者福祉司を置かなければならない。

福祉サービスは，2006（平成18）年4月より障害者自立支援法，2013（平成25）年からは障害者総合支援法に移行している。

## 5）精神保健及び精神障害者福祉に関する法律

### ①　目的と対象者の定義

「精神保健及び精神障害者福祉に関する法律」は通常，「精神保健福祉法」と呼ばれている。精神障害者福祉法の目的は，「精神障害者の医療及び保護を行い，障害者総合支援法と相まってその社会復帰の促進及びその自立と社会経済活動への参加の促進のために必要な援助を行い，並びにその発生の予防その他の国民の精神的健康の保持及び増進に努めることによって，精神障害者の福祉の増進及び国民の精神保健の向上を図ること」（1条）と定められている。

この法における精神障害者とは，統合失調症，精神作用物質による急性中毒またはその依存症，知的障害，精神病質その他の精神疾患を有する者をいう（5条）。

### ②　実施体制・精神障害者保健福祉手帳等

都道府県は，精神保健の向上および精神障害者の福祉の増進を図るための機関として「精神保健福祉センター」を置くものとする。主な業務は，①精神保健および精神障害者の福祉に関する知識の普及，調査研究，②複雑または困難な相談・指導，③精神医療審査会の事務，④精神障害者福祉手帳の交付申請に対する決定，⑤障害者総合支援法に規定する支給認定にかかわる事項，⑥介護給付費の支給要否決定，および地域相談支援給付費などの給付要否決定にかかわる事項などである（6条）。

精神障害者福祉手帳は，知的障害者を除く精神障害者に交付される。精神障害者の申請に基づき，精神保健福祉センターにおいて判定され，都道府県知事

が交付する（45条）。手帳は1級から3級までであり，2年ごとに障害の状態を再認定し更新する。

　都道府県および市町村は，精神保健福祉センターや保健所その他に準ずる施設には，精神障害者およびその家族への相談・指導を行う精神保健福祉相談員を置くことができる（48条1項）。市町村は，精神障害者保健福祉手帳の交付を受けた当該精神障害者の希望，精神障害の状態，社会復帰の促進および自立と社会経済活動への参加の促進のために必要な指導および訓練その他の援助の内容を勘案し，最も適切な障害福祉サービス事業等の利用ができるよう，相談・助言を行う。この場合，当該事務は障害者自立支援法（現・障害者総合支援法）に規定する相談支援事業を行う者に委託することができる（49条）。

　医療および保護については，本法の第5章において，精神保健指定医の指定，および精神病院の設置，入院形態などが詳細に規定されている。なお，通院医療については，2006（平成18）年4月より障害者自立支援法（現・障害者総合支援法）に基づく自立支援医療として給付されることとなった。

### 6）発達障害者支援法

　発達障害は，これまで自閉症，学習障害，注意欠陥多動性障害など，障害としての認識が一般的でなかったことから，福祉施策としてとらえられてこなかった分野である。しかし，2000年ごろより多くの課題が明らかになって支援の必要性が広まり，発達障害者支援法が2004（平成16）年12月に成立，翌2005（平成17）年4月から施行されている。また，2010（平成22）年の障害者自立支援法（現・障害者総合支援法）の一部改正により，障害者の定義に発達障害が位置付けられた。

#### ①　目的・基本理念

　発達障害者支援法の目的は，「発達障害者の心理機能の適正な発達及び円滑な社会生活の促進のために発達障害の症状の発現後できるだけ早期に発達支援を行うとともに，切れ目なく発達障害者の支援を行うことが特に重要である」とし，「障害者基本法の基本的な理念にのっとり，発達障害者が基本的人権を享有する個人としての尊厳にふさわしい日常生活又は社会生活を営むことができる」よう，「発達障害者の自立及び社会参加のためのその生活全般にわたる

支援を図り，もって全ての国民が，障害の有無によって分け隔てられることなく，相互に人格と個性を尊重し合いながら共生する社会の実現に資すること」（1条）としている。

　基本理念として次のことが明示されている。発達障害者の支援は，「全ての発達障害者が社会参加の機会が確保されること及びどこで誰と生活するかについての選択の機会が確保され，地域社会において他の人々と共生することを妨げられないことを旨として，行われなければならない」。また，「社会的障壁の除去に資することを旨として，行われなければならない」。さらに，「個々の発達障害者の性別，年齢，障害の状態及び生活の実態に応じて，かつ，医療，保健，福祉，教育，労働等に関する業務を行う関係機関及び民間団体相互の緊密な連携の下に，その意思決定の支援に配慮しつつ，切れ目なく行われなければならない」（第2条の2第1〜3項）。

　② 発達障害の定義

　この法律において「発達障害」とは，「自閉症，アスペルガー症候群その他の広汎性発達障害，学習障害，注意欠陥多動性障害その他これに類する脳機能の障害であってその症状が通常低年齢において発現するものとして政令で定めるもの」（2条1項）とされる。

　③ 発達障害者支援センター

　発達障害者やその家族の相談に応じ，また発達支援や就労支援を行うとともに，医療，保健，福祉，教育等の関係機関への情報提供や研修などを行う「発達障害者支援センター」が支援拠点として位置づけられている（14条）。

## 3 社会福祉の給付方式とサービス利用

　社会福祉関連の法の変遷を振り返れば，公的扶助と福祉サービスの役割・機能が措置制度として統合されて法的に整備されてきた経緯があった。それが社会福祉基礎構造改革に伴う2000（平成12）年の社会福祉事業および各関連法の改正により，社会福祉の枠組みが大きく再編され，サービスの利用手続きはより多様なものになった。

　以下，社会福祉の給付の代表的な方式について整理・紹介しておく。

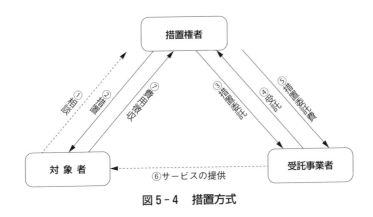

**図 5 - 4　措置方式**

## （1）措置制度

　措置制度とは，憲法25条にある公的責任による生存権の保障を達成するために，福祉サービス提供開始から終了に至るまで，行政処分として実施されるものである。戦後長らくは，この措置という手続きでサービスが利用されてきた。この仕組みには受託事業者と利用者の間には直接の契約関係は生じない。公的責任に基づくサービスの提供であるので，それにかかわる費用は公費によって賄われる。また，生活保護制度とは異なり，法律上は本人や家族からの申請は必要がない。

　措置制度の仕組みを図 5 - 4 に示すが，措置制度は行政処分であるため，その権力性ないし一方性が強調される。たとえば，利用者の希望する入所施設があったとしてもその施設を選択する権利はなく，利用者の希望は措置内容に反映されない。福祉が特別のサービスであると考えられていた段階までは，行政が専門的な立場から決定していくことにそれなりの合理性もあり，稀少なサービス資源の効率的使用もできた。しかし，この構造は，公的責任は明確であったが，利用者本位の福祉サービスの提供という観点から考えれば，利用者としての存在がなかった。近年の社会福祉では，利用者の主体的な選択に基づく福祉サービスの利用が求められ，次にみるような利用者と行政・事業者等との契約を重視する制度が登場してきた。

## （2）保育所方式

　1997（平成9）年の児童福祉法の改正により，保育所（1998（平成10）年4月施行），母子生活支援施設および助産施設（2000（平成12）年改正法により，翌2001（平成13）年4月施行）について，行政処分である措置決定から，地方公共団体と利用希望者の契約に基づく利用に改められた。「行政との契約方式」ともいう。

　しかし，この方式は2015（平成27）年の子ども・子育て支援制度の発足に基づいて，多くの認定こども園・幼稚園・保育所が，子ども・子育て支援制度の施設型給付へと移行した。ただし，児童福祉法24条において，保育所における保育は市町村が実施することとされていることから，私立保育所における保育の費用については，子ども・子育て支援制度の施設型給付ではなく，旧制度と同様に市町村が施設に対して，保育に要する費用を委託費として支払う。

　この場合の契約は，市町村と利用者の間の契約（図5-5の①と②）となり，利用児童の選考や保育料の徴収（図5-5の⑦）は市町村が行う関係にある。

## （3）介護保険方式

　介護保険法に基づくサービス利用の体系を図5-6に示す。介護保険制度は社会保険方式として運用されている。社会保険方式にすることにより，医療保険と同様に権利性が明らかになり，サービス提供者を選択できる。また利用者（被保険者）は直接，指定事業者・施設とサービス利用の契約をし，対等な立場で利用するのがこの利用方式のねらいである。地方公共団体（市町村）は，利用者に対し支援としてサービスに要する経費の補助や情報提供，苦情解決などを行う。サービス提供者に対しては，サービスの質の向上を図るための規制や促進策を講じることになる。

## （4）自立支援給付方式

　自立支援給付方式は，障害者総合支援法に基づくサービス給付方式である。その流れは，社会福祉基礎構造改革をめぐる2000（平成12）年の改正で，2003（平成15）年4月に導入された支援費方式に遡る。支援費方式は，介護保険方式と同様に利用契約方式としたものであり，障害福祉サービス提供の方式として用いられた。直接的な利用契約制度という点で介護保険と共通するが，財源

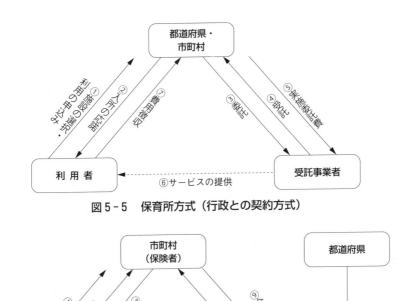

**図5-5　保育所方式（行政との契約方式）**

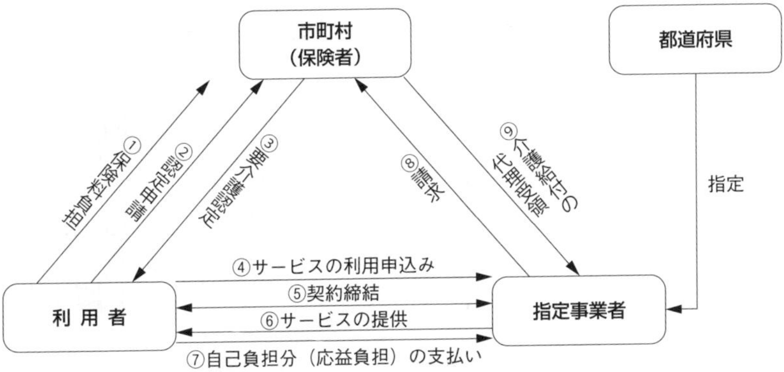

**図5-6　介護保険方式**

が保険方式ではなく租税であること，応能負担による利用者負担であることが異なる。

　前述したように支援費制度は，サービス利用の増大により財源の確保や地域格差の問題が生じてきた。そこで2006（平成18）年4月より，支援費制度から，精神障害者へのサービスも含めた障害者自立支援法に基づく自立支援給付方式に移行した。この支給方式では，サービスが公平に利用されるために，審査会を設けて障害支援区分（障害者自立支援法では障害程度区分）の認定が行われ，利用者の障害程度，介護者の状況，本人のニーズ等を勘案してサービス量が決定される。障害者自立支援法に基づく自立支援給付方式は，支援費方式による

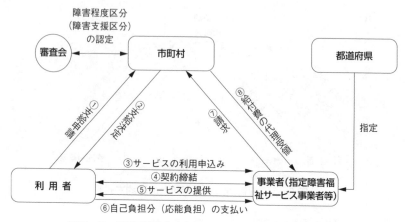

**図5-7    障害者総合支援法に基づく自立支援給付方式**

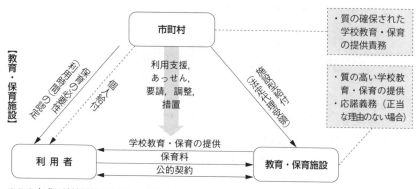

※この方式は地域型保育給付にも共通するものである。

**図5-8    子どものための教育・保育給付方式**

出典）「国民の福祉と介護の動向」

応能負担から，応益負担（サービス量に着目した負担の仕組み）となった。低所得者への負担軽減措置や一定の限度額はあるが，利用者は原則として1割の定率負担であった。

　その後，2010（平成22）年に法の一部改正があり，サービス等利用計画について支給決定の際の勘案材料として見直すと同時に，支給決定方式が応益負担

から応能負担へ転換された（図5-7）。2012（平成24）年に障害者自立支援法の改称・改正により「障害者総合支援法」となったが，障害者自立支援法からの自立支援給付方式を継承している。

### （5）子どものための教育・保育給付方式

　「子どものための教育・保育給付」は，子ども・子育て支援制度が新設されたことによる給付方式である（図5-8）。子ども・子育て支援制度では，市町村が教育や保育の必要性を認証した上で，施設型給付（こども園・幼稚園・保育所の共通）や，地域型保育給付（小規模保育・家庭的保育・居宅訪問型保育・事業所内保育）がなされる。

　保護者が教育・保育の利用を希望する場合は，市町村に保育利用希望の申し込みを行い，市町村の利用調整の下，市町村長によって確認された各教育・保育施設，または地域型保育の事業者と契約して，必要な教育・保育を受ける仕組みとなる。

　保護者が，市町村長によって確認された各教育・保育施設（認定こども園・幼稚園・保育所），または地域型保育の事業者と契約して利用する場合，市町村から保護者に対し，3施設共通の給付である施設給付費，または地域型保育給付費が支給される。しかし実際には，3施設や地域型保育の事業者が受け取れる（代理受領）ので，現物給付と類似するものとなっている。

　ただし，私立保育所の場合は，従来どおり市町村が保育所に保育サービスの提供を委託する（保育所方式）。また，私立幼稚園も確認を受けず，施設型給付の対象とならない（本制度に参加しない）こと選択することができる（その場合，従来どおり私学助成を受け利用者負担も各幼稚園が設定することになる）。

## 第2節　事業者と労働法

### 1　労働法の基本構造

### （1）労働法の意義

　「労働法」という名前の法律はなく，労働基準法や労働組合法，男女雇用機

会均等法，最低賃金法などの法律のように労働にかかわる法領域全般を「労働法」という。労働法の役割は，労働者の保護である。労働法の保護を受ける「労働者」には，正社員だけでなく，派遣社員，契約社員，パートタイム労働者やアルバイトも含まれ，「労働者」として労働法の適用を受ける。

### （2）労働組合

　労働組合とは，「労働者が主体となって自主的に労働条件の維持・改善や経済的地位の向上を目的として組織する団体」，すなわち，労働者が自分たちの手で自分たちの権利をまもるためにつくる団体である（労働組合法1条）。労働者が集団となることで，労働者が会社と対等な立場で交渉できるよう，日本国憲法では，①労働者が労働組合を結成する権利（団結権），②労働者が使用者（会社）と団体交渉する権利（団体交渉権），③労働者が要求実現のために団体行動する権利（団体行動権（争議権））の労働三権を保障している（憲法28条）。そして，この権利を具体的に保障するため，労働組合法が定められている。

　労働組合は労働者が複数人集えば自由に結成することが可能である。使用者は組合の結成を妨害することはできず，行政機関の認可や届出なども必要ない。労働組合は，自分たちの労働条件の向上などを求めて使用者と団体交渉をするほか，組合員の意見や要望をまとめて使用者に申し入れたりする。ただし，国家公務員・地方公務員については，それぞれ国家公務員法・地方公務員法が適用され，労働組合法は適用されない（国家公務員法附則16条，地方公務員法58条1項）。

### （3）労働委員会

　国や地方公共団体では，労使紛争の解決にあたる公平な第三者機関として，労働委員会が設けられている。労働委員会は，公益・労働者・使用者のそれぞれを代表する委員からなる三者構成の委員会であり，各都道府県の機関として都道府県ごとに「都道府県労働委員会」，国の機関としては「中央労働委員会」が設けられている。

### （4）労働協約

　労働協約とは，労働組合と会社との間の約束のことをいい，双方の記名・押印等がある書面で作成された場合にその効力が発生する。会社が，労働協約に

定められた労働条件や労働者の待遇に反する内容の，組合員との労働契約や会社の規則（就業規則）を定めようとしても，その部分は無効となり，労働協約の基準によることになる。つまり，労働協約に定められた労働条件が，就業規則や労働契約に優先する。

労働契約を結ぶときには，会社が労働者に労働条件を明示することを義務として定めている。労働契約の禁止事項としては次のものがある。

①会社が労働者に対し，たとえば「3年以内に会社を退職したときは，罰金10万円」と，労働者が労働契約に違反した場合に違約金を支払わせることを禁止している（労働基準法16条）。

②会社からの借金のために，辞めたくても辞められなくなるのを防止するために，労働することを条件として労働者にお金を前貸しし，毎月の給料から一方的に天引きする形で返済させることを禁止している（同法17条）。

③労働者に強制的に会社にお金を積み立てさせることを禁止している（同法18条）。

## （5）就業規則

就業規則は，労働者の賃金や労働時間などの労働条件に関すること，職場内の規律などについて，労働者の意見を聴いた上で会社が作成するルールである。就業規則は，掲示したり配布したり，労働者がいつでも内容がわかるようにしておかなければならない（労働基準法106条）。

## （6）採用内定

内定取消しは，採用内定により労働契約が成立したと認められる場合には契約の解約となるとされているため，通常の解雇と同様，社会の常識に照らして合理的な理由が必要である。もっとも，学校を卒業できなかった場合や所定の免許・資格が取得できなかった場合，健康状態が悪化し働くことが困難となった場合，履歴書の記載内容に重大な虚偽記載があった場合，刑事事件を起こしてしまった場合などには，内定取消しが正当と判断され得る。ただし，内定取消しが有効である場合でも，通常の解雇と同様，会社は解雇予告などの手続きを行う必要があり，内定者が内定取消しの理由について証明書を請求した場合には，すぐに証明書を交付しなければならない。また，会社は，採用内定取消

しの対象となった学生・生徒の就職先の確保について最大限の努力をするとともに，学生・生徒からの補償等の要求に対して，誠意をもって対応することが求められる（新規学校卒業者の採用に関する指針）。

　公正採用選考において，適性・能力と関係のない面接事項は禁止されている。具体的には，①本籍・出生地，②家族（職業・続柄・健康・地位・学歴・収入・資産など），③住宅状況（間取り・部屋数・持ち家か借家かなど），④生活環境・家庭環境，⑤宗教，⑥支持政党，⑦人生観・生活信条，⑧尊敬する人物，⑨労働組合に関する情報（加入状況や活動歴など），⑩学生運動などの社会運動，⑪購読新聞・雑誌・愛読書など，⑫身元調査など，⑬合理的・客観的に必要性が認められない採用選考時の健康診断の実施（健康診断書の提出を含む）等の面接事項は禁止されている（厚生労働省ホームページ「知って役立つ労働法」参照）。

### （7）各種保険・年金制度

#### 1）雇用保険

　雇用保険は，労働者が失業した場合などに，生活の安定と就職の促進のための失業等給付を行う保険制度である。保険料は労働者と会社の双方が負担し，失業した場合には，基本手当の支給を受けることができる。

#### 2）労災保険

　労災保険は，労働者の業務が原因のけが，病気，死亡（業務災害），また通勤途中の事故などの場合（通勤災害）に，国が会社に代わって給付を行う公的な制度である。労働基準法では，労働者が仕事で病気やけがをしたときには会社が療養費を負担し，その病気やけがのため労働者が働けないときは休業補償を支払うことを義務付けている（労働基準法75条，76条）。基本的に労働者を一人でも雇用する会社は労災保険制度に加入する義務があり，保険料は全額会社が負担する。

#### 3）健康保険

　健康保険は，労働者やその家族が，病気やけがをしたとき，出産をしたとき，亡くなったときなどに，必要な医療給付や手当金の支給をすることで生活を安定させることを目的とした社会保険制度である。本人が病院の窓口で払う額が原則治療費の3割となる。

### 4）厚生年金保険

　厚生年金保険は，労働者が65歳に達したとき（老齢厚生年金），病気やけがによって身体に障害が残ってしまったとき（障害厚生年金，障害手当金），また大黒柱を亡くしてその遺族が困窮してしまうといった事態（遺族厚生年金）に際し，保険給付を行う。労働者とその遺族の生活の安定と福祉の向上に寄与することを目的としている。

## 2　労働契約終了に関する法

## （1）懲戒処分

　懲戒処分は，従業員の企業秩序違反行為に対する制裁罰であることが明確な，労働関係上の不利益措置である。そして使用者の懲戒処分を行う権利を懲戒権という。たとえば会社においては，遅刻をしないようにすること，勤務時間中に無断で職場を離れないこと，勤務時間内は上司に従って誠実に職務を遂行しなければならないこと，会社の備品を無断でもち出さないこと，会社の秘密を外部に漏らさないこと，といったルールがある。正当な理由がないのにこうしたルールを守らず，会社の秩序を乱すような行為をした場合には，就業規則の定めにより，減給（給料を減額する処分），懲戒解雇（一方的に会社を辞めさせる処分）などの罰を受けることがある。これを懲戒処分という。もっとも，使用者（会社）は就業規則に記載すれば自由に懲戒処分ができるというものではなく，懲戒が，労働者の行ったことの程度や事情に照らして，客観的に合理的な理由がなく，相当でない場合は，無効となる（労働契約法15条）。

### 1）懲戒処分の手段

　懲戒処分の手段としては，①けん責・戒告，②減給，③降格，④出勤停止，⑤懲戒解雇がある。

　①　けん責・戒告　　けん責は，始末書を提出させて将来を戒めることをいう。戒告は，将来を戒めるのみで始末書の提出を伴わないものをいう。昇給・一時金・昇給などの考課査定上においても不利に考慮されることがある。

　②　減給　　労務遂行上の懈怠や職場規律違反に対する制裁として，本来ならばその労働者がなした労務提供に対応して受けるべき賃金額から，一定額を

差し引くことをいう。減給，過怠金，罰金など，名称は問わない。

③　**降格**　役職などを引き下げる降格は，企業の人事権行使としてのみならず，懲戒権行使の一環として行われることがある。

④　**出勤停止**　服務規律違反に対する制裁として，労働契約を存続させながら，労働者の就労を一定期間禁止することをいう。自宅謹慎，懲戒休職と呼ばれることがある。通常は，出勤停止期間中は賃金は支給されず，勤続年数にも算入されない。

⑤　**懲戒解雇**　使用者のなす懲戒処分の一種として，労働者の規律違反等の非違行為に対する制裁であることを明示してなされる解雇をいう。懲戒解雇は，懲戒処分としての解雇であり，懲戒処分の中で最も重い。懲戒解雇は，退職金の全部または一部が支給されず，解雇予告またはこれに代わる解雇予告手当（労働基準法20条1項）を伴わないのが一般である。ただし，普通解雇の場合は，合理的な理由があっても，解雇を行う際には会社は少なくとも30日前に解雇の予告をする必要がある。予告を行わない場合には，30日分以上の平均賃金（＝解雇予告手当）を支払わなければならない（同法20条）。さらに，労働者が解雇の理由について証明書を請求した場合には，会社はすぐに労働者に証明書を交付する必要がある（同法22条）。

### 2）懲戒の事由

①　**経歴詐称**　多くの企業では，採用時に学歴，職歴や犯罪歴などを秘匿したり，または虚偽の申告をしたりしたことが，懲戒事由とされている。

②　**職務懈怠**　労務の遂行が不適切なことである。無断欠勤，出勤不良，勤務成績不良，遅刻過多，職場離脱などがある。

③　**職務命令違反**　使用者のなす時間外労働，出張，配転などの業務命令を拒否する業務命令違反が，懲戒処分の対象とされる。また，就業についての上司の指示・命令に対する違反なども含まれる。

④　**業務妨害**　従業員が自己の所属する企業の業務を妨害することである。使用者の業務を積極的に妨害する態様で行われたことや，正当性が認められない労働組合の争議行為などである。

⑤　**職場規律違反**　労務の遂行や，職場内での行動を規律している規定に

対する違反があたる。具体的には，横領，背任，会社物品の窃盗や損壊，同僚や上司への暴行などの非違行為である。

　⑥　従業員たる地位・身分に伴う規律の違反　　私生活上の非行（会社の名誉，体面，信用の毀損），二重就職（会社の許可なく他人に雇い入れられること），誠実義務違反（自社製品の不買運動，自社の機密情報の漏えい，同業他社を設立すべく部下の大量引き抜き）などは私的行為であっても懲戒処分になり得る。

## （2）整理解雇

　会社が，不況や経営不振などの理由により，解雇せざるを得ない場合に人員削減のために行う解雇を整理解雇という。これは会社側の事情による解雇のため，次の事項に照らして整理解雇が有効か否か厳しく判断される。

①人員削減の必要性において，人員削減措置の実施が不況，経営不振などによる会社経営上の十分な必要性に基づいていること。

②解雇回避の努力において，配置転換，希望退職者の募集など他の手段によって解雇回避のために努力したこと。

③人選の合理性において，整理解雇の対象者を決める基準が客観的・合理的で，その運用も公正であること。

④解雇手続きの妥当性において，労働組合または労働者に対して，解雇の必要性とその時期，規模・方法について納得を得るために説明を行うこと。

## （3）契約社員と解雇

　期間の定めがある場合においては，契約社員のように，期間の定めのある労働契約（有期労働契約）についてはあらかじめ会社と労働者が合意して契約期間を定めたため，会社はやむを得ない事由がある場合でなければ，契約期間の途中で労働者を解雇することはできない（労働契約法17条）。そして，期間の定めのない労働契約の場合よりも，解雇の有効性は厳しく判断される。また，有期労働契約においては，契約期間が過ぎれば原則，自動的に労働契約が終了することとなるが，3回以上契約が更新されている場合や1年を超えて継続勤務している人については，契約を更新しない場合，会社は30日前までに予告しなければならない（有期労働契約の締結，更新及び雇止めに関する基準（厚生労働省告示））。さらに，反復更新の実態などから，実質的に期間の定めのない契約と

変わらないといえる場合や，雇用の継続を期待することが合理的であると考えられる場合，雇止め（契約期間が満了し，契約が更新されないこと）をすることに客観的・合理的な理由がなく，社会通念上相当であると認められないときは，雇止めが認められない。従前と同一の労働条件で，有期労働契約が更新されることになる（同法19条）。

　期間の定めがない場合は，解雇は，会社がいつでも自由に行えるというものではなく，解雇が客観的に合理的な理由を欠き，社会通念上相当と認められない場合は，労働者を辞めさせることはできない（同法16条）。すなわち，解雇するには，社会の常識に照らして納得できる理由が必要である。たとえば，解雇の理由として，1回の失敗ですぐに解雇が認められるわけではなく，労働者の落ち度の程度や行為の内容，それによって会社が被った損害の重大性，労働者が悪意や故意で行ったのかやむを得ない事情があるかなど，さまざまな事情が考慮されて，解雇が正当かどうか，最終的には裁判所において判断される。また，労働契約法だけでなく他の法律においても，一定の場合については解雇が明示的に禁止されている。労働基準法19条1項では，①業務上災害のため療養中の期間とその後の30日間の解雇，②産前産後の休業期間とその後の30日間の解雇を禁止している。③労働者が労働保護立法違反の申告を監督官庁にしたことを理由とする解雇を禁止している（労働基準法104条2項）。④女性労働者が結婚・妊娠・出産・産前産後休業をしたことなどを理由とする解雇を禁止している（男女雇用機会均等法9条3項）。

## （4）退職と退職勧奨

　解雇と混同されやすいのが，退職と退職勧奨である。

　労働者からの申し出によって労働契約を終了することを退職いう。一般的に就業規則などに「退職する場合は退職予定日の1カ月前までに申し出ること」というように定めている会社も多いが，正社員などのように，あらかじめ契約期間が定められていない場合は，労働者は少なくとも2週間前までに退職届を提出するなど退職の申し出をすれば，法律上はいつでも辞めることができる。ただし，会社の就業規則に退職手続きが定められている場合はそれに従って退職の申し出をする必要がある。アルバイトのように3カ月間などあらかじめ契

約期間の定めがあるとき（有期労働契約）は，契約期間の満了とともに労働契約が終了する。使用者が労働者に継続して働いてもらう場合は，新たに労働契約を締結する必要がある（労働者の同意が必要）。

　退職勧奨とは，会社が労働者に対し「辞めてくれないか」などといって，退職を勧めることをいう。これは，労働者の意思とは関係なく会社が一方的に契約の解除を通告する解雇予告とは異なり，退職勧奨に応じるかは労働者の自由であり，辞める意思がない場合は，応じないことを明確に伝えることが大切である。退職勧奨の場合は応じると，解雇と違って合理的な理由がなくても有効となってしまう。多数回，長期にわたる退職勧奨が，違法な権利侵害にあたる場合がある。

## 3　女性の保護，障害者の就労支援

### （1）女性の保護

　性別による差別の禁止において，会社は，労働者の募集・採用について性別にかかわりなく均等な機会を与えなければならない（男女雇用機会均等法5条）。また，会社は，配置，昇進，降格，教育訓練，福利厚生，職種・雇用形態の変更，退職勧奨，定年，解雇，労働契約の更新において，労働者の性別を理由として差別的な取扱いをしてはいけない（同法6条）。労働者が女性であることを理由として，賃金について男性と差別的取扱いをすることも禁止されている（労働基準法4条）。

　出産を予定している女性労働者については，請求により産前6週間（双子以上の場合は14週間），休業することができる。また，会社は，出産後8週間は，就業させてはいけない。ただし，産後6週間経過後に，本人が請求し，医師が認めた場合は就業できる。（産前産後休業，同法65条）。会社に，妊産婦健診の時間を確保することや，女性労働者が医師等から指導を受けた場合に指導事項をまもるための措置を講じることを求める規定（男女雇用機会均等法12条，13条），女性労働者が育児時間を取得できる規定（労働基準法67条）もある。

　また，育児・介護休業法によって，原則として子どもが2歳（2017（平成29）年改正）になるまで，育児休業を取得することができる。育児休業は，女性だ

けでなく男性も取得でき，両親がともに育児休業を取得する場合には子どもが
1歳2カ月になるまでの間の1年間，育児休業を取得することができる。さら
に，育児・介護休業法は，要介護状態にある家族を介護するための介護休業制
度を設けている。これは，対象家族一人につき，通算93日を合計3回まで分割
取得できる。

　会社は対象となる労働者からの育児休業・介護休業の申出を拒むことはでき
ない。また，妊娠・出産したこと，産前産後休業・育児休業・介護休業などの
申出または取得したことなどを理由として，解雇その他不利益取扱いをするこ
とは，法律で禁止されている（男女雇用機会均等法，育児・介護休業法）。

## （2）障害者の就労支援

　障害者の雇用について，すべての国民が，障害の有無によって分け隔てられ
ることなく，相互に人格と個性を尊重し合いながら共生する社会を実現するた
めには，障害のある人が社会の一員として自立した生活を送ることが必要であ
り，障害のある人が雇用の場に就き，職業的に自立することができるよう，厚
生労働省では以下のような施策を講じている。

①すべての会社に対して，労働者の募集・採用など雇用に関するあらゆる局
　面で，障害者であることを理由とする差別を禁止している（障害者に対す
　る差別の禁止）。

②すべての会社に対して，事業主と障害者の話し合いにより，障害者一人ひ
　とりの状態や職場の状況等に応じた合理的配慮の提供を行うことが義務付
　けられている（合理的配慮の提供義務）。

③会社に，会社が雇っている労働者の2％に相当する障害者を雇用するこ
　とを義務付ける「障害者雇用率制度」を実施している。これを満たさない
　会社からは納付金を徴収し，それを元に雇用義務数より多く障害者を雇用
　する会社に対して調整金を支払ったり，障害者を雇用するために必要な施
　設の設備費などを助成したりしている（障害者雇用納付金制度）。

④障害のある人本人に対しても，ハローワークや地域障害者職業センターな
　どにおいて，福祉・教育・医療などの他の専門機関と連携しながら，障害
　の特性に応じたきめ細かな就労支援を行っている。

## 4 労働契約と法

### （1）賃　　金

　賃金などの労働条件は，会社と労働者で交わした約束（労働契約）で定められているため，会社は払うと約束した賃金は支払わなければならず，労働者の同意がないのに，労働者に不利益なものに変更することはできない（労働契約法9条）。もっとも，合理性があるかは，変更の必要性や労働者が受ける不利益の度合い，変更後の就業規則の内容の相当性，労働組合との交渉の状況などから判断されるため，それらの判断基準を満たさない限り変更は無効である。また，変更後の内容が法令や労働協約に反している場合も無効である。

#### 1）賃金に関する規定

#### ①　最 低 賃 金

　賃金は，「最低賃金法」によって，会社が支払わなければならない賃金の最低額が定められている。この「最低賃金」は，正社員，派遣社員，契約社員，パートタイム労働者，アルバイトなどの働き方の違いにかかわらず，すべての労働者に適用される。

　最低賃金には，すべての労働者とその使用者（会社）に適用される「地域別最低賃金」と，特定の産業に従事する労働者とその使用者（会社）に適用される「特定最低賃金」があり，それぞれ都道府県ごとに決められている。両方の最低賃金が同時に適用される場合には，高い方の最低賃金が適用される。

#### ②　減給額の制限

　労働者が，無断欠勤や遅刻を繰り返して職場の秩序を乱したり，職場の備品を私用で勝手に持ち出したりするなど，規律違反をしたことを理由に，制裁として賃金の一部を減額することを減給という。

　減給の定めでは，1回の減給金額は平均賃金の1日分の半額を超えてはならない。また，複数回規律違反をしたとしても，減給の総額が一賃金支払期における金額（月給なら月給の金額）の1/10以下でなくてはならない（労働基準法91条）。

### ③　休業手当

　会社の責任で労働者を休業させた場合には，労働者の最低限の生活の保障を図るため，会社は平均賃金の6割以上の休業手当を支払わなければならない（労働基準法26条）。休みが会社の都合である以上，一定程度の給料は保障されている。

### ④　賃金の支払いの確保

　会社が倒産した場合，会社が倒産して給料を払えなくなったときのために，賃金の支払の確保等に関する法律により，政府が会社の未払いの賃金の立替払いをする制度が設けられている。払ってもらえなかった賃金の一部が立替払いされる。

　失業した際には，雇用保険に加入していた場合，基本手当が受けられる。給付が始まるのは，ハローワークに求職申込みをして離職票（労働者が会社を辞める際，会社に発行が義務付けられている）が受理された日以後，失業の状態にあった日が通算して7日間経過した後である。ただし，自己都合の退職や自分の責任による重大な理由により解雇された場合には，さらに3カ月経たないと支給されない。

## 2）賃金の支払い方

　賃金が全額確実に労働者に渡るように，支払われ方にも決まりがあり，次の4つの原則が定められている（労働基準法24条）。

### ①　通貨払いの原則

賃金は現金で支払わなければならず，現物（会社の商品など）で払ってはいけない。ただし，労働者の同意を得た場合は，銀行振込みなどの方法によることができる。また，労働協約で定めた場合は，通貨ではなく現物支給をすることができる。

### ②　直接払いの原則

賃金は労働者本人に払わなければならない。未成年者だからといって，親などに代わりに支払うことはできない。

### ③　全額払いの原則

賃金は全額支払う必要があるため，「積立金」などの名目で強制的に賃金の一部を控除（天引き）して支払うことは禁止されている。ただし，所得税や社会保険料など，法令で定められているものの控除は認められている。

④　毎月1回以上定期払いの原則　　賃金は，毎月1回以上，一定の期日を定めて支払う必要があるため，「来月2カ月分まとめて払うから今月分は待ってくれ」ということは認められない。支払日を「毎月20〜25日の間」や「毎月第4金曜日」など変動する期日とすることは認められないが，臨時の賃金や賞与（ボーナス）は例外である。

## （2）労働時間と休憩・休日

### 1）労 働 時 間

　始業や終業の時刻は就業規則で決まっている。勤務時間中は無断で職場を離れることなく，上司に従って誠実に業務を遂行しなければならない。労働基準法では，労働時間を1日8時間以内，1週間で40時間以内と定めている（法定労働時間，労働基準法32条）。

　法定労働時間を超えて労働者を働かせる場合には，あらかじめ従業員の過半数代表者との間に，「時間外労働・休日労働に関する協定」を締結し，労働基準監督署に届け出なければならない（同法36条）。この協定は労働基準法36条に規定されていることから，「36協定（サブロク協定）」という。36協定により延長できる労働時間については，厚生労働大臣が定める「時間外労働の限度に関する基準」（厚生労働省告示）において上限時間が示されており，協定内容はこの基準に適合するようにしなければならない（原則週15時間，月45時間）。また，会社が労働者に時間外労働をさせた場合，割増賃金を払わなければならない。①法定労働時間を超えて働かせたとき（時間外労働）は25％以上増し，②法定休日に働かせたとき（休日労働）は35％以上増し，③午後10時から午前5時までの深夜に働かせたとき（深夜労働）は25％以上増しとなる。たとえば，法定労働時間外の労働かつ深夜労働であった場合（①＋③）は，支給される賃金は50％以上増しを払わなければならない。

### 2）休憩・休日

　会社は労働者に，勤務時間の途中で，1日の労働時間が6時間を超える場合には少なくとも45分，8時間を超える場合には少なくとも60分の休憩を与えなければならない（労働基準法34条）。休憩時間は労働者が自由に利用できるものでなければならないため，休憩中に電話対応や来客対応を指示されている場

合，休憩時間ではなく労働時間とみなされる。

　また，労働契約において労働義務を免除されている日のことを休日という。会社は労働者に毎週少なくとも1回，あるいは4週間を通じて4日以上の休日を与えなければならない（法定休日，同法35条）。

### 3）変形労働時間制

　変形労働時間制は，一定の要件の下，一定の期間を平均して1週間の労働時間が40時間を超えない範囲で，1日当たりの労働時間が8時間を超えたり，1週間当たりの労働時間が40時間を超えたりしても労働させることができる制度である（労働基準法32条の2～32条の5）。1カ月単位，1年単位の変形労働時間制，1週間以内の非定型的変形労働時間制，労働者が自分で始業時刻や終業時刻を決定できるフレックスタイム制がある。繁閑の差が激しい業種において，繁忙期と閑散期に合わせて，会社と労働者が労働時間を工夫することで全体の労働時間の短縮を図るためなどに利用されている。

### 4）年次有給休暇

　年次有給休暇とは，所定の休日以外に仕事を休んでも賃金を払ってもらうことができる休暇のことである（労働基準法39条）。労働者は，半年間継続して雇われていて，全労働日の8割以上を出勤していれば，10日間の年次有給休暇を取ることができ，さらに勤続年数が増えていくと，8割以上の出勤の条件を満たしている限り，1年ごとに取れる休暇日数は増加する（20日が上限）。

## （3）安全衛生と労働災害補償

　安全で快適な職場環境にするため，労働安全衛生法は，会社に，仕事が原因となって労働者が事故に遭ったり，病気になったりしないように措置する義務を定めている。労働者に対しては，労働災害を防止するために必要な事項を守り，会社が行う措置に協力するように定めている。たとえば会社は，労働者を雇い入れる際とその後年1回，医師による健康診断（労働安全衛生法66条）や，労働者に対してストレスチェックを行い，その結果に基づいて作業の転換などの就業上の措置をとる必要がある。

　仕事で病気やけがをしてしまった場合は，労災保険により補償される。労災保険は，健康保険よりも補償内容が手厚くなっている。たとえば，労災保険の

指定病院にかかれば，治療費は原則として無料になり，仕事を休まなければいけなくなったときには休業補償（休業4日目から，平均賃金に相当する額の8割支給）が受けられる。また，業務災害で療養休業中とその後30日間は，労働者を解雇することはできない（労働基準法19条）。労災保険は，通勤中のけがも対象になる。長時間労働や職場での仕事が原因で発症したうつ病などの精神障害も労災の対象となる。

### （4）非典型の労働関係

①　**派遣社員（派遣労働者）**　派遣とは，労働者が派遣会社（派遣元）との間で労働契約を結んだ上で，派遣会社が労働者派遣契約を結んでいる会社（派遣先）に労働者を派遣し，労働者は派遣先の指揮命令を受けて働くことである。2015（平成27）年9月に労働者派遣法が改正され，派遣社員のキャリアアップに向けて計画的な教育訓練を行うことなどが派遣会社の責務となっている。

②　**契約社員（有期労働契約の労働者）**　有期労働契約とは，労働者と会社の合意により契約期間を定めたものであり，契約期間の満了によって労働契約は自動的に終了することとなる。ただし，更新により契約期間を延長することができる。1回当たりの契約期間は，一定の場合を除いて最長3年である。契約期間の満了とともに労働契約も自動的に終了するのが原則であるが，前述のとおり，契約の更新についてはいくつか決まりがある。また，有期労働契約が繰り返し更新されて通算5年を超えたときは，労働者の申込みにより，期間の定めのない労働契約（無期労働契約）に転換できる（労働契約法18条）。

③　**パートタイム労働者**　パートタイム労働法で定義されている「短時間労働者」のことで，1週間の所定労働時間が，同一の事業所に雇用されている通常の労働者（いわゆる正社員）と比べて短い労働者のことをいう。法律上はパートタイマーやアルバイトという区別はなく，条件を満たせば呼び名は違ってもすべてパートタイム労働者となる。パートタイム労働者も各種労働法が適用され，要件を満たしていれば，年次有給休暇も取得できるし，雇用保険や健康保険，厚生年金保険が適用される。

### （5）就労支援

希望する職業につくために，必要とされる知識・技能を新たに身につけた

　り，スキルアップを図ったり，再就職に際して知識・技能を向上させたりしたい場合は，ハロートレーニング（職業訓練）の受講ができる。一定の要件を満たす場合は，訓練を受けている間に月10万円の受講手当や通所手当および寄宿手当の給付，さらには貸付けを受けることができる（求職者支援制度）。

　わが国の将来を担う若者が安定した雇用の中で経験を積みながら職業能力を向上させ，働きがいをもって仕事に取り組んでいくことができる環境の確保を目指して，「勤労青少年福祉法等の一部を改正する法律」が2015（平成27）年9月に公布された。この法律により改正された「青少年の雇用の促進等に関する法律（略称・若者雇用促進法）」では，①若者の適職選択に資するよう，職場情報を提供する仕組みの創設，②一定の労働関係法令違反の求人者について，ハローワークで新卒求人を受理しないこと，③若者の雇用管理が優良な中小企業についての認定制度の創設，などの内容を盛り込んでいる。

　また，若者の採用・育成に積極的で，若者の雇用管理の状況などが優良な中小企業を，若者雇用促進法に基づき厚生労働大臣が「ユースエール認定企業」として認定する制度が2015年10月からスタートした。認定企業は以下の基準をすべて満たしていなければならない。

①若者の採用や人材育成に積極的に取り組む企業であること。

②直近3事業年度の新卒者などの正社員として就職した人の離職率が20％以下であること。

③前事業年度の正社員の月平均所定外労働時間が20時間以下で，かつ月平均の法定時間外労働60時間以上の正社員が一人もいないこと。

④前事業年度の正社員の有給休暇の年平均取得率が70％以上または年平均取得日数が10日以上であること。

⑤直近3事業年度において，男性労働者の育児休業などの取得者が一人以上または女性労働者の育児休業等の取得率が75％以上であること。

■参考文献
・『社会保障の手引』平成29年版，中央法規出版，2017
・『国民の福祉と介護の動向』2016/2017，厚生労働統計協会，2016

・障害者自立支援法違憲訴訟弁護団編：『障害者自立支援法違憲訴訟―立ち上がった当事者たち』，生活書院，2011
・荒木尚志：『労働法』（第2版），有斐閣，2013
・浅倉むつ子：『均等法の新世界』，有斐閣，1999
・岩出誠：『実務労働法講義上・下』（第3版），民事法研究会，2010
・下井隆史：『労働法』（第4版），有斐閣，2009
・菅野和夫：『労働法』（第10版），弘文堂，2012
・土田道夫：『労働法概説』（第2版），弘文堂，2012
・西谷敏：『労働組合法』（第3版），有斐閣，2012
・水町勇一郎：『労働法』（第4版），有斐閣，2012
・森戸英幸：『プレップ労働法』（第4版），弘文堂，2013
・山川隆一：『労働紛争処理法』，弘文堂，2012
・山口浩一郎：『労働組合法』（第2版），有斐閣，1996
・両角道代・森戸英幸・水町勇一郎・梶川敦子：『労働法』（第2版），有斐閣，2013
・神尾真知子・内藤恵・増田幸弘：『フロンティア労働法』（第2版），法律文化社，2014
・厚生労働省ホームページ「知って役立つ労働法」http://www.mhlw.go.jp/stf/seisakunitsuite/bunya/koyou_roudou/roudouzenpan/roudouhou/

# 付 章
# 判例研究, 資料, 民法改正の一考察

## 第1節 判 例 研 究

### 1 「エホバの証人」信者輸血拒否事件

〈最判平成12.2.29第三小法廷判決, 民集54.2.582, 判時1710.97〉

**〈事実の概要〉**

　Aはエホバの証人の信者であり, 宗教上の理由から輸血以外には救命手段がない事態になっても輸血しない旨の信念をもっていた。悪性の肝臓血管腫であり輸血なしでは手術ができないと言われ, 最初の甲病院から転院し, Y1 (国) の開設する乙病院で手術を受けた。Aは乙病院の主治医の一人に「死んでも輸血をしてもらいたくない」との意思表示をしていた。乙病院のY2医師らは「輸血以外に救命手段がない事態になれば輸血する」旨の治療方針を採用していたが, Aにはその旨の説明はしていなかった。手術に際して, 救命のために必要であると判断し, Aに輸血した。Aの疾患は, 他の組織にも浸潤している悪性の腫瘍であり, そのまま放置すれば予後が1年とみられるものであった。Aは乙病院との間において, 「輸血以外に救命手段がない事態になっても輸血しない」旨の合意 (絶対的無輸血の特約) が成立していたとして, Y1に債務不履行による損害賠償請求を, その合意が成立していなかったとしても, Y2医師等には治療方針についての説明義務違反があるとして不法行為に基づく損害賠償請求 (Y1には使用者責任による損害賠償請求) を求めた。

**〈判旨〉**

　「Y2医師らは, 本件手術に至るまでの約1カ月の間に, 手術の際に輸血を必要とする事態が生ずる可能性があることを認識したにもかかわらず, Aに対して医師が採用していた右方針を説明せず, 同人及び被上告人らに対して輸血する可能性があることを告げないまま本件手術を施行し, 右方針に従って輸血をしたのである。そうすると, 本件においては, Y2医師らは, 右説明を怠ったことにより, Aが輸血を伴う可能性のあった本件手術を受けるか否かについて意思決定をする権利を奪ったものといわざるを得ず, この点において同人の人格権を侵害したものとして, 同人がこれによって被った精神的苦痛を慰謝すべき責任を負うものというべきである。そして, また, Y1は, Y2医師らの使用者として, Aに対し民法715条に基づく不法行為責任を負うものといわなければならない。」

**参考：東京高判平成10.2.9 (判時1629.34) 判旨**

　患者の口頭による絶対的無輸血の申し出は文書上不明確であり, 絶対的無輸血の特約は成立していない (合意は相対的無輸血にとどまる)。(念のため, 絶対的無輸血の合意の効力につい

ての見解を述べる。人が信念に基づき生命を賭しても守るべき価値を認めて行動することは，他者の権利や公共の利益，秩序を害しない限り違法ではなく，他者が，この行動に関与することも同様である。他者の権利を侵害するものでないことは明らかであり，さらに，輸血にも危険があること，無輸血で死亡した場合でも医師が刑事訴追された例はないこと，医師会や他の病院でその実施を肯定していること，法律学において患者の意思決定を尊重する見解が多く発表されていたことなどから，絶対的無輸血での手術の実施も，公共の利益，秩序を侵害しないと評価されるに至っていた。したがって，合意を公序良俗違反で無効とする必要はない。）

　本件手術のような場合，患者の同意が必要であり，医師がその同意を得るについては，患者がその判断をする上で必要な情報を開示して患者に説明すべきものである。この同意は，各個人が有する自己の人生のあり方（ライフスタイル）は自らが決定することができるという自己決定権に由来するものである。すなわち，人はいずれは死すべきものであり，その死に至るまでの生きざまは自ら決定できるといわなければならない（例えばいわゆる尊厳死を選択する自由は認められるべきである）。医師は，輸血拒否の具体的内容を確認し，相対的無輸血の治療方針について説明する義務があると解されるが，それを怠ったものである。Aは，医師らが説明しなかったことにより，選択の機会（自己決定権行使の機会）を奪われ，権利を侵害された。輸血が救命のために必要であったことをもって，説明を怠ったことの違法性が阻却されることはない。Aが，本件輸血によって，医療における自己決定権および信教上の良心を侵され，被った精神的苦痛を慰謝するには，50万円が相当と認める。

〈評釈〉

　本判決は，患者が，宗教上の信念からいかなる場合にも輸血を受けることは拒否する（絶対的無輸血）との意思を有している場合に，医師が，十分な説明をしないまま手術において輸血をしたときには，医師の説明義務違反により患者の意思決定をする権利を奪ったとして，人格権侵害を理由に不法行為責任が成立することを認めた，はじめての最高裁判決である。

　本判決は，「患者が，輸血を受けることは自己の宗教上の信念に反するとして，輸血を伴う医療行為を拒否するとの明確な意思を有している場合，このような意思決定をする権利は，人格権の一内容として尊重されなければならない」として，本件での患者の「意思決定をする権利」を「人格権」の一内容とし，「不法行為上保護される利益」であることを認めた[1]反面，「自己決定権」として認めることは避けたものと解される[2]。第2審判決は，患者の「同意は，各個人が有する自己の人生のあり方（ライフスタイル）は自らが決定できるという自己決定権に由来するものである（下線筆者）」としたが，本判決は，第2審判決を踏まえた上で，あえて「自己決定権」という言葉を用いなかったと推測される。これは，「自己決定権」が，第2審判決の示すとおりライフスタイルという広範囲の内容を含むところ，本判決では，「宗教上の信念に基づく人格権」に特化した[3]判断をしたことを意味するものであろう[4]。

　以上のことに加え，本判決が「本件の事実関係の下では」とした上で判示することからも，本判決の射程は限定される[5]と解される。本件においては，患者の絶対的無輸血が宗教上の信念に基づくものであること，患者の絶対的無輸血の意思が明確であること，患者に判断能力が備わっていること，医師に患者の輸血拒否に対応する時間的余裕があったこと，医師が手術の

際に輸血以外には救命手段がない事態が生ずる可能性を否定し難いと判断したこと，が重要な要素として挙げられる[6]ため，このような要素が否定される場合には，本判決の射程は及ばないと考えられる。したがって，本判決は，一般的に自己決定権が生命価値よりも優先されることを判示したものでなく[7]，また，上記要素が否定される場合に，医師に説明義務が生じるか否かについて，判断していないことになる。

　しかし，上記のとおり限定された場面におけるものではあるものの，本判決において，患者の「意思決定をする権利」が，生命価値よりも優先すると判断されたことになる。これは，患者の生命・健康のために，医師自身が最善と考える治療を行うことを当然とする考えから，患者側の意思を尊重することが重要であるとする考えにシフトしたことを示すものであるといえる。

---

1　佐久間邦夫「判解」曹時55巻1号（2003年）206頁，石崎泰雄「判批」駿河台法学18巻1号（2004年）59-60頁。

2　淺野博宣「判批」ジュリ別冊186号（2007年）57頁，潮見佳男「判批」ジュリ1202号（2001年）67頁，野畑健太郎「判例における『患者の自己決定権』の再考」白鴎大学法科大学院紀要創刊号（2007年）155-156頁，石崎泰雄・前注（1）59頁。

3　潮見佳男・前注（2）67頁。

4　「人格権」を「自己決定権」に読み替える見解（岡田信弘「判批」法教別冊246号（2001年）3頁）や，2つの権利を大差ないとする見解（吉田邦彦「判批」判評1782号（2002年）184頁）も存するが，適切ではないと考える。

5　同様に本判決の射程を狭く解するものとして，岩坪朗彦「判批」ひろば53巻7号（2000年）68頁，新美育文「判批」法教248号（2001年）14頁，飯塚和之「判批」NBL736号（2002年）71-71頁，佐久間邦夫・前注（1）207頁，潮見佳男・前注（2）67-68頁，吉田邦彦・前注（4）188頁，石崎泰雄・前注（1）57頁，淺野博宣・前注（2）57頁。

6　新美育文・前注（5）14頁参照。

7　潮見佳男は，本件において，宗教上の信念に基づく患者の自己決定権を尊重すべきであるとの価値と，およそ人の生命は崇高なものとして尊重されるべきであるとの価値の衝突が，問題の核心であるとした上で，各審級を「対抗価値」という視点から整理し，本判決の射程を限定する。

## 2　再婚禁止期間違憲訴訟

〈最大判平成27.12.16民集69.8.2427，判時2284.20〉

**〈事実の概要〉**

　Xは，平成20年3月に前夫と離婚し，同年10月に後夫と再婚したが，女性にのみ6カ月の再婚禁止期間を定める民法733条1項（平成28年改正前）により，再婚が遅れ，これによって精神的損害を被ったと主張し，民法733条1項が，憲法14条1項および婚姻における憲法24条2項に反するとして，これを改廃しない国会の立法不作為に対する国家賠償請求訴訟を提起した。

**〈判旨〉**

　本件規定の「立法の経緯及び嫡出親子関係等に関する民法の規定中における本件規定の位置

付けからすると，本件規定の立法目的は，女性の再婚後に生まれた子につき父性の推定の重複を回避し，もって父子関係をめぐる紛争の発生を未然に防ぐことにあると解するのが相当であり…父子関係が早期に明確となることの重要性に鑑みると，このような立法目的には合理性を認めることができる」。

民法772条1項，2項からすれば，「女性の再婚後に生まれる子については，計算上100日の再婚禁止期間を設けることによって，父性の推定の重複が回避されることになる」。この100日について「一律に女性の再婚を制約することは，婚姻及び家族に関する事項について国会に認められる合理的な立法裁量の範囲を超えるものではなく，上記立法目的との関連において合理性を有するものということができる」。

これに対して，「医療や科学技術が発達した今日においては…再婚禁止期間を厳密に父性の推定が重複することを回避するための期間に限定せず，一定の期間の幅を設けることを正当化することは困難になったといわざるを得」ず，「本件規定のうち100日超過部分は，遅くとも上告人が前婚を解消した日から100日を経過した時点までには，…国会に認められる合理的な立法裁量の範囲を超えるものとして，その立法目的との関連において合理性を欠くものになっていたと解され」，「憲法14条1項に違反するとともに，憲法24条2項にも違反するに至っていたというべきである」。

〈評釈〉

本判決は，女性にのみ6カ月の再婚禁止期間を設けていた平成28年改正前の民法733条1項の規定（以下，「本件規定」という）のうち，100日の再婚禁止期間を設ける部分は合憲とし，100日超過部分については，憲法14条1項，24条2項に違反するとして，一部違憲の判断を下した。本判決を受けて，平成28年6月1日，「民法の一部を改正する法律」が成立し，再婚禁止期間が100日に短縮されるとともに，適用除外事由等の改正もなされた。

本判決は，本件規定の憲法適合性に関して，立法目的の正当性・合理性と，目的に対する手段の合理性・関連性の有無を審査するという判断枠組みのもと，判断にあたっては，本件規定が婚姻に対する直接的な制約であり，婚姻をするについての自由が憲法24条1項の規定の趣旨に照らし十分尊重に値するものであることを十分考慮に入れた上で検討することが必要であると判示する。

本判決は，本件規定の立法目的を，「①父性の推定の重複を回避し，もって②父子関係をめぐる紛争の発生を未然に防ぐことにある」とし，「父子関係が早期に明確となることの重要性」に鑑み，立法目的の合理性を肯定する。「もって」という文言により，父性推定の重複回避が直接の目的であることが明確となり，父性推定の重複回避によって紛争の未然防止が図られるという関係にあることを示したものと解されている[8]。

次に，手段の合理的関連性の審査において，100日の再婚禁止期間を設ける部分は，「立法目的との関連において合理性を有する」と判断した。民法772条2項の規定との関係から，100日の再婚禁止期間があれば，父性推定の重複を回避できることになる。したがって，100日超過部分については，不必要な期間であり，憲法14条1項，24条2項違反と判断された。

本件規定について100日超過部分を含めて憲法14条1項に違反するものではないとした最判

平成7年12月5日（判時1563号81頁）においては，本件規定の立法趣旨を，「①父性の推定の重複を回避し，②父子関係をめぐる紛争の発生を未然に防ぐこと」として，「もって」という文言を使わずに，2つを並列の関係としていた。このように①と②を並列の関係とした場合，②の目的からは，100日超過部分についても合理的関連性を肯定し得るが，本判決のとおり，①のみを直接の目的とした場合には，その手段として，100日の再婚禁止期間で足りることが示唆される[9]。また，上記平成7年判決との整合性から，100日超過部分の合理性が失われた理由の1つとして，医療や科学技術の発達，再婚の制約をできる限り少なくするという要請の高まりといった社会状況の変化が挙げられている。

本判決の共同補足意見では，再婚禁止による支障をできる限り少なくすべきとの観点から，「前婚の解消等の時点で懐胎していない女性」を本件規定の適用除外とすべきであることが述べられる。これは，民法772条2項の懐胎時期の推定については裁判外の証明によっても覆せるものであるとの理解を前提としていると解される[10]。そこで，平成28年改正後民法733条2項1号により，「女が前婚の解消又は取消しの時に懐胎していなかった場合」も適用除外となり，「懐胎していなかった場合」には，女性に懐胎の能力があるが懐胎していない場合と，女性に懐胎の能力がないために懐胎することができない場合との両方が含まれる[11]とされた。加えて，平成28年改正後民法733条2項2号が，「女が前婚の解消又は取消しの後に出産した場合」を適用除外としていることから，再婚禁止期間の規定が適用されるのは，女性が前婚の解消または取消しの時に懐胎しており，かつ再婚時にも懐胎している場合に限られることになった。

対して，学説においては，近年，再婚禁止期間廃止論が多数であり[12]，本判決の鬼丸裁判官の意見や山浦裁判官の反対意見も，廃止論を主張する。廃止論においては，主に次の2つの方向が示される。

1つは，鬼丸意見や山浦反対意見でも述べられている，再婚禁止期間を廃止することで父性推定が重複した場合には，父を定めることを目的とする訴えの規定（民法733条）により，法律上の父を確定するというものである[13]。これに対しては，本判決が，「子の利益の観点」から，「父子関係が早期に明確となることの重要性」を考慮することで斥けている[14]。しかし，鬼丸意見によると，「父性の推定により法律上の父が確定することの法的効果は，飽くまで法律の上での身分関係や扶養義務等が定まるということにすぎないのであって，実際にその子が法律上の父から扶養を受けられる等の利益や福祉が実現することとは別の問題」であり，父性の推定により法律上の父が確定することが無戸籍児の問題につながり，子の不利益が大きい場合がある反面，法律上の父が確定していなくとも，行政サービスを受けられ，子の利益や福祉が損なわれるような社会的状況はないとされる。

2つ目は，近年有力となっている，民法772条をも改正して父性推定の重複自体生じないようにし，再婚禁止期間を廃止するという学説である[15]。子の利益の観点から，再婚禁止期間を廃止し，父性推定の重複については後夫の父性推定を優先すべきとする[16]。例えば，後婚成立後に妻が生んだ子について，後婚成立後200日以内の出生であっても，後夫の嫡出推定を及ぼすとともに，前夫の嫡出推定と後夫の嫡出推定が重複する場合には，後夫の嫡出推定を優先す

るというもの[17]や，妻が婚姻中に出産した子は夫の子と推定するというもの[18]が提案されている。

　本判決では，再婚禁止期間の合憲性のみが争われたため，100日の再婚禁止期間を設ける部分が合憲とされたことはやむを得ないであろう。しかし，無戸籍児の問題は再婚禁止期間を100日に短縮することでは解決されないことも考慮すると，民法772条による父性推定の重複をなくし，民法733条の再婚禁止期間を廃止すべきことになろう。

---

8　本判決の千葉勝実裁判官による補足意見。
9　巻美矢紀「憲法と家族―家族法に関する二つの最高裁大法廷判決を通じて―」論究ジュリ18号（2016年）88頁，前田陽一「判批」法教429号（2016年）19頁。
10　加本牧子「時の判例」ジュリ1490号（2016年）96頁，尾島明「判解」ひろば69巻4号（2016年）68頁，窪田充見「判批」家庭の法と裁判6号（2016年）11頁。
11　合田章子「民法の一部を改正する法律の概要」ひろば69巻9号（2016年）60-61頁。
12　犬伏由子他『親族・相続法〔第2版〕』弘文堂（2016年）47頁以下〔犬伏由子〕，内田貴『民法Ⅳ　親族・相続〔補訂版〕』東京大学出版（2004年）73-74頁，川井健『民法概論5　親族・相続〔補訂版〕』有斐閣（2015年）13頁，二宮周平『家族法〔第4版〕』新世社（2013年）44-45頁，大村敦志『家族法〔第3版〕』有斐閣（2010年）138頁等。
13　谷口知平『日本親族法』弘文堂書房（1935年）240頁。
14　前田陽一・前注（9）19頁。
15　犬伏由子・前注（12）47頁以下，二宮周平・前注（12）45頁，大村敦志・前注（12）138頁等。
16　犬伏由子・前注（12）47頁，前田陽一・前注（9）20頁，二宮周平「判批」戸籍時報736号（2016年）8頁。
17　前田陽一・前注（9）20頁。
18　二宮周平・前注（16）8頁。

## 3 堀木訴訟

〈最大判昭和57.7.7民集36.7.1235，判時1051.29〉

〈事実の概要〉

　全盲の視覚障害者X（堀木フミ子）は，国民年金法に基づく障害福祉年金を受給していた。Xは，夫と離婚後，独力で次男を養育しており，Y（兵庫県知事）に対して，児童扶養手当法に基づく児童扶養手当の受給資格についての認定を請求したところ，Yは却下し，異議申立てについても棄却した。その理由は，Xが障害福祉年金を受給しているため，児童扶養手当法に定めていた併給禁止条項（児童の母等が公的年金給付を受給しうるときには，児童扶養手当を支給しないという内容）に該当し，受給資格を欠くというものであった。そこで，Xは，併給禁止条項が日本国憲法13条，14条，25条等に反するとして，却下処分の取消し等を求めた。

〈判旨〉

　「憲法25条の規定は，国権の作用に対し，一定の目的を設定しその実現のための積極的な発動を期待するという性質のものである。しかも，右規定にいう『健康で文化的な最低限度の生活』なるものは，きわめて抽象的・相対的な概念であって，その具体的内容は，その時々にお

ける文化の発達の程度，経済的・社会的条件，一般的な国民生活の状況等との相関関係において判断決定されるべきものであるとともに，右規定を現実の立法として具体化するに当たっては，国の財政事情を無視することができず，また，多方面にわたる複雑多様な，しかも高度の専門技術的な考察とそれに基づいた政策的判断を必要とするものである。したがって，憲法25条の規定の趣旨にこたえて具体的にどのような立法措置を講ずるかの選択決定は，立法府の広い裁量にゆだねられており，それが著しく合理性を欠き明らかに裁量の逸脱・濫用と見ざるをえないような場合を除き，裁判所が審査判断するのに適しない事柄であるといわなければならない。」

「そして，一般に，社会保障法制上，同一人に同一の性格を有する二以上の公的年金が支給されることとなるべき，いわゆる複数事故において，そのそれぞれの事故それ自体としては支給原因である稼得能力の喪失又は低下をもたらすものであっても，事故が二以上重なったからといって稼得能力の喪失又は低下の程度が必ずしも事故の数に比例して増加するといえないことは明らかである。このような場合について，社会保障給付の全般的公平を図るため公的年金相互間における併給調整を行うかどうかは，……立法府の裁量の範囲に属する事柄と見るべきである。また，この種の立法における給付額の決定も，立法政策上の裁量事項であり，それが低額であるからといって当然に憲法25条違反に結びつくものということはできない。」

憲法14条および13条違反について，「憲法25条の規定の要請にこたえて制定された法令において，受給者の範囲，支給要件，支給金額等につきなんら合理的理由のない不当な差別的取扱をしたり，あるいは個人の尊厳を毀損するような内容の定めを設けているときは，別に所論指摘の憲法14条及び13条違反の問題を生じうることは否定しえないところである。しかしながら，本件併給調整条項の適用により，上告人のように障害福祉年金を受けることができる地位にある者とそのような地位にない者との間に児童扶養手当の受給に関して差別を生ずることになるとしても，さきに説示したところに加えて原判決の指摘した諸点，とりわけ身体障害者，母子に対する諸施策及び生活保護制度の存在などに照らして総合的に判断すると，右差別がなんら合理的理由のない不当なものであるとはいえないとした原審の判断は，正当として是認することができる。また，本件併給調整条項が児童の個人としての尊厳を害し，憲法13条に違反する恣意的かつ不合理な立法であるといえない」。

〈評釈〉

本判決においては，憲法25条に関する裁判所の解釈が示され，その後の憲法25条関係訴訟に大きな影響を与えた。

憲法25条の法的性格について，学説では，プログラム規定説，抽象的権利説，具体的権利説の三説が対立していたところ，本判決は，憲法25条が個々の国民に直接具体的な権利を付与したものではないことを，一般にプログラム規定説を採用したと解される食糧管理法違反事件判決（最大判昭和23.9.29刑集2.10.1235）を引用する形で述べた上で，朝日訴訟判決（最大判昭和42.5.24民集21.5.1043）の傍論の趣旨を踏襲し，憲法25条を具体化する立法措置について立法府に広い裁量を認め，立法措置が著しく合理性を欠き明らかに裁量の逸脱・濫用と見ざるをえないような場合にのみ，司法審査を行うことを判示した。本判決が，このようにして憲法25

条の裁判規範性を肯定したことから，本判決の食糧管理法違反事件判決引用部分は憲法25条の具体的権利性を否定するにとどまるものであり，本判決が純然たるプログラム規定説を採用したとは解されない[19]ことになる。しかし，広汎な立法裁量が認められたことから，その実質はプログラム規定説といえるものであり，裁判所による救済はほぼ期待できなくなってしまった。

　このように，立法府に広い裁量を認めるという判例の立場が明確になった以上，法的性格についての三説の対立よりも，「いかにして裁量の幅を狭めてより踏み込んだ司法審査の可能性を広げていくか[20]」が重要であり，学説はそのような議論に移っている[21]。老齢加算廃止訴訟（最判平成24.2.28民集66.3.1240）は，行政裁量の場面ではあるが，裁量審査において判断過程統制を用いるものであり，注目に値する。

　第2審判決では，1項は国の救貧施策をなすべき責務を，2項は国の防貧施策をなすべき努力義務を宣言したものであり，2項については立法府の裁量に委ねられるとする，1項2項峻別論が用いられた。1項においては「最低限度の生活の保障」という絶対的基準の確保が目的となり，厳格な司法審査が行われる旨を示唆した点で評価される反面，1項の救貧施策を生活保護法による公的扶助に限定し，他の施策をすべて防貧施策として広汎な立法裁量に委ねた点で問題があり，学説からの批判が強い[22]。これに対し，本判決は，1項2項を，いずれも国の責務を宣言したものとして一体として捉えた上で，広い裁量を認めたものであり，1項2項峻別論は採用しなかったものと解される。第2審判決の採った1項2項峻別論は，上記のとおり，生活保護法による公的扶助以外の施策をすべて広汎な立法裁量に委ねた点が問題である。そこで，学説においては，1項2項を一体として捉えたとしても，憲法25条には「最低限度の生活の保障を求める権利」と，「より快適な生活の保障を求める権利」が含まれるとした上で，前者については立法裁量の幅を狭め，厳格な審査基準を採用する見解[23]が唱えられた。この見解は，先に述べた立法裁量縮減の手法の1つとして，有力なものとされている[24]。

　憲法14条違反の問題について，本判決は，憲法25条違反の問題とは別の争点となりうることを認めている。しかし，その判断においては，差別が「なんら合理的理由のない不当なもの」か否かを判断するという「最小限度の合理性基準」を採用[25]し，「さきに説示したところに加えて原判決の指摘した諸点，とりわけ身体障害者，母子に対する諸施策及び生活保護制度の存在などに照らして総合的に判断すると，右差別がなんら合理的理由のない不当なものであるとはいえない」と判示するのみで，詳細を論ずることなく，合理の理由に基づく差別であるとしている。学説からは，「厳格な合理性」の基準によるべきであったとの批判がなされている[26]。

---

19　中村睦男「判批」ジュリ別冊153号（2000年）7頁，野中俊彦他『憲法Ⅰ〔第5版〕』有斐閣（2012年）505-506頁〔野中俊彦〕，長谷部恭男『憲法〔第6版〕』新世社（2014年）280頁。

20　長谷部恭男・前注（19）280頁以下。

21　宍戸常寿『憲法 解釈論の応用と展開〔第2版〕』日本評論社（2014年）170頁以下。

22　芦部信喜著，高橋和之補訂『憲法〔第6版〕』岩波書店（2015年）268-269頁。

23　樋口陽一他『注解法律学全集 憲法Ⅱ』青林書院（1997年）159頁〔中村睦男〕。

24　宍戸常寿・前注（21）171頁。

25　芦部信喜「判批」法教24号（1982年）99頁。
26　芦部信喜・前注（25）99頁。

## 4 朝日訴訟

〈最大判昭和42.5.24民集21.5.1043，判時481.9〉

〈事実の概要〉

　肺結核のため国立岡山療養所に入所していたX（朝日茂）は，生活保護法に基づき，厚生大臣の設定した生活扶助基準で定められた最高金額の月600円の日用品費の生活扶助と，医療扶助を受けていたところ，実兄が見つかったことから，昭和31年8月以降，実兄から送金を受けるよう社会福祉事務所長に命じられた。そして，同所長は，生活扶助を廃止し，仕送り金月額1500円から日用品費月額600円を控除した残額月900円を医療費の一部自己負担額としてXに負担させ，これを差し引いた残部について医療扶助を行う旨の保護変更決定をした。これに対して，同年8月6日，Xは，岡山県知事に対して不服申立てを行ったが，同年11月10日，同知事は却下した。Xはこれを不服として，同年12月3日，Y（厚生大臣）に不服申立てをしたところ，Yは，昭和32年2月15日付けで，申立てを却下する裁決をした。そこで，Xは，600円という低い生活扶助基準金額が健康で文化的な最低限度の生活水準を維持するには足りない違法なものであると主張して，裁決の取消しを求めた。

〈判旨〉

　「生活保護法の規定に基づき要保護者または被保護者が国から生活保護を受けるのは，単なる国の恩恵ないし社会政策の実施に伴う反射的利益ではなく，法的権利であって，保護受給権とも称すべきものと解すべきである。しかし，この権利は，被保護者自身の最低限度の生活を維持するために当該個人に与えられた一身専属の権利であって，他にこれを譲渡し得ないし（59条参照），相続の対象ともなり得ないというべきである。……被保護者の生存中の扶助ですでに遅滞にあるものの給付を求める権利についても，……当該被保護者の死亡によって当然消滅し，相続の対象となり得ない，と解するのが相当である。また，所論不当利得返還請求権は，保護受給権を前提としてはじめて成立するものであり，その保護受給権が右に述べたように一身専属の権利である以上，相続の対象となり得ないと解するのが相当である。

　されば，本件訴訟は，Xの死亡と同時に終了し，同人の相続人……においてこれを承継し得る余地はないもの，といわなければならない。」

　「（なお，念のために，本件生活扶助基準の適否に関する当裁判所の意見を付加する。

　一，憲法25条1項……の規定は，すべての国民が健康で文化的な最低限度の生活を営み得るように国政を運営すべきことを国の責務として宣言したにとどまり，直接個々の国民に対して具体的権利を賦与したものではない……。具体的権利としては，憲法の規定の趣旨を実現するために制定された生活保護法によって，はじめて与えられているというべきである。」「もとより，厚生大臣の定める保護基準は，法8条2項所定の事項を遵守したものであることを要し，結局には憲法の定める健康で文化的な最低限度の生活を維持するにたりるものでなければならない。しかし，健康で文化的な最低限度の生活なるものは，抽象的な相対的概念であり，その

具体的内容は，文化の発達，国民経済の進展に伴って向上するのはもとより，多数の不確定的要素を総合考量してはじめて決定できるものである。したがって，何が健康で文化的な最低限度の生活であるかの認定判断は，いちおう，厚生大臣の合目的的な裁量に委されており，その判断は，当不当の問題として政府の政治責任が問われることはあっても，直ちに違法の問題を生ずることはない。ただ，現実の生活条件を無視して著しく低い基準を設定する等憲法および生活保護法の趣旨・目的に反し，法律によって与えられた裁量権の限界をこえた場合または裁量権を濫用した場合には，違法な行為として司法審査の対象となることをまぬかれない。

　二，本件生活扶助基準そのものについて見るに，……生活保護法によって保障される最低限度の生活とは，健康で文化的な生活水準を維持することができるものであることを必要とし（3条参照），保護の内容も，要保護者個人またはその世帯の実際の必要を考慮して，有効かつ適切に決定されなければならないが（9条参照），同時に，それは最低限度の生活の需要を満たすに十分なものであって，かつ，これをこえてはならないこととなっている（8条2項参照）。……原判決の確定した事実関係の下においては，本件生活扶助基準が入院入所患者の最低限度の日用品費を支弁するにたりるとした厚生大臣の認定判断は，与えられた裁量権の限界をこえまたは裁量権を濫用した違法があるものとはとうてい断定することができない。）」

〈評釈〉

　Xの死亡により，訴訟承継の可否が争われたところ，本判決は，生活保護の保護受給権が，被保護者自身の最低限度の生活を維持するために，被保護者個人に与えられた一身専属権であることから，保護受給権，被保護者の生存中の扶助すでに遅滞にあるものの給付を求める権利，不当利得請求権は，相続の対象とならないとして，訴訟承継し得る余地はないものとした。したがって，Xの死亡により，訴訟は終了した。

　「念のため」とした傍論において，生存権に関する裁判所の意見を述べている。傍論であるため，先例としての拘束力はないが，最高裁判所としての立場が示されている。そこでは，憲法25条の規定は，①「すべての国民が健康で文化的な最低限度の生活を営み得るように国政を運営すべきことを国の責務として宣言したにとどまり，直接個々の国民に対して具体的権利を賦与したものではない」こと，②「具体的権利としては，憲法の規定の趣旨を実現するために制定された生活保護法によって，はじめて与えられている」こと，③何が健康で文化的な最低限度の生活であるかの認定判断は，厚生大臣の裁量に委ねられており，裁量権の逸脱・濫用の場合のみ司法審査の対象となること，が述べられている。その理由として，健康で文化的な最低限度の生活というものが，抽象的・相対的概念であること，その具体的内容は，文化の発達や国民経済との相関等，多数の不確定的要素の総合考量によって決定されるものであること，が挙げられる。具体的内容の判断においては，以上の理由から，行政府の裁量権の問題として，基本的には司法府の不干渉という立場が示されたものと解される。

　当該傍論部分が，生存権の法的性格において，いかなる説をとったものかという議論がなされる。裁量権の逸脱・濫用の場合に司法審査をする余地をわずかながら認めていることからは，憲法25条の規定の裁判規範性が肯定されたと解され，純然たるプログラム規定説は採られていないという見解[27]が一方では成り立ち，他方，行政府に広汎な裁量権を認め，司法審査の

可能性がほぼないことからは，実質的にはプログラム規定説の立場によったものと解され得る[28]。

---

27　宍戸常寿・前注（21）169頁，河野正輝「判批」ジュリ別冊191号（2008年）5頁，憲法判例研究会編『判例プラクティス憲法〔増補版〕』信山社（2014年）291頁〔尾形健〕，葛西まゆこ「判批」ジュリ別冊218号（2013年）293頁。
28　野中俊彦他・前注（19）506-507頁〔野中俊彦〕。

## 5　エホバの証人剣道実技受講拒否事件

〈最判平成8.3.8第二小法廷判決，民集50.3.469，判時1564.3〉

〈事実の概要〉

　神戸市立工業高等専門学校では，保健体育が必修科目とされており，平成2年度から第1学年の体育科目の種目として，剣道が採用されていた。同年度から同校に入学したX（原告，控訴人，被上告人）は，かねてより聖書の内容を厳格に遵守するキリスト教の一派である「エホバの証人」の信者であったところ，「格技」が禁じられていることから，剣道実技を行うことを戒律違反として拒否した。Xは，剣道の授業そのものには出席し，講義や準備体操には参加したものの，実技は拒否し，道場の隅で正座をして授業内容を記録した上，レポートを作成し提出することで実技に代替してもらおうと数度にわたり提出を試みたが，受理されなかった。なお，Xは，他の体育種目の履修は拒絶しておらず，また，その他の成績も優秀であった。学校側は，原級留置処分（進級拒否処分）とし，連続して2回進級できない者には退学を命ずるとする学則に従って，学校長YはXを退学処分とした。XはYを相手取り，2度の原級留置処分と退学処分の取消しを求めて訴訟を提起した。

〈判旨〉

　「退学処分は学生の身分をはく奪する重大な措置であり，学校教育法施行規則13条3項も4個の退学事由を限定的に定めていることからすると，当該学生を学外に排除することが教育上やむを得ないと認められる場合に限って退学処分を選択すべきであり，その要件の認定につき他の処分の選択に比較して特に慎重な配慮を要するものである。また，原級留置処分も，学生にその意に反して1年間にわたり既に履修した科目，種目を再履修することを余儀なくさせ，上級学年における授業を受ける時期を延期させ，卒業を遅らせる上，神戸高専においては，原級留置処分が2回連続してされることにより退学処分にもつながるものであるから，その学生に与える不利益の大きさに照らして，原級留置処分の決定に当たっても，同様に慎重な配慮が要求されるものというべきである。」

「1　……高等専門学校においては，剣道実技の履修が必須のものとまではいい難く，体育科目による教育目的の達成は，他の体育種目の履修などの代替的方法によってこれを行うことも性質上可能というべきである。」

「2　他方，前記事実関係によれば，被上告人が剣道実技への参加を拒否する理由は，被上告人の信仰の核心部分と密接に関連する真しなものであった。被上告人は，他の体育種目の履修

は拒否しておらず，特に不熱心でもなかったが，剣道種目の点数として35点中のわずか2.5点しか与えられなかったため，他の種目の履修のみで体育科目の合格点を取ることは著しく困難であったと認められる。したがって，被上告人は，信仰上の理由による剣道実技の履修拒否の結果として，他の科目では成績優秀であったにもかかわらず，原級留置，退学という事態に追い込まれたものというべきであり，その不利益が極めて大きいことも明らかである。また，本件各処分は，その内容それ自体において被上告人に信仰上の教義に反する行動を命じたものではなく，その意味では，被上告人の信教の自由を直接的に制約するものとはいえないが，しかし，被上告人がそれらによる重大な不利益を避けるためには剣道実技の履修という自己の信仰上の教義に反する行動を採ることを余儀なくさせられるという性質を有するものであったことは明白である。」

「3　被上告人は，レポート提出等の代替措置を認めて欲しい旨繰り返し申し入れていた……。」「所論は，代替措置を採ることは憲法20条3項に違反するとも主張するが，信仰上の真しな理由から剣道実技に参加することができない学生に対し，代替措置として，例えば，他の体育実技の履修，レポートの提出等を求めた上で，その成果に応じた評価をすることが，その目的において宗教的意義を有し，特定の宗教を援助，助長，促進する効果を有するものということはできず，他の宗教者又は無宗教者に圧迫，干渉を加える効果があるともいえないのであって，およそ代替措置を採ることが，その方法，態様のいかんを問わず，憲法20条3項に違反するということができないことは明らかである。また，公立学校において，学生の信仰を調査せん索し，宗教を序列化して別段の取扱いをすることは許されないものであるが，学生が信仰を理由に剣道実技の履修を拒否する場合に，学校が，その理由の当否を判断するため，単なる怠学のための口実であるか，当事者の説明する宗教上の信条と履修拒否との合理的関連性が認められるかどうかを確認する程度の調査をすることが公教育の宗教的中立性に反するとはいえないものと解される。」

「4　以上によれば，……上告人の措置は，考慮すべき事項を考慮しておらず，又は考慮された事実に対する評価が明白に合理性を欠き，その結果，社会観念上著しく妥当を欠く処分をしたものと評するほかはなく，本件各処分は，裁量権の範囲を超える違法なものといわざるを得ない。」

〈評釈〉

　本判決は，原級留置処分または退学処分（以下，「本件各処分」という）の判断を，校長の裁量権の問題とし，「処分が，全く事実の基礎を欠くか又は社会観念上著しく妥当を欠き，裁量権の範囲を超え又は裁量権を濫用してされたと認められる場合に限り，違法である」という「社会観念審査」を採用している。社会観念審査の下では，現状を支配する多数派の観念が「社会観念」とされ，本件Xのような少数派が軽視されるおそれが少なからず存在する[29]が，本判決は，本件各処分の不利益の大きさから，「慎重な配慮」を要求したことで，審査密度を高めたものと解される[30,31]。そこで，本判決では，「考慮すべき事項を考慮しておらず，又は考慮された事実に対する評価が明白に合理性を欠き，その結果，社会観念上著しく妥当を欠く」として，社会観念審査の枠組みの中で，判断過程審査を行うことにより，ある程度踏み込

んだ判断をしている[32]。判断過程審査は，処分にいたる判断形成過程に着目し，判断過程に不合理な点がないかを審査する方法[33]であり，考慮すべき事項や考慮された事実に対する評価について判断するため，社会観念審査よりも厳格な審査となる。

　本判決では，以上の判断枠組みを採用することで，Xの信教の自由について正面から判断することを回避し，裁量権の逸脱濫用を判断する要素として，信教の自由における問題や代替措置の可否を検討している。

　Xの信教の自由について，第1審判決は，剣道を必修科目として履修を求めたのは「健全なスポーツとして大多数の一般国民の広い支持を得ている剣道であるから，兵役又は苦役に従事することを求めたような場合と比べ，その信教の自由に対する……制約の程度は極めて低い」としており，信教の自由への侵害をほとんど認めていない。対して本判決は，剣道実技への参加拒否の理由が真摯なもので，Xの「信仰の核心部分と密接に関連」し，剣道実技の履修が「信仰上の教義に反する行動を採ることを余儀なくさせられる」ものであるとし，直接的な制約は否定するものの，第1審判決に比べ，信教の自由への侵害を重く認識している[34]。以上のことから，本判決は，Yの裁量権行使にあたり，「相応の考慮」が必要であったとする。判断過程審査は，考慮すべき事項および考慮された事実に対する評価をどの程度詳細に判断するかによって，審査密度が変動し得るが[35]，本判決は，上記のとおり，信教の自由の観点から，「相応の考慮」を要求することで，裁量の範囲を狭くし，判断過程審査における審査密度を高めたと考えられる[36]。

　本判決は，信教の自由の観点から要求される「相応の考慮」として，Xの要求した代替措置をYが検討するべきであったとする。そこで，Yが代替措置を検討しなかったという判断過程について，政教分離原則との関係で検討している。Yが代替措置を認めることは，Xを宗教上特別扱いすることになり，そのことが政教分離原則に反するのではないかという問題である。最高裁は，政教分離原則に違反するか否かの判断を，「目的効果基準」によって行っており，本判決においても当該基準が採用されている。最高裁のとる当該基準は，政教分離をゆるやかな分離で足りると解するものであり，学説からは厳格な分離をすべきとの批判が強くなされている。しかし，本件は，分離をゆるやかに解することによって，代替措置が政教分離原則に反しないとの判断がなされ，信教の自由が保護されたといえる[37,38]。

　本判決では，信教の自由の観点から，「相応の考慮」を要求することで判断過程審査の密度を高め，代替措置を検討するべきであったことを導いていることから，信教の自由への侵害を重く認識したことが，X勝訴という結論を導いた大きなポイントとなったと考えられる[39]。

---

29　このような問題があることから，本判決が社会観念審査を採用したことには批判も存する（内田光紀「判批」立教大学大学院法学研究18号（1997年）80-81頁）。

30　太田幸夫「判批」判タ945号（1997年）349頁，川神裕「判解」曹時51巻3号（1999年）143頁。

31　栗田佳泰「判批」ジュリ別冊217号（2013年）97頁は，本判決において，「慎重な配慮」の有無の観点から裁量審査を行い，審査密度を高めたことが，結論を左右したとする。

32　中原茂樹『基本行政法〔第2版〕』日本評論社（2015年）133頁。

33　橋本博之・櫻井敬子『行政法〔第5版〕』弘文堂（2016年）118頁。

34 木下智史「判批」法セミ521号（1998年）56頁，土屋英雄「判批」ジュリ別冊186号（2007年）
   94-95頁。
35 中原茂樹・前注（32）133頁。
36 木下智史・前注（34）56頁。
37 太田幸夫・前注（30）349頁。
38 最大判昭和52.7.13民集31.4.533（津地鎮祭判決）は，厳格な分離により，個人の信教の自由を制
   約する場合があることを，不合理な事態として挙げる。
39 木下智史・前注（34）56頁，土屋英雄・前注（34）94頁。

## 6 「君が代」ピアノ伴奏拒否事件上告審判決

〈最判平成19.2.27第三小法廷判決，民集61.1.291，判時1962.3〉

### 〈事実の概要〉

　上告人Xは，平成11年４月１日から市立A小学校に音楽専科の教諭として勤務していた。X
は着任時に前後して，自己の思想・信条等から入学式等での国歌斉唱の際にピアノ伴奏を行う
ことはできない旨，校長に明らかにしてきた。校長は，Xに対し，「本校では従来ピアノを弾
いてきたので，国歌のピアノ伴奏をお願いします。これは職務命令です」と言ったが，Xは，
本件入学式において「君が代」斉唱のピアノ伴奏をしなかった。被上告人Y（東京都教育委員
会）は，Xに対し，同年６月11日付で，本件職務命令に従わなかったことが地方公務員法32条
および33条に違反するとして，地方公務員法（平成11年法律第107号５による改正前のもの）
29条１項１号ないし３号に基づき，戒告処分をした。これに対して，XはYに対して本件職務
命令が憲法19条に違反することを理由に，戒告処分の取消を求めて提訴した。

### 〈判旨〉

「3　上告代理人吉峯啓晴ほかの上告理由第２のうち本件職務命令の憲法19条違反をいう部分
について
（１）上告人は，『君が代』が過去の日本のアジア侵略と結び付いており，これを公然と歌った
り，伴奏することはできない，また，子どもに『君が代』がアジア侵略で果たしてきた役割等
の正確な歴史的事実を教えず，子どもの思想及び良心の自由を実質的に保障する措置を執らな
いまま『君が代』を歌わせるという人権侵害に加担することはできないなどの思想及び良心を
有すると主張するところ……上告人に対して本件入学式の国歌斉唱の際にピアノ伴奏を求める
ことを内容とする本件職務命令が，直ちに上告人の有する上記の歴史観ないし世界観それ自体
を否定するものと認めることはできないというべきである。
（２）他方において，……客観的に見て，入学式の国歌斉唱の際に『君が代』のピアノ伴奏を
するという行為自体は，音楽専科の教諭等にとって通常想定され期待されるものであって……
本件職務命令は，上記のように，公立小学校における儀式的行事において広く行われ，A小学
校でも従前から入学式等において行われていた国歌斉唱に際し，音楽専科の教諭にそのピアノ
伴奏を命ずるものであって，上告人に対して，特定の思想を持つことを強制したり，あるいは
これを禁止したりするものではなく，特定の思想の有無について告白することを強要するもの

でもなく，児童に対して一方的な思想や理念を教え込むことを強制するものとみることもできない。

（3）さらに，憲法15条2項は，『すべて公務員は，全体の奉仕者であって，一部の奉仕者ではない。』と定めており，地方公務員も，地方公共団体の住民全体の奉仕者としての地位を有するものである。こうした地位の特殊性及び職務の公共性にかんがみ，地方公務員法30条は，地方公務員は，全体の奉仕者として公共の利益のために勤務し，かつ，職務の遂行に当たっては全力を挙げてこれに専念しなければならない旨規定し，同法32条は，上記の地方公務員がその職務を遂行するに当たって，法令等に従い，かつ，上司の職務上の命令に忠実に従わなければならない旨規定するところ，上告人は，A小学校の音楽専科の教諭であって，法令等や職務上の命令に従わなければならない立場にあり，校長から同校の学校行事である入学式に関して本件職務命令を受けたものである。そして，学校教育法18条2号は，小学校教育の目標として『郷土及び国家の現状と伝統について，正しい理解に導き，進んで国際協調の精神を養うこと。』を規定し，学校教育法（平成11年法律第87号による改正前のもの）20条，学校教育法施行規則（平成12年文部省令第53号による改正前のもの）25条に基づいて定められた小学校学習指導要領（平成元年文部省告示第24号）第4章第2D（1）は，学校行事のうち儀式的行事について，『学校生活に有意義な変化や折り目を付け，厳粛で清新な気分を味わい，新しい生活の展開への動機付けとなるような活動を行うこと。』と定めるところ，同章第3の3は，『入学式や卒業式などにおいては，その意義を踏まえ，国旗を掲揚するとともに，国歌を斉唱するよう指導するものとする。』と定めている。入学式等において音楽専科の教諭によるピアノ伴奏で国歌斉唱を行うことは，これらの規定の趣旨にかなうものであり，A小学校では従来から入学式等において音楽専科の教諭によるピアノ伴奏で『君が代』の斉唱が行われてきたことに照らしても，本件職務命令は，その目的及び内容において不合理であるということはできないというべきである。

（4）以上の諸点にかんがみると，本件職務命令は，上告人の思想及び良心の自由を侵すものとして憲法19条に反するとはいえないと解するのが相当である。

　なお，上告人は，雅楽を基本にしながらドイツ和声を付けているという音楽的に不適切な『君が代』を平均律のピアノという不適切な方法で演奏することは音楽家としても教育者としてもできないという思想及び良心を有するとも主張するが，以上に説示したところによれば，上告人がこのような考えを有することから本件職務命令が憲法19条に反することとなるといえないことも明らかである。

　所論の点に関する原審の判断は，以上の趣旨をいうものとして，是認することができる。論旨は採用することができない。」

〈評釈〉

　本件は，憲法19条の保障が，内心のみならず，外部的行為にも及び得るかという問題にかかわるものである[40]。学説においては，憲法19条の保障する思想・良心の自由の内容として，思想・良心に反する外部的強制の禁止を含めるとする説[41]が近時有力に主張されている。

　本判決は，3（1）において，Xの「君が代」に関する思想・良心が，X自身の歴史観ない

し世界観およびこれに由来する社会生活上の信念等であることを認めた上で,「一般的には」,歴史観ないし世界観と外部的行為とが「不可分に結び付くものということはできず, ……本件職務命令が, 直ちに上告人の有する上記の歴史観ないし世界観それ自体を否定するものと認めることはできない」とした。第1審・第2審判決が, 内心と外部的行為との密接な関係を理由に, 本件職務命令が思想・良心の自由に対する制約になることを認めたのに対し, 本判決は, 一般の視点から, 内心と外部的行為とが可分であるため, 本件職務命令が直接にXの歴史観ないし世界観を否定するものではないと判示した。本件職務命令によるピアノ伴奏の強制は, Xの思想・良心の自由に対する侵害にあたらないと判断したものと考えられる[42]。

　続く3（2）においては,「客観的に見て」, ピアノ伴奏は, 音楽専科の教諭等にとって通常想定され期待されるものであって, 特定の思想を有するということを外部に表明する行為とは評価できず, 特に職務上の命令による場合には, そのような評価は一層困難であると判示した。音楽教諭が「君が代」のピアノ伴奏をしている場合, 客観的には, 職務の一環として行っていると思われるにすぎず,「君が代」に対し肯定的な思想を抱いているからこそピアノ伴奏をしているというようには受け止められないということであろう。このような理由から, 3（2）においてもまた, 侵害を否定する判断をしているが, これは, 3（1）において,「職務命令が, 直ちに上告人の有する上記の歴史観ないし世界観それ自体を否定するものと認めることはできない」としても, その性質, 効果等に照らしてそれと同様の作用を及ぼすことも考えられる[43]ことから, その可能性をも否定するために, 3（2）において, 重ねて, 侵害の有無について論じたと解される。

　以上, 3（1）および（2）は,「一般的」,「客観的」な観点から, 職務命令による「君が代」ピアノ伴奏の強制は, Xの思想・良心の自由への侵害にあたらないということを判示したものである。このように, 本判決の多数意見が,「一般的」,「客観的」な観点から判断したことに対して, 学説からは, Xにとっての主観的な思想・良心が問題なのであり, それを「一般的」,「客観的」に判断することは妥当ではない[44],「行為の客観的な通常性は, 行為の思想性を薄めるという論旨である[45]」といった批判が数多く存する。那須裁判官の補足意見も,「本件の核心問題は, ……上告人の場合はこれが当てはまらないと上告人自身が考える点にある」と指摘し, さらに, 信念に反してピアノ伴奏を強制されることに伴う心理的葛藤・精神的苦痛に関する詳細な検討を行った上で,「本件職務命令は, 上告人に対し上述の意味で心理的な矛盾・葛藤を生じさせる点で, 同人が有する思想及び良心の自由との間に一定の緊張関係を惹起させ, ひいては思想及び良心の自由に対する制約の問題を生じさせる可能性がある」と述べている。多数意見のとる「一般的」,「客観的」な観点でなく, X自身の立場からは, 制約となり得るということを意見しており, 適切なものであると考える。

　ただし, 結論として, 個人的な思想を理由に義務を拒否できるのかということについては, 留意すべきである。たとえば教育の場面では, 教科教育において, 教員の有する世界観と教育内容が異なる場合, 教員は教育行為を拒否できる[46]ということになり得るのであり, 社会一般においては,「それでは政治社会が成り立たない[47]」ということになろう。したがって, 本件において, Xが公立学校の教諭であることから, 職務命令を拒否できるのかについては, さら

に検討が必要であろう。本判決では，3（3）がその部分にあたる。この3（3）は，3（1）および（2）において「一般的」，「客観的」に侵害がないということをすでに判示しているため，3（1）および（2）とは別の観点[48]から，職務命令の合理性を理由として，侵害がないことを根拠づけたものであると解される[49]。しかし，上記のとおり，「一般的」，「客観的」に侵害がないとするのではなく，X自身の立場から侵害の有無を判断すべきであったのであるから，X自身の立場から侵害の有無を判断した上で，侵害ありとなった場合に，侵害の正当化の段階において，職務命令の合理性等を論ずるべきであったということになろう。また，職務命令の合理性の検討にあたっては，「全体の奉仕者」であることを理由とする本判決の判示では，あまりに不十分であるように思われる[50]。ここで藤田裁判官の反対意見に注目すると，藤田裁判官は，Xの思想・良心の内容として，公的儀式における斉唱への協力の強制に対する否定的評価を重視し，公的儀式における斉唱への協力の強制がXの「信念・信条そのものに対する直接的抑圧となる」とした上で，「職務命令によって達せられようとしている公共の利益の具体的な内容」と『『思想及び良心』の保護の必要」との間で，慎重な比較衡量をすべきであると主張する。その比較衡量においては，職務命令によって達せられる「公共の利益」の内容を，「究極的目的」・「中間目的」・「具体的目的」に階層化することで検討すべきことを述べる。このような具体的な検討によってはじめて，侵害の正当化の可否が決せられるものと解される。

40　森英明「時の判例」ジュリ1344号（2007年）84頁。

41　佐藤幸治『憲法〔第3版〕』青林書院（1995年）488頁。

42　「一般的には……不可分に結び付くものということはでき」ないとする部分が，保護領域に関する判示（渡辺康行「公教育における『君が代』と教師の『思想・良心の自由』」ジュリスト1337号（2007年）34頁，成嶋隆「『日の丸・君が代』訴訟における思想・良心の自由と教育の自由」法時80巻9号（2008年）79頁等）なのか，侵害の有無に関する判示（安西文雄「判批」判評586号（2007年）10頁）なのか，学説の見解が分かれているところであり，解釈の困難な部分であるが，少なくとも，「本件職務命令が，直ちに上告人の有する上記の歴史観ないし世界観それ自体を否定するものと認めることはできない」とする部分は，侵害を否定したものと解されることから，3（1）全体としては，侵害の有無に関する判示であると考えられる。

43　森英明・前注（40）84頁。

44　市川須美子「最高裁学テ判決と『日の丸・君が代』強制」獨協法学81号（2010年）4頁，多田一路「判批」法セミ630号（2007年）112頁，渡辺康行・前注（42）33-34・36頁等。

45　清水晴生「良心の自由の法理」白鷗法学17巻2号（2010年）205頁。

46　高乗智之「思想・良心の自由と公務員の人権―いわゆる君が代訴訟を中心に―」駒沢大学大学院公法学研究34号（2008年）14頁。

47　佐藤幸治・前注（41）488頁。

48　「一般的」，「客観的」には侵害が否定されるとしても，事案の個別的，具体的な事情に照らすと，……憲法19条違反の問題が生じる余地があるということである（森英明・前注（40）85頁）。

49　渡辺康行・前注（42）37頁，安西文雄・前注（42）10頁。

50　多田一路・前注（44）112頁。

# 7 「サッカーボール事件」と呼ばれる責任無能力者である未成年者が起こした事件において親権者の監督責任を否定した最高裁判決

〈最判平成27.4.9第一小法廷判決，民集69.3.455，判時2261.145〉

〈事実の概要〉

　A（当時11歳11カ月，第1審で責任能力が否定された）は，放課後，児童らに開放されていた小学校の校庭で，フリーキックの練習をしていた。サッカーゴールに向かってサッカーボールを蹴ったところ，ボールが校庭からゴールの後方約10m に位置する南門の門扉（高さ約1.3m）の上を越えて橋の上を転がり，道路上に出た。南門の左右には校庭の南端に沿って高さ約1.2m のネットフェンスが設置され，校庭の南側には幅約1.8m の側溝を隔てて道路があり，南門と道路との間には橋が架けられていた。自動二輪車を運転して道路を進行してきたB（当時85歳）が，Aの蹴ったボールを避けようとして転倒した。この事故により，Bは，左脛骨及び左腓骨骨折等の傷害を負い，約1年5か月後，入院中に誤嚥性肺炎により死亡した。死亡したBの相続人Xらは，Aの父母たる親権者Y1・Y2に対して，民法714条1項に基づき，Bの受傷および死亡について，約4500万円の損害賠償を求めた。

　第1審・第2審とも，Y1・Y2の民法714条1項に基づく責任を肯定し，請求を一部認容した。これに対し，Y1らが上告受理申立てをした。

〈判旨〉

　「満11歳の男子児童であるAが本件ゴールに向けてサッカーボールを蹴ったことは，ボールが本件道路に転がり出る可能性があり，本件道路を通行する第三者との関係では危険性を有する行為であった……が，〔①〕Aは，友人らと共に，放課後，児童らのために開放されていた本件校庭において，使用可能な状態で設置されていた本件ゴールに向けてフリーキックの練習をしていたのであり，このようなAの行為自体は，本件ゴールの後方に本件道路があることを考慮に入れても，本件校庭の日常的な使用方法として通常の行為である。また，〔②〕本件ゴールにはゴールネットが張られ，その後方約10m の場所には……南門及びネットフェンスが設置され，これらと本件道路との間には幅約1.8m の側溝があったのであり，本件ゴールに向けてボールを蹴ったとしても，ボールが本件道路上に出ることが常態であったものとはみられない。〔③〕本件事故は，Aが本件ゴールに向けてサッカーボールを蹴ったところ，ボールが南門の門扉の上を越えて南門の前に架けられた橋の上を転がり，本件道路上に出たことにより，折から同所を進行していたBがこれを避けようとして生じたものであって，Aが，殊更に本件道路に向けてボールを蹴ったなどの事情もうかがわれない。」

　「責任能力のない未成年者の親権者は，その直接的な監視下にない子の行動について，人身に危険が及ばないよう注意して行動するよう日頃から指導監督する義務があると解されるが，本件ゴールに向けたフリーキックの練習は，上記各事実に照らすと，通常は人身に危険が及ぶような行為であるとはいえない。また，親権者の直接的な監視下にない子の行動についての日頃の指導監督は，ある程度一般的なものとならざるを得ないから，通常は人身に危険が及ぶものとはみられない行為によってたまたま人身に損害を生じさせた場合は，当該行為について具

体的に予見可能であるなど特別の事情が認められない限り，子に対する監督義務を尽くしていなかったとすべきではない。」

「Aの父母であるY1らは，危険な行為に及ばないよう日頃からAに通常のしつけをしていたというのであり，Aの本件における行為について具体的に予見可能であったなどの特別の事情があったこともうかがわれない。そうすると，本件の事実関係に照らせば，Y1らは，民法714条1項の監督義務者としての義務を怠らなかったというべきである。」

〈評釈〉

本判決は，責任能力のない未成年者が加害行為をした場合の，民法714条1項ただし書による監督義務者の免責を，最高裁として認めたはじめての判決である。同条同項ただし書前段の免責事由である「監督義務者がその義務を怠らなかったとき」にあたるか否かが問題となった。

民法714条1項は，責任無能力者により加害行為がなされた場合に，その責任無能力者を監督する法的義務を負う者が，被害者へ損害を賠償する責任を負うことを定める。この監督義務者の責任は，責任無能力者に代わって負うものではなく，監督義務者自身の監督義務違反を理由に負う自己責任であるとされる[51]。また，民法714条1項ただし書によって，監督者の過失についての主張立証責任が，被害者側から監督義務者側に転換され，中間責任となっている。監督義務上の無過失は，責任無能力者が加害行為をすること自体についての無過失ではなく，一般的な監督義務上の無過失であるとされているため，監督義務者側が，このような広範囲にわたる監督義務の内容およびその義務を怠らなかったことの立証をしなければならず，未成年者の監督義務者について監督義務を怠らなかったことを理由に免責されることは，ほとんど認められない[52]と解されていた。これは，被害者救済を実現するという観点によるものである。そのため，実質的には無過失責任であり，従来の下級審裁判例においても，監督義務違反に基づく責任を否定したものはほぼ存在しない[53]。

本判決は，子が直接監督下にない場合，「通常は人身に危険が及ぶものとはみられない行為」ならば，「特段の事情」の認められない限り，日頃の「ある程度一般的」な指導監督により，監督義務者の責任が免責される旨判示した。指導監督が「ある程度一般的」か否かについては，Yらが「通常のしつけ」をしていたことを述べるのみで，具体的なしつけ内容等を検討していない。そのため，監督義務者の責任の免責は，「通常は人身に危険が及ぶものとはみられない行為」にあたるか否かに大幅に左右される[54]と考えられるところ，その判断は，①子の行為が「通常の行為」か，②子の行為が危険な状況を生じさせることが「常態」であったか，③子が故意に危険な状況を作出したか，という3点を検討することでなされている[55]。したがって，監督義務の水準は，子の行為態様の悪性の程度との相関[56]において決せられることになる。子の行為態様の悪性が低い場合，監督義務の水準が緩和される[57]ということである。

本判決が，上記のように判断をして，監督義務の水準を緩和したことは，未成年者の行動の自由を確保するという観点から，適切であると評価できる[58]。対して，第2審判決によると，親権者には「そもそも本件ゴールに向けてサッカーボールを蹴らないよう指導する監督義務があ」るとされるところ，校庭に使用可能な状態で設置されていたゴールに向かってボールを蹴

るのを禁止することは，子の行動の自由を制限するものといえる。

　ただし，この判断枠組みにおいては，「通常は人身に危険が及ぶものとはみられない行為」にあたるという，「加害」行為にもかかわらず，客観的危険性のない，かなり限定された場合にのみ監督義務の水準が緩和されるものである[59]。したがって，本判決から直ちに，従来の無過失責任的運用から過失責任（中間責任）的運用に変わったと解することは妥当ではないであろう[60]。しかし，責任能力のない未成年者に対する監督義務が高度にはならない場面を示したことは，子が加害行為をしたならば，いかなる場合でも監督義務者が責任を免れることは難しいという固定化された理解の再考を促すものであり[61]，そのような意味で，意義のある判決である。

---

51　潮見佳男『債権各論II不法行為法〔第2版〕』新世社（2009年）90頁。
52　加藤雅信『新民法体系V事務管理・不当利得・不法行為〔第2版〕』有斐閣（2005年）331頁。
53　詳細は，林誠司「監督者責任の再構成（4）」北大法学論集56巻4号（2005年）127頁。
54　柴田彬史「判批」法学協会雑誌134巻1号（2017年）112頁，久保野恵美子「判批」法教420号（2015年）57頁，石原達也「判批」法学新報122巻11・12号（2016年）359頁。
55　このように，監督義務者の責任の免責の判断において，子の行為態様が考慮されているが，これは，最判平成7.1.24民集49.1.25が，未成年者の責任の行為態様は，監督義務者の責任の有無の判断に際して斟酌するとしたことを受けたものと解される（本件の調査官である菊池絵里も，ひろば68巻7号（2015年）60頁において，同様に解している）。
56　柴田彬史・前注（54）126頁。
57　柴田彬史・前注（54）126頁。
58　山本周平「判批」法教別冊425号（2015年）19頁，鈴木宏昌「監督者責任に関する考察」東海法科大学院論集6号（2016年）88頁，城内明「判批」法時89巻2号126頁，前田陽一「判批」法時89巻11号（2017年）86-87頁，久保野恵美子・前注（54）56頁。
59　従来の裁判例の事実を，本判決の判断枠組みに当てはめた場合，免責が肯定されることはほぼないであろうとされる（久保野恵美子「判批」ジュリ1492号（2016年）82頁，城内明・前注（58）126頁）。
60　吉村良一「判批」リマークス53号（2016年）52頁，窪田充見「判批」論究ジュリ16号（2016年）14頁，久保野恵美子・前注（59）82頁，前田陽一・前注（58）87頁，石原達也・前注（54）361頁。
61　山本周平・前注（58）19頁，鈴木宏昌・前注（58）88頁，前田陽一・前注（58）87頁。

## 8　JR東海認知症徘徊事故訴訟最高裁判決

〈最判平成28.3.1第三小法廷判決，民集70.3.681，判時2299.32〉

〈事実の概要〉

　重度の認知症に罹患し，徘徊癖のあったA（当時91歳，要介護4）が，同居していた妻Y1（当時85歳，要介護1）が介護に疲れてうたた寝した隙に一人で外出し，駅のホーム先端のフェンス扉を開けてホーム下に降りたところ，Xの運行する電車に衝突し，死亡するという事故が発生した。Aは，本件事故当時，責任弁識能力がなかった。Xは，Y1とAの長男Y2らに対し，民法714条1項または709条に基づき，本件事故により電車遅延等が生じたことによる損害の賠償を請求した。

　Y2の妻Bが，横浜市から単身で愛知県にあるA宅の近隣に転居して，Aの介護を行うY1

を補助し，Y2は，Aが認知症に罹患した後も横浜市に居住し，本件事故の直前は1カ月に3回程度週末にA宅を訪ねていた。また，Yら，B及びC（A・Y1の子で，介護の実務に精通している）は，A宅で顔を合わせた際など折に触れて，今後のAの介護について話し合い，Aを特別養護老人ホームに入所させることも検討したが，Cが「特別養護老人ホームに入所させるとAの混乱は更に悪化する。Aは家族の見守りがあれば自宅で過ごす能力を十分に保持している。特別養護老人ホームは入居希望者が非常に多いため入居までに少なくとも2，3年はかかる。」旨の意見を述べたこともあって，Aを引き続きA宅で介護することに決めていた。

　第1審判決は，Y1について，本件事故に関して具体的な危険性を予見できたとして民法709条による責任を認め，Y2について，社会通念上，同法714条1項の法定監督義務者や同条2項の代理監督者と同視し得る事実上の監督者であったとした上で，事務所センサーの電源が切ってあった点や，介護施設，ホームヘルパーを利用しなかった点から，民法714条による責任を認めた。Y1・Y2が控訴。

　第2審判決は，Y1について，夫婦間の協力扶助義務（民法752条）等を理由に，法定監督義務者にあたるとして，事務所センサーの電源を切ったままにしていたこと等から，民法714条による責任を認めたが，民法722条2項に体現されている「損害の公平の分担の精神」に基づき，5割を減額した。Y2については，法定監督義務者にも事実上の監督者にもあたらないとして，責任を否定した。

〈判旨〉

1　（1）「民法714条1項の規定は，責任無能力者が他人に損害を加えた場合にはその責任無能力者を監督する法定の義務を負う者が損害賠償責任を負うべきものとしているところ，このうち精神上の障害による責任無能力者について監督義務が法定されていたものとしては，平成11年……改正前の〔精神保健福祉法〕22条1項により精神障害者に対する自傷他害防止監督義務が定められていた保護者や，平成11年……改正前の民法858条1項により禁治産者に対する療養看護義務が定められていた後見人が挙げられる。しかし，……自傷他害防止監督義務は，上記平成11年〔改正〕により廃止された（なお，保護者制度そのものが平成25年法律第47号により廃止された。）。また，……療養看護義務は，上記平成11年……改正後の民法858条において成年後見人がその事務を行うに当たっては成年被後見人の心身の状態及び生活の状況に配慮しなければならない旨のいわゆる身上配慮義務に改められた。この身上配慮義務は，成年後見人の権限等に照らすと，成年後見人が契約等の法律行為を行う際に成年被後見人の身上について配慮すべきことを求めるものであって，成年後見人に対し事実行為として成年被後見人の現実の介護を行うことや成年被後見人の行動を監督することを求めるものと解することはできない。そうすると，平成19年当時において，保護者や成年後見人であることだけでは直ちに法定の監督義務者に該当するということはできない。」

　（2）民法752条の規定する同居協力扶助義務は，「夫婦間において相互に相手方に対して負う義務であって，第三者との関係で夫婦の一方に何らかの作為義務を課するものではなく，しかも，同居の義務についてはその性質上履行を強制することができないものであり，協力の義務についてはそれ自体抽象的なものである。また，扶助の義務はこれを相手方の生活を自分自

身の生活として保障する義務であると解したとしても，そのことから直ちに第三者との関係で相手方を監督する義務を基礎付けることはできない。そうすると，同条の規定をもって同法714条1項にいう責任無能力者を監督する義務を定めたものということはできず，他に夫婦の一方が相手方の法定の監督義務者であるとする実定法上の根拠は見当たらない」ため，「精神障害者と同居する配偶者であるからといって，その者が民法714条1項にいう」法定監督義務者に当たるとすることはできない。

（3）Y1はAの妻であり，本件事故当時Aの保護者でもあったが，Y1がAを法定監督義務者に当たるとすることはできず，Y2はAの長男であるが，Aを法定監督義務者に当たるとする法令上の根拠はない。

2（1）「法定の監督義務者に該当しない者であっても，責任無能力者との身分関係や日常生活における接触状況に照らし，第三者に対する加害行為の防止に向けてその者が当該責任無能力者の監督を現に行いその態様が単なる事実上の監督を超えているなどその監督義務を引き受けたとみるべき特段の事情が認められる場合には，衡平の見地から法定の監督義務を負う者と同視してその者に対し民法714条に基づく損害賠償責任を問うことができるとするのが相当であり，このような者については，法定の監督義務者に準ずべき者として，同条1項が類推適用されると解すべきである」。「精神障害者に関し，このような法定の監督義務者に準ずべき者に当たるか否かは，その者自身の生活状況や心身の状況などとともに，精神障害者との親族関係の有無・濃淡，同居の有無その他の日常的な接触の程度，精神障害者の財産管理への関与の状況などその者と精神障害者との関わりの実情，精神障害者の心身の状況や日常生活における問題行動の有無・内容，これらに対応して行われている監護や介護の実態など諸般の事情を総合考慮して，その者が精神障害者を現に監督しているかあるいは監督することが可能かつ容易であるなど衡平の見地からその者に対し精神障害者の行為に係る責任を問うのが相当といえる客観的状況が認められるか否かという観点から判断すべきである。」

（2）「Y1は，長年Aと同居していた妻であり，……Y2，B及びCの了解を得てAの介護に当たっていたものの，本件事故当時85歳で左右下肢に麻ひ拘縮があり要介護1の認定を受けており，Aの介護もBの補助を受けて行っていた」ため，「Y1は，Aの第三者に対する加害行為を防止するためにAを監督することが現実的に可能な状況にあったということはできず，その監督義務を引き受けていたとみるべき特段の事情があったとはいえない。したがって，……Y1は，精神障害者であるAの法定の監督義務者に準ずべき者に当たるということはできない。」

「Y2は，……横浜市に居住して東京都内で勤務していたもので，本件事故まで20年以上もAと同居しておらず，本件事故直前の時期においても1カ月に3回程度週末にA宅を訪ねていたにすぎないというのである。そうすると，……Y2は，Aの第三者に対する加害行為を防止するためにAを監督することが可能な状況にあったということはできず，その監督を引き受けていたとみるべき特段の事情があったとはいえない。したがって，……Y2も，精神障害者であるAの法定の監督義務者に準ずべき者に当たるということはできない。」

〈評釈〉

　本判決は，判旨1において，精神障害による責任無能力者が不法行為をした場合，平成11年改正後の精神保健福祉法における保護者，成年後見制度における成年後見人，および，配偶者について，民法714条の法定監督義務者にはあたらない旨の判断をし，判旨2において，「法定の監督義務者に準ずべき者」（以下「準法定監督義務者」という）の該当性に関する判断枠組みを示したものである。

　判旨1（1）に表れているように，保護者および成年後見人の法定監督義務者該当性が否定された背景には，その根拠となる2つの法律の改正がある。以前の精神保健福祉法には，保護者について，精神障害者に対する自傷他害防止監督義務が定められ，その義務を根拠として，保護者は法定監督義務者にあたると考えられていた。しかし，家族等への過度の負担を避けるため，平成11年の改正により，その義務が廃止された。また，平成11年改正前の民法において後見人に定められていた，禁治産者に対する療養看護義務が，改正により成年被後見人に対する身上配慮義務（民法858条）に変更された。本判決も述べるように，身上配慮義務とは，成年後見人が法律行為を行う際に，成年被後見人の身上について配慮すべき義務であり，事実行為として成年被後見人の現実の介護や行動の監督を行うものではないと考えられている。以上の改正を踏まえ，本判決は，保護者や成年後見人が直ちに法定監督義務者にあたるものではないと判示した。

　判旨1（2）において，配偶者の法定監督義務者該当性もまた否定された。第2審判決が，民法752条に規定される，夫婦間の同居協力扶助義務を根拠に，配偶者の法定監督義務者該当性を肯定したのに対し，本判決は，当該義務はあくまで夫婦間において相互に負う義務であり，夫婦の一方が第三者に対して負う義務ではないと判示した。

　保護者，成年後見人，配偶者であるからといって，法定監督義務者にあたるとすることはできないとした上記本判決の判断は，きわめて適切なものといえる[62]。木内裁判官の補足意見にもあるように，家族等が監督義務者として責任を負うことは，家族等が精神障害者本人の行動を制限することにつながり得る。このような行動の自由の制限は，許されるものではない。また，高齢者や障害者も，施設に入るのではなく，地域社会の中で家族とともに生活をすることが，家族や本人の望む形であることは少なくない。高齢者や障害者が地域で暮らし続ける社会づくりが目指される中，介護をする家族が責任を負うことは回避すべきであると考える。

　次に本判決は，判旨2において，準法定監督義務者該当性について判示した。「第三者に対する加害行為の防止に向けて……監督を現に行いその態様が単なる事実上の監督を超えているなどその監督義務を引き受けたとみるべき特段の事情が認められる場合」，衡平の見地から，民法714条を類推適用し，損害賠償責任を問うことができるというものである。当該判断枠組みに対しては，監督義務を引き受けたとみるべき特段の事情を要求していることから，準法定監督義務者に該当する場合がかなり限定されたものとなったとして，介護の引き受け拒否につながらないよう一定の配慮がなされている[63]と見る等肯定的な評価[64]がある一方，あてはめにおいて，Y1が要介護状態であることや，Y2が遠方に住んでいたことが重要な判断要素とされたため，健康な者が同居して介護する場合には準法定監督義務者に該当する[65]と解し，拡大さ

れたものとして批判する見解[66]も存する。このように両極の解釈がなされ得る不明確な判断枠組みが示され，責任が不透明となること自体が問題であるが，さらに，上記いずれの解釈をとるにせよ，当該判断枠組みによると，介護と監督とを区別しているとはいえ，実質的には，より介護に積極的であった者が準法定監督義務者として損害賠償責任のリスクにさらされる[67]ことになり得るのであり，これでは人々が介護から遠ざかる一因になりかねない。ここで窪田充見[68]は，実際に介護していたかではなく，介護すべきであったかという規範的な判断が重要であることを述べるが，いずれにせよ家族等に責任を負わせる形となってしまう。責任無能力者の責任を家族から解放し，高齢者や障害者が地域で暮らし続ける社会づくりをしていくためには，準法定監督義務者に責任を負わせることもまた，妥当とはいいがたい。

　家族の負担を回避する方向に精神保健福祉法の改正がなされ，また，社会全体で高齢者や障害者をサポートする地域の仕組みづくりが推進される中，立法の問題として，法定監督義務者や準法定監督義務者に責任を負わせること自体を見直すべきときがきたということになろう。では，法定監督義務者等に代わって，誰がリスクを負うべきなのか。上山泰は，社会全体でリスクを分担する方法として，不法行為責任（責任無能力者本人の衡平責任の導入）と，保険制度や社会保障制度等を合わせたリスク分配の仕組みを構築すべきとしている[69]。また，二宮周平は，監督義務者を明記せずに加害行為をした責任無能力本人に賠償責任を負わせることに加え，事業者の損害保険と介護保険とを組み合わせることを提案する[70]。特に認知症について見れば，高齢になれば誰もがかかり得るのであり，また，誰もが認知症患者の家族になり得るのである。そこでは「被害者対加害者」という構造自体から脱却する必要があり[71]，「被害者救済」ではなく，上山や二宮のように，社会全体での「リスク分配」を考えていく必要がある[72]。

---

62　同様に，判旨1を好意的に捉えるものとして，浅岡輝彦「判批」法セミ746号（2017年）40頁，前田陽一「判批」リマークス54号（2017年）49頁，田上富信「判批」法学研究58巻1・2号（愛知学院大学，2017年）414頁。

63　前田陽一・前注（62）49頁。

64　樋口範雄「『被害者救済と賠償責任追及』という病—認知症患者徘徊事件をめぐる最高裁判決について」曹時68巻11号（2016年）12頁。

65　米村滋人「判批」法学教室429号（2016年）55頁。

66　原田剛「判批」実践成年後見63号（2016年）83頁。

67　窪田充見「判批」ジュリ1491号（2016年）66頁。

68　窪田充見・前注（67）67頁。

69　上山泰『専門職後見人と身上監護〔第3版〕』民事法研究会（2015年）189-190頁。

70　二宮周平「判批」実践成年後見63号（2016年）73頁。

71　詳しくは，樋口範雄・前注（64）1頁以下。

72　他に，社会でのリスク負担を述べるものとして，高鉄雄「認知症高齢者による事故に関する近親者の損害賠償責任」立教法学95号（2017年）74頁，松尾弘「判批」法学セミナー739号（2016年）118頁。

## 9　夫婦同氏訴訟最高裁大法廷判決

〈最大判平成27.12.16民集69.8.2586，判時2284.38〉

〈事実の概要〉

　Xらは，夫婦が婚姻の際に定めるところに従い夫又は妻の氏を称すると定める民法750条の規定は憲法13条，14条1項，24条1項及び2項等に違反すると主張し，民法750条を改廃する立法措置をとらないという立法不作為の違法を理由に，国に対し，国家賠償法1条1項に基づき損害賠償を求めた。Xらは，婚姻前の氏を通称として使用している者または婚姻届を提出したが，婚姻後の氏の選択がされていないとして不受理とされた者である。

　第1審・第2審ともXらの請求を棄却した。これに対し，Xらが上告した。

〈判旨〉

1　憲法13条適合性

　「家族は社会の自然かつ基礎的な集団単位であるから，このように個人の呼称の一部である氏をその個人の属する集団を想起させるものとして一つに定めることにも合理性がある」。

　「氏は，個人の呼称としての意義があり，名とあいまって社会的に個人を他人から識別し特定する機能を有するものであることからすれば，自らの意思のみによって自由に定めたり，又は改めたりすることを認めることは本来の性質に沿わないものであり，一定の統一された基準に従って定められ，又は改められるとすることが不自然な取扱いとはいえないところ，……氏に，名とは切り離された存在として社会の構成要素である家族の呼称としての意義があることからすれば，氏が，親子関係など一定の身分関係を反映し，婚姻を含めた身分関係の変動に伴って改められることがあり得ることは，その性質上予定されている」。

　「以上のような現行の法制度の下における氏の性質等に鑑みると，婚姻の際に『氏の変更を強制されない自由』が憲法上の権利として保障される人格権の一内容であるとはいえない。本件規定は，憲法13条に違反するものではない。」

2　憲法14条1項適合性

　「本件規定は，夫婦が夫又は妻の氏を称するものとしており，夫婦がいずれの氏を称するかを夫婦となろうとする者の間の協議に委ねているのであって，その文言上性別に基づく法的な差別的取扱いを定めているわけではなく，本件規定の定める夫婦同氏制それ自体に男女間の形式的な不平等が存在するわけではない。我が国において，夫婦となろうとする者の間の個々の協議の結果として夫の氏を選択する夫婦が圧倒的多数を占めることが認められるとしても，それが，本件規定の在り方自体から生じた結果であるということはでき」ず，「本件規定は，憲法14条1項に違反するものではない。」

3　憲法24条適合性

（1）憲法24条1項適合性

　「憲法24条は，……婚姻をするかどうか，いつ誰と婚姻をするかについては，当事者間の自由かつ平等な意思決定に委ねられるべきであるという趣旨を明らかにしたもの」である。「本件規定は，婚姻の効力の一つとして夫婦が夫又は妻の氏を称することを定めたものであり，婚

姻をすることについての直接の制約を定めたものではない。仮に，婚姻及び家族に関する法制
度の内容に意に沿わないところがあることを理由として婚姻をしないことを選択した者がいる
としても，これをもって，直ちに上記法制度を定めた法律が婚姻をすることについて憲法24条
1項の趣旨に沿わない制約を課したものと評価することはできない」。

（2）憲法24条2項適合性

「氏は，家族の呼称としての意義があるところ，現行の民法の下においても，家族は社会の
自然かつ基礎的な集団単位と捉えられ，その呼称を一つに定めることには合理性が認められ
る。」「夫婦が同一の氏を称することは，上記の家族という一つの集団を構成する一員であるこ
とを，対外的に公示し，識別する機能を有している。特に，婚姻の重要な効果として夫婦間の
子が夫婦の共同親権に服する嫡出子となるということがあるところ，嫡出子であることを示す
ために子が両親双方と同氏である仕組みを確保することにも一定の意義があると考えられる。
また，家族を構成する個人が，同一の氏を称することにより家族という一つの集団を構成する
一員であることを実感することに意義を見いだす考え方も理解できるところである。さらに，
夫婦同氏制の下においては，子の立場として，いずれの親とも等しく氏を同じくすることによ
る利益を享受しやすいといえる」。「加えて，……本件規定の定める夫婦同氏制それ自体に男女
間の形式的な不平等が存在するわけではなく，夫婦がいずれの氏を称するかは，夫婦となろう
とする者の間の協議による自由な選択に委ねられている。」

「これに対して，夫婦同氏制の下においては，……婚姻によって氏を改める者にとって，
……アイデンティティの喪失感を抱いたり，婚姻前の氏を使用する中で形成してきた個人の社
会的な信用，評価，名誉感情等を維持することが困難になったりするなどの不利益を受ける場
合がある」。「夫の氏を選択する夫婦が圧倒的多数を占めている現状からすれば，妻となる女性
が上記の不利益を受ける場合が多い状況が生じているものと推認できる。さらには，夫婦となろ
うとする者のいずれかがこれらの不利益を受けることを避けるために，あえて婚姻をしない
という選択をする者が存在することもうかがわれる。」

「しかし，夫婦同氏制は，婚姻前の氏を通称として使用することまで許さないというもので
はなく，近時，婚姻前の氏を通称として使用することが社会的に広まっているところ，上記の
不利益は，このような氏の通称使用が広まることにより一定程度は緩和され得るものである。」

「以上の点を総合的に考慮すると，本件規定の採用した夫婦同氏制が，……直ちに個人の尊
厳と両性の本質的平等の要請に照らして合理性を欠く制度であるとは認めることはできない。
したがって，本件規定は，憲法24条に違反するものではない。」

〈評釈〉

本判決の多数意見が夫婦同氏制を定める民法750条を合憲とした理由においては，①氏を，
婚姻および家族に関する法制度と離すことができないものとすること，および，②法律婚と嫡
出子を基礎とする家族観を多数意見が前提としていることが，核心となっていると思われる。
このことは，婚姻および家族に関する法制度を離れて氏が変更されること自体を捉えて違憲で
あるか否かを論ずることは相当ではないとした上で，氏には社会の構成要素である家族の呼称
としての意義があることを示した判旨1や，夫婦の共同親権に服する嫡出子であることを示す

ために，子が両親双方と同氏である仕組みを確保することにも一定の意義がある等とした判旨
3（2）に，特に強くあらわれている。

上記①に関して，高橋和之が，「人権の保障範囲は制度の枠内に限定されるという考え方であり，制度優先思考」であると批判する[73]。多数意見は，一定の法制度を前提とする人格権や人格的利益については，生来的な権利とは異なる考慮が必要であることを前提としていると見られる[74]が，高橋は，名前について，「国家により創設された制度ではなく，社会の中で自生的に成立したもの」であるとして，制度に優先する人権であることを主張する[75]。

また，上記②に対しては，岡部意見が，「離婚や再婚の増加，非婚化，晩婚化，高齢化などにより家族形態も多様化している現在において，氏が果たす家族の呼称という意義や機能をそれほどまでに重視することはできない。世の中の家族は多数意見の指摘するような夫婦とその間の嫡出子のみを構成員としている場合ばかりではない。民法が夫婦と嫡出子を原則的な家族形態と考えていることまでは了解するとしても，そのような家族以外の形態の家族の出現を法が否定しているわけではない。既に家族と氏の結び付きには例外が存在する（下線筆者）」と批判する。

以上から，多数意見には，その核心部分に問題があると思われる。特に②に関して，岡部意見が述べるように，現代社会における家族の多様化を軽視するものであり，さらには，嫡出子・非嫡出子間の差別撤廃という観点[76]からも，認めがたい論旨である。

しかし，本判決が，最高裁としてはじめて，憲法24条2項に一定の既判力を認める判示をしたことは，意義のあるものである。本判決は，憲法24条2項について，「具体的な制度の構築を第一次的には国会の合理的な立法裁量に委ねるとともに，その立法に当たっては，同条1項も前提としつつ，個人の尊厳と両性の本質的平等に立脚すべきであるとする要請，指針を示すことによって，その裁量の限界を画したもの」とし，その要請，指針は，「憲法上直接保障された権利とまではいえない人格的利益をも尊重すべきこと，両性の実質的な平等が保たれるように図ること，婚姻制度の内容により婚姻をすることが事実上不当に制約されることのないように図ること等についても十分に配慮した法律の制定を求めるもの」であるとした。立法裁量における総合考慮の一要素に格下げされた[77]として批判するものもあるが，憲法13条，憲法14条1項では救済されない権利・利益を，憲法24条2項において検討することを示したことにより，憲法13条，14条1項違反にはならない場合でも，憲法24条違反になり得ることを認めるものであって，救済の幅が広がった[78]ことは，注目すべきである。

---

73　高橋和之「『夫婦別姓訴訟』─同氏強制合憲判決にみられる最高裁の思考様式」世界879号（2016年）144頁。

74　畑佳秀「時の判例」ジュリ1490号（2016年）98頁。

75　財産権との比較において，同様の批判をするものとして，小山剛「判批」ジュリ1505号（2017年）22-23頁。

76　二宮周平「判批」戸籍時報737号（2016年）37頁，中里見博「判批」法学教室431号（2016年）38頁，床谷文雄「判批」判時2308号（2016年）191頁。

77　高橋和之・前注（73）148頁。

78　石埼学「判批」法セミ増18号（2016年）34頁。

# 第2節 資　　　料

## 1 成年後見制度の概要（Q & A）

〈「成年後見制度」法務省（http://www.moj.go.jp/MINJI/minji17.html）より引用〉

**Q1　成年後見制度ってどんな制度ですか？**

**A1**　認知症，知的障害，精神障害などの理由で判断能力の不十分な方々は，不動産や預貯金などの財産を管理したり，身のまわりの世話のために介護などのサービスや施設への入所に関する契約を結んだり，遺産分割の協議をしたりする必要があっても，自分でこれらのことをするのが難しい場合があります。また，自分に不利益な契約であってもよく判断ができずに契約を結んでしまい，悪徳商法の被害にあうおそれもあります。このような判断能力の不十分な方々を保護し，支援するのが成年後見制度です。

**Q2　成年後見制度にはどのようなものがあるのですか？**

**A2**　成年後見制度は，大きく分けると，法定後見制度と任意後見制度の2つがあります。また，法定後見制度は，「後見」「保佐」「補助」の3つに分かれており，判断能力の程度など本人の事情に応じて制度を選べるようになっています。

　法定後見制度においては，家庭裁判所によって選ばれた成年後見人等（成年後見人・保佐人・補助人）が，本人の利益を考えながら，本人を代理して契約などの法律行為をしたり，本人が自分で法律行為をするときに同意を与えたり，本人が同意を得ないでした不利益な法律行為を後から取り消したりすることによって，本人を保護・支援します。

**Q3　「後見」制度ってどんな制度ですか？**

**A3**　精神上の障害（認知症・知的障害・精神障害など）により，判断能力が欠けているのが通常の状態にある方を保護・支援するための制度です。この制度を利用すると，家庭裁判所が選任した成年後見人が，本人の利益を考えながら，本人を代理して契約などの法律行為をしたり，本人または成年後見人が，本人がした不利益な法律行為を後から取り消すことができます。ただし，自己決定の尊重の観点から，日用品（食料品や衣料品等）の購入など「日常生活に関する行為」については，取消しの対象になりません。

**Q4　「後見」制度を利用した事例を教えてください。**

**A4**　次のような事例があります。

○後見開始事例：本人は5年程前から物忘れがひどくなり，勤務先の直属の部下を見ても誰かわからなくなるなど，次第に社会生活を送ることができなくなりました。日常生活においても，家族の判別がつかなくなり，その症状は重くなる一方で回復の見込みはなく，2年前から入院しています。ある日，本人の弟が突然事故死し，本人が弟の財産を相続することになりました。弟には負債しか残されておらず，困った本人の妻が相続放棄のために，後見開始の審判を申し立てました。家庭裁判所の審理を経て，本人について後見が開始され，夫の

財産管理や身上監護をこれまで事実上担ってきた妻が成年後見人に選任され，妻は相続放棄の手続をしました。

**Q5　「保佐」制度ってどんな制度ですか？**

A5　精神上の障害（認知症・知的障害・精神障害など）により，判断能力が著しく不十分な方を保護・支援するための制度です。この制度を利用すると，お金を借りたり，保証人となったり，不動産を売買するなど法律で定められた一定の行為について，家庭裁判所が選任した保佐人の同意を得ることが必要になります。保佐人の同意を得ないでした行為については，本人または保佐人が後から取り消すことができます。ただし，自己決定の尊重の観点から，日用品（食料品や衣料品等）の購入など「日常生活に関する行為」については，保佐人の同意は必要なく，取消しの対象にもなりません。また，家庭裁判所の審判によって，保佐人の同意権・取消権の範囲を広げたり，特定の法律行為について保佐人に代理権を与えることもできます。保佐人の同意権・取消権の範囲を広げたり，保佐人に代理権を与えるためには，自己決定の尊重から，当事者が，同意権等や代理権による保護が必要な行為の範囲を特定して，審判の申立てをしなければなりません。また，保佐人に代理権を与えることについては，本人も同意している必要があります。この申立ては，保佐開始の審判の申立てとは別のものです。

**Q6　「保佐」制度を利用した事例を教えてください。**

A6　次のような事例があります。

○保佐開始事例：本人は1年前に夫を亡くしてから一人暮らしをしていました。以前から物忘れが見られましたが，最近症状が進み，買物の際に1万円札を出したか5千円札を出したか，分からなくなることが多くなり，日常生活に支障が出てきたため，長男家族と同居することになりました。隣県に住む長男は，本人が住んでいた自宅が老朽化しているため，この際自宅の土地，建物を売りたいと考えて，保佐開始の審判の申立てをし，併せて土地，建物を売却することについて代理権付与の審判の申立てをしました。家庭裁判所の審理を経て，本人について保佐が開始され，長男が保佐人に選任されました。長男は，家庭裁判所から居住用不動産の処分についての許可の審判を受け，本人の自宅を売却する手続を進めました。

**Q7　「補助」制度ってどんな制度ですか？**

A7　軽度の精神上の障害（認知症・知的障害・精神障害など）により，判断能力の不十分な方を保護・支援するための制度です。この制度を利用すると，家庭裁判所の審判によって，特定の法律行為について，家庭裁判所が選任した補助人に同意権・取消権や代理権を与えることができます。ただし，自己決定の尊重の観点から，日用品（食料品や衣料品等）の購入など「日常生活に関する行為」については，補助人の同意は必要なく，取消しの対象にもなりません。補助人に同意権や代理権を与えるためには，自己決定の尊重の観点から，当事者が，同意権や代理権による保護が必要な行為の範囲を特定して，審判の申立てをしなければなりません。この申立ては，補助開始の審判とは別のものです。なお，補助に関するこれらの審判は，本人自らが申し立てるか，本人が同意している必要があります。

Q8 「補助」制度を利用した事例を教えてください。

A8 次のような事例があります。

○補助開始事例：本人は，最近米を研がずに炊いてしまうなど，家事の失敗がみられるようになり，また，長男が日中仕事で留守の間に，訪問販売員から必要のない高額の呉服を何枚も購入してしまいました。困った長男が家庭裁判所に補助開始の審判の申立てをし，併せて本人が10万円以上の商品を購入することについて同意権付与の審判の申立てをしました。

家庭裁判所の審理を経て，本人について補助が開始され，長男が補助人に選任されて同意権が与えられました。その結果，本人が長男に断りなく10万円以上の商品を購入してしまった場合には，長男がその契約を取り消すことができるようになりました。

Q9 成年後見人等には，どのような人が選ばれるのでしょうか？

A9 成年後見人等には，本人のためにどのような保護・支援が必要かなどの事情に応じて，家庭裁判所が選任することになります。本人の親族以外にも，法律・福祉の専門家その他の第三者や，福祉関係の公益法人その他の法人が選ばれる場合があります。成年後見人等を複数選ぶことも可能です。また，成年後見人等を監督する成年後見監督人などが選ばれることもあります。

Q10 親族以外の第三者が成年後見人に選任された事例を教えてください。

A10 次のような事例があります。

○親族以外の第三者が成年後見人に選任された事例：本人は20年前に統合失調症を発症し，15年前から入院していますが，徐々に知的能力が低下しています。また，障害認定1級を受け障害年金から医療費が支出されています。本人は母一人子一人でしたが，母が半年前に死亡したため，親族は母方叔母がいるのみです。亡母が残した自宅やアパートを相続し，その管理を行う必要があるため，母方叔母は後見開始の審判の申立てを行いました。家庭裁判所の審理を経て，本人について後見が開始されました。そして，母方叔母は，遠方に居住していることから成年後見人になることは困難であり，主たる後見事務は，不動産の登記手続とその管理であることから，司法書士が成年後見人に選任され，併せて社団法人成年後見センター・リーガルサポートが成年後見監督人に選任されました。

Q11 複数の成年後見人が選任された事例を教えてください。

A11 次のような事例があります。

○複数の成年後見人が選任された事例：2年前に本人はくも膜下出血で倒れ意識が戻りません。妻は病弱ながら夫の治療費の支払いや身のまわりのことを何とかこなしていました。しかし，本人の父が亡くなり，遺産分割協議の必要が生じたため，後見開始の審判を申し立てました。家庭裁判所の審理の結果，本人について後見が開始されました。そして，妻は，子どもと離れて暮らしており，親族にも頼る者がいないため，遺産分割協議や夫の財産管理を一人で行うことに不安があったことから，妻と弁護士が成年後見人に選任され，妻が夫の身上監護に関する事務を担当し，弁護士が遺産分割協議や財産管理に関する事務を担当することになりました。

**Q12　成年後見人等の役割は何ですか？**

A12　成年後見人等は，本人の生活・医療・介護・福祉など，本人の身のまわりの事柄にも目を配りながら本人を保護・支援します。しかし，成年後見人等の職務は本人の財産管理や契約などの法律行為に関するものに限られており，食事の世話や実際の介護などは，一般に成年後見人等の職務ではありません。また，成年後見人等はその事務について家庭裁判所に報告するなどして，家庭裁判所の監督を受けることになります。

**Q13　成年後見の申立てをする方がいない場合は，どうすればよいのでしょうか？**

A13　身寄りがないなどの理由で，申立てをする人がいない認知症高齢者，知的障害者，精神障害者の方の保護を図るため，市町村長に法定後見（後見・保佐・補助）の開始の審判の申立権が与えられています。

**Q14　市町村長が後見開始の審判の申立てを行った事例を教えてください。**

A14　次のような事例があります。

○市町村長が後見開始の審判を申し立てた事例：本人には重度の知的障害があり，現在は特別養護老人ホームに入所しています。本人は，長年障害年金を受け取ってきたことから多額の預貯金があり，その管理をする必要があるとともに，介護保険制度の施行にともない，特別養護老人ホームの入所手続を措置から契約へ変更する必要があります。本人にはすでに身寄りがなく，本人との契約締結が難しいことから，町長が知的障害者福祉法の規定に基づき，後見開始の審判の申立てをしました。家庭裁判所の審理の結果，本人について後見が開始され，司法書士が成年後見人に選任されました。その結果，成年後見人は介護保険契約を締結し，これに基づき，特別養護老人ホーム入所契約のほか，各種介護サービスについて契約を締結し，本人はさまざまなサービスを受けられるようになりました。

**Q15　任意後見制度とは，どのような制度ですか？**

A15　任意後見制度は，本人が十分な判断能力があるうちに，将来，判断能力が不十分な状態になった場合に備えて，あらかじめ自らが選んだ代理人（任意後見人）に，自分の生活，療養看護や財産管理に関する事務について代理権を与える契約（任意後見契約）を公証人の作成する公正証書で結んでおくというものです。そうすることで，本人の判断能力が低下した後に，任意後見人が，任意後見契約で決めた事務について，家庭裁判所が選任する「任意後見監督人」の監督のもと本人を代理して契約などをすることによって，本人の意思にしたがった適切な保護・支援をすることが可能になります。

**Q16　任意後見制度を利用して任意後見監督人が選任された事例を教えてください。**

A16　次のような事例があります。

○任意後見監督人選任事例：本人は，長年にわたって自己の所有するアパートの管理をしていましたが，判断能力が低下した場合に備えて，長女との間で任意後見契約を結びました。その数か月後，本人は脳梗塞で倒れ左半身が麻痺するとともに，認知症の症状が現れアパートを所有していることさえ忘れてしまったため，任意後見契約の相手方である長女が任意後見監督人選任の審判の申立てをしました。家庭裁判所の審理を経て，弁護士が任意後見監督人に選任されました。その結果，長女が任意後見人として，アパート管理を含む本人の財産

管理，身上監護に関する事務を行い，これらの事務が適正に行われているかどうかを任意後見監督人が定期的に監督するようになりました。

## 2 成年後見制度の概要と鑑定書の作成

〈最高裁判所事務総局家庭局「成年後見制度における鑑定書作成の手引」(http://www.courts.go.jp/saiban/syurui_kazi/kazi_09_02/）より引用〉

### (1) 制度の概要

#### 1. 成年後見制度とは

成年後見制度とは，精神上の障害により判断能力が不十分な者について，契約の締結等を代わって行う代理人など本人を援助する者を選任したり，本人が誤った判断に基づいて契約を締結した場合にそれを取り消すことができるようにすることなどにより，これらの者を保護する制度です。

#### 2. 現行の成年後見制度

法定後見は，本人の判断能力の程度に応じて，後見，保佐，補助の3つの類型があり，精神上の障害により本人の判断能力が不十分である場合に，家庭裁判所が，法律の定めに従って，本人を援助する者を選任し，この者に本人（成年後見人等）を代理するなどの権限を与えることにより本人を保護するものです。判断能力の不十分さが最も重度な者を対象とするのが後見で，次いで保佐，そして補助になります。旧制度のうち禁治産が現行の制度の後見に，準禁治産が現行の制度の保佐に相当します。補助は，新しく設けられた類型で，判断能力が不十分ではありますが，その状態が後見や保佐の対象となる程度には至っていない者を対象とします。任意後見は，本人の判断能力が不十分な状態になった場合に，本人があらかじめ締結した契約（任意後見契約）に従って本人を保護するものです。任意後見契約では，代理人である任意後見人となるべき者や，その権限の内容が定められます。なお，成年後見制度は，認知症の高齢者，知的障害者，精神障害者等精神上の障害により判断能力が不十分な者を対象とします。すなわち，身体機能に障害があるため一人では十分に財産上の行為を行うことができなくても，判断能力が十分ある者は，対象者から除かれます。

#### 3. 後見の概要

後見の対象者は，「精神上の障害により事理を弁識する能力を欠く常況にある者」（民法7条）です。これは，自己の財産を管理・処分できない程度に判断能力が欠けている者，すなわち，日常的に必要な買い物も自分ではできず誰かに代わってやってもらう必要がある程度の者です。後見が開始されると，成年後見人が選任され，成年後見人は，本人の行為全般について，本人を代理することができ，本人がした行為を取り消すことができます。

#### 4. 保佐の概要

保佐の対象者は「精神上の障害により事理を弁識する能力が著しく不十分である者」（民法11条）です。これは，判断能力が著しく不十分で，自己の財産を管理・処分するには，常に援助が必要な程度の者，すなわち，日常的に必要な買い物程度は単独でできますが不動産，自動車の売買や自宅の増改築，金銭の貸し借り等重要な財産行為は自分ではできないという程度の

判断能力の者のことです。ただし自己の財産を管理・処分できない程度に判断能力が欠けている者は，保佐ではなく，後見の対象者となります。保佐が開始されると，保佐人が選任され，本人が行う重要な財産行為については，<u>保佐人の同意を要する</u>こととされ，本人又は保佐人は，<u>本人が保佐人の同意を得ないで行った重要な財産行為を取り消すことができます</u>。また，必要があれば，家庭裁判所は，保佐人に本人を代理する権限を与えることができます。

## 5．補助の概要

　補助の対象者は「精神上の障害により事理を弁識する能力が<u>不十分である者</u>」（民法15条1項）です。これは，判断能力が不十分で，自己の財産を管理，処分するには援助が必要な場合があるという程度の者，すなわち，重要な財産行為は，自分でできるかもしれないが，できるかどうか危ぐがあるので，本人の利益のためには誰かに代わってやってもらった方がよい程度の者をいいます。ただし，自己の財産を管理・処分するには常に援助が必要な程度に判断能力が著しく不十分な者は保佐の対象者に，自己の財産を管理・処分できない程度に判断能力が欠けている者は後見の対象者になるので，補助の対象とはなりません。

　補助が開始されると，補助人が選任され，補助人に本人を<u>代理する権限</u>や，本人が取引等をするについて<u>同意</u>をする権限が与えられます。代理権や同意権の範囲・内容は，家庭裁判所が個々の事案において必要性を判断した上で決定します。補助人に同意権が与えられた場合には，本人又は補助人は，本人が補助人の同意を得ないでした行為を取り消すことができます。補助を開始するに当たっては，本人の申立て又は同意が必要とされています。<u>補助の対象者は，後見及び保佐の対象者と比べると，不十分ながらも一定の判断能力を有しているので，本人の自己決定を尊重する観点から，本人が補助開始を申し立てること又は本人が補助開始に同意していることを必要としたものです</u>。この本人の同意は家庭裁判所が確認するものです。これに対し後見及び保佐においてはこれらを開始するに当たり，本人の同意は要件とされていません。

## 6．任意後見の概要

　任意後見は，本人に判断能力があるうちに，将来精神上の障害により判断能力が低下した場合に備えて，本人が任意後見人となるべき者及びその権限の内容をあらかじめ<u>公正証書</u>によって契約しておき，<u>本人の判断能力が低下した場合に，関係者からの申立てにより家庭裁判所が任意後見人を監督する任意後見監督人を選任し，契約の効力を生じさせる</u>ことにより本人を保護するというものです。家庭裁判所が任意後見契約の効力を生じさせることができるのは，本人の判断能力が，法定後見でいえば，少なくとも補助に該当する程度以上に不十分な場合です。任意後見人には，<u>契約で定められた代理権のみ</u>が与えられます。任意後見においても，本人の自己決定を尊重する観点から，契約の効力を生じさせるに当たって，本人の申立て又は同意が必要とされており，<u>家庭裁判所がこの本人の同意を確認する</u>ことになります。

## 7．裁判所による監督

　後見，保佐又は補助が開始された場合，家庭裁判所は，後見人，保佐人又は補助人に対し，その事務について報告を求めたり，本人の財産の状況を調査することができるほか，その事務について必要な処分を命じることや，後見監督人等を選任して監督に当たらせることができま

す。また，後見人等が不正行為をするなど，その任務に適しない事由があるときは，家庭裁判所は後見人等を解任することができます。任意後見では，家庭裁判所は，家庭裁判所が選任した任意後見監督人を通じて任意後見人の事務を監督することになりますが，後見等の場合と同様に，任意後見人にその任務に適しない事由があるときは，任意後見人を解任することができます。こうした監督を通じて後見等の事務が適正に行われることが担保されています。

### （2）鑑定書の作成

○鑑定書記載例1　（統合失調症・後見開始の審判）34歳：「近所の人が自分の（高校3年時）うわさをしている」などと言うようになり「隣の家がうるさいから対抗してやる」と言って夜中にステレオを大音量でかけるなどの奇異な行動が見られ始めた。「盗聴器が仕掛けられている」「テレビで自分のことを言っている」などの奇異な言動が目立つようになり，5月10日夜に「組織のトップから『やってしまえ』という指示がきている」などと言い，暴れたことをきっかけに，A病院に医療保護入院となった。「毒が入れられている」と言い拒食あり。閉鎖病棟の自室で一日中ベッドに横になっていることが多い。平成5年に試験的に1か月程度開放処遇としたが，日中に近所のパン店に出かけて万引きをしてしまう事件を4回繰り返したことをきっかけに，閉鎖処遇となった。生菓子パンでは，腐るのではないかとの問いにも「パンは100年の保存食です」と答える。自らの財産については「5億の収入がある，いつでも自由に使える」と答える。自分が「国際的な組織」のメンバーであるということが妄想の中心となっているらしく，そのトップからの指示に従って本人は入院していると言うことがあるという。

○鑑定書記載例2　（認知症・後見開始の審判）70歳：平成8年1月　雑貨店の売上金を保管する金庫の置き場所を忘れるようになる。同年5月　雑貨店でお釣りを出すとき計算ができなくなったり，扱っている品物の名前を忘れるようになる。同年8月　夏であるにもかかわらずエアコンを暖房に設定し，エアコンが動かなくなったと言い出すようになる。同年11月　隣町に住む弟の家に行った帰り，自宅までの帰り道が分からなくなることが多くなる。病院に通院を始める。平成9年4月　金庫の置き場所を忘れ，見つからなくなったとき，妻が隠したとか盗まれたと言い出すようになる。同年8月　知人の顔が分からなくなる。病院に入院。アルツハイマー型認知症との診断。同年12月　会話ができなくなり，話しかけても内容が理解できなくなる。平成10年4月　年齢，経歴など答えられず。家族の名前，診察当日の日付，場所について答えられず。

○鑑定書記載例3　（知的障害・保佐開始の審判）55歳：居酒屋で知り合った男性に「貸してほしい」と言われるままに金を渡すため，父が預金通帳を管理するようになった。しかし，本人は金融機関から100万円近く借金し，借用書もなしでその男性に渡していた。家族が気付いた時，本人は自分で返済するあてなど考えず，「いい人なので貸した」と言うばかりであった。そのうち男性は行方不明となり，父が借金の肩代わりをした。鑑定人が自宅を訪問したときの様子では，自宅の中は足の踏み場もないほど物が散乱していたが，本人は，そのことを意に介するふうもなかった。預金通帳は父の死後いったん自分で管理することもあったが，すぐに紛失してしまったり，残高があるだけ払い戻してしまうことがあり，兄が管理している。自宅の土地建物の権利証についても，知り合って間もない知人から貸してほしいと言われて，貸しそ

うになり，以来，兄が管理している。短時間のうちにその話の内容を答えられなくなるなど，記銘力は標準より劣っている。不動産登記が何を意味するのか説明できず，土地建物の権利証の重要性についての認識に乏しい。また，借金をして男性に渡したことについては，今でもだまされたとは思っていないと言う。

○鑑定書記載例 4 （認知症・保佐開始の審判）73歳：本人はテレビの通信販売で掃除機を買い求めたが，送られてくるまでの間に購入したことを忘れ，別の掃除機を購入し，息子がクーリングオフの手続をしたことがあった。本人の希望で通帳と実印を貸金庫に保管したが翌月にはそのことを忘れて「なくなった，盗まれた」と言い家中を捜し回った。平成 9 年 9 月には元本保証と高配当をうたった戸別訪問による投資詐欺にあい，預託金100万円を損失した。平成10年までは確定申告も自分でできていたが平成11年には書類に誤りが多く，結局，息子がこれを作成した。平成11年 5 月には新聞を契約したことを忘れていて 4 社同時に契約が重なった。アパートの管理は本人が取り仕切っているが，アパートの外階段が一部壊れ，平成10年 5 月に借主の子どもがけがをしたので，借主が修理依頼を繰り返したが「子どものしつけが悪い」と言って 1 年間にわたり放置した。セールスで訪れた業者に本人が階段修理をさせたところ，業者から380万円を請求された。工事費用が高額であることに息子が気付き，別の業者に見積もりを出したところ同種の工事内容で100万円であったため，現在係争中である。アパートの修理については「必要がないのに息子が言うから修理を頼んだ」と言う。借主の子どもがけがをしたことや借主からの苦情についても本人は意に介さず，修理をしなければ危険であったという認識もない。自分の資産の総額を把握しておらず通常の金利がどの程度あるかということも理解していない。修理費用の380万円も業者の言うままに契約をしたようであり，その内訳や支払の見通しもうまく説明できない。

## 3　日常生活自立支援事業

〈厚生労働省ホームページ（http://www.mhlw.go.jp/stf/seisakunitsuite/bunya/hukushi_kaigo/seikatsuhogo/chiiki-fukusi-yougo/index.html）より引用〉

### 1．実施主体

都道府県・指定都市社会福祉協議会（窓口業務等は市町村の社会福祉協議会等で実施）。

### 2．対象者

本事業の対象者は，次のいずれにも該当する方です。判断能力が不十分な方（認知症高齢者，知的障害者，精神障害者等であって，日常生活を営むのに必要なサービスを利用するための情報の入手，理解，判断，意思表示を本人のみでは適切に行うことが困難な方），本事業の契約の内容について判断し得る能力を有していると認められる方。

### 3．援助の内容

本事業に基づく援助の内容は，次に掲げるものを基準とします。①福祉サービスの利用援助，②苦情解決制度の利用援助，③住宅改造，居住家屋の貸借，日常生活上の消費契約及び住民票の届出等の行政手続に関する援助等，④預金の払い戻し，預金の解約，預金の預け入れの手続等利用者の日常生活費の管理（日常的金銭管理），⑤定期的な訪問による生活変化の察知。

## 4．利用料

　実施主体が定める利用料を利用者が負担します。（参考）実施主体が設定している訪問1回あたり利用料は平均1,200円です。ただし，契約締結前の初期相談等に係る経費や生活保護受給世帯の利用料については，無料となっています。

## 4 市民後見人

### 1．市民後見人の定義

　市民後見人とは，家庭裁判所から成年後見人等として選任された一般市民のことであり，専門組織による養成と活動支援を受けながら，市民としての特性を活かした後見活動を地域における第三者後見人の立場で展開する権利擁護の担い手のことである。（岩間伸之「市民後見人とは何か　権利擁護と地域福祉の新たな担い手」社会福祉研究第113号，鉄道弘済会，2012年，pp.9-16）

### 2．市民後見人の活動支援事例

〈大阪府福祉部地域福祉推進室地域福祉課「大阪府における市民後見人の養成と活動支援」（https://www.osakafusyakyo.or.jp/kouken/pdf/H27public_guardianship06.pdf#search）より引用〉

○事例①在宅生活を希望される本人の意思を尊重

・成年被後見人：80代・女性・認知症・要介護3

・市民後見人：40代・女性

・受任時の状況：本人は在宅でひとり暮らし。約10年前に夫と死別。市社会福祉協議会が行う日常生活自立支援事業の利用者で，介護サービスを利用して暮らしていたが，認知症が進行し「夫が埋められている」など頻繁に近隣住民に訴え，曜日も分からなくなってきた。受診後，処方薬の服薬によって症状は落ち着いてきたが，日常生活自立支援事業の利用継続が困難となった。

・受任後の活動：市社協の日常生活自立支援事業担当者から引き継ぎを受け，市民後見人が通帳等を預かった。その後，銀行への届出，市役所，年金事務所の手続きを行った。市民後見人は週に1回被後見人を訪問し，本人が利用しているデイサービスをのぞくこともある。夏場となり，本人はエアコンの管理が困難なため，ホームヘルパーにリモコンを預け，管理を依頼した。

○事例②特別養護老人ホームへの入所を支援

・被後見人：80代・女性・認知症・要介護4

・市民後見人：50代・女性

・受任時の状況：本人は入院中。未婚で子どもはいない。在宅でひとり暮らしをしていたが，半年前に口座振替の介護サービス利用料が引き落とされていないことが発覚。自身で金銭管理できず，知り合いの店に通帳等を預けていたが，管理が不十分だったため市の担当者が店主に返却を求めた。2か月前，自宅で転倒し緊急搬送され，先月から老人保健施設に入所していたが，施設内で再度転倒して入院している。退院後は老人保健施設へ戻る予定。居所が定まらないため，自宅の借家の解約ができない状態が続いている。

・受任後の活動：市が預かっていた通帳・印鑑・年金証書などの引渡しを受け，手続きを行った。市民後見人は病院の相談員，市の高齢者福祉担当ケースワーカー同席で，病院を訪問し本人と面会。家主にも会って状況を報告し，契約書の写しを入手した。

○事例③本人の死亡に伴い，疎遠だった親族と連絡調整

・成年被後見人：80代・男性・認知症・要介護4

・市民後見人：60代・男性

・受任時の状況：本人は結婚歴がなく，子どもはいない。親族は，兄と妹がいるが疎遠となっている。約8か月前に転倒し，骨折のため1か月間入院した。退院後，理解力の低下や物忘れが見られ，介護者へ暴言を発するようになり，排泄等の生活動作全てにおいて介助を要する状態となった。その後，半年前に療養型医療施設に入院となったが，経過は良好で，3か月前から老人保健施設に入所している。

・受任後の活動：市民後見人は，行政の高齢者福祉担当者，本人の妹，老人保健施設職員と同席の上，本人と面談した。妹から，「若い時から苦労をかけられた。今後本人の顔も見たくない。」との発言があった。施設から通帳等の引渡しを受け，行政，金融機関等で必要な手続きを行った。市民後見人は週に1回のペースで老人保健施設を訪問した。

## 5 障害者差別解消法（合理的配慮の提供等事例集）

〈内閣府ホームページ（内閣府障害者施策担当）（http://www8.cao.go.jp/shougai/suishin/jirei/txt/gouriteki_jirei.txt）より引用〉

### （1）障害を理由とする差別の解消の推進に関する法律（平成25年法律第65号）抄
（社会的障壁の除去の実施についての必要かつ合理的な配慮に関する環境の整備）

第5条　行政機関等及び事業者は，社会的障壁の除去の実施についての必要かつ合理的な配慮を的確に行うため，自ら設置する施設の構造の改善及び設備の整備，関係職員に対する研修その他の必要な環境の整備に努めなければならない。【環境の整備】

（行政機関等における障害を理由とする差別の禁止）

第7条　行政機関等は，その事務又は事業を行うに当たり，障害を理由として障害者でない者と不当な差別的取扱いをすることにより，障害者の権利利益を侵害してはならない。【不当な差別的取扱いの禁止】

2　行政機関等は，その事務又は事業を行うに当たり，障害者から現に社会的障壁の除去を必要としている旨の意思の表明があった場合において，その実施に伴う負担が過重でないときは，障害者の権利利益を侵害することとならないよう，当該障害者の性別，年齢及び障害の状態に応じて，社会的障壁の除去の実施について必要かつ合理的な配慮をしなければならない。【合理的配慮の提供】

（事業者における障害を理由とする差別の禁止）

第8条　事業者は，その事業を行うに当たり，障害を理由として障害者でない者と不当な差別的取扱いをすることにより，障害者の権利利益を侵害してはならない。【不当な差別的取扱いの禁止】

2　事業者は，その事業を行うに当たり，障害者から現に社会的障壁の除去を必要としている旨の意思の表明があった場合において，その実施に伴う負担が過重でないときは，障害者の権利利益を侵害することとならないよう，当該障害者の性別，年齢及び障害の状態に応じて，社会的障壁の除去の実施について必要かつ合理的な配慮をするように努めなければならない。

【合理的配慮の提供】

## （2）義 務 規 定

### 1．行政機関等

　不当な差別的取扱いの禁止：義務　合理的配慮の提供：義務　環境の整備：努力義務

### 2．事業者

　不当な差別的取扱いの禁止：義務　合理的配慮の提供：努力義務　環境の整備：努力義務

## （3）事例と対応例

### 1．知的障害

（1）学習活動の内容や流れを理解することが難しく，何をやるのか，いつ終わるのかが明確に示されていないと，不安定になってしまい，学習活動への参加が難しくなる。

　（対応例）本人の理解度に合わせて，実物や写真，シンボルや絵などで活動予定を示した。

（2）咀嚼することが苦手であり，通常の給食では喉に詰まらせてしまう可能性がある。

　（対応例）大きな食材については，小さく切ったりミキサーで細かくしたりして，食べやすいサイズに加工することとした。

（3）多くの人が集まる場が苦手で，集会活動や儀式的行事に参加することが難しい。

　（対応例）集団から少し離れた場所で本人に負担がないような場所に席を用意したり，聴覚に過敏があるのであれば，イヤーマフなどを用いることとした。

（4）聴覚に過敏さがあり，運動会のピストル音が聞こえると，パニックを起こしてしまうかもしれない。

　（対応例）ピストルは使用せず，代わりに笛・ブザー音・手旗などによってスタートの合図をすることとした。

（5）卒業式での証書授与の際に，どこで立ち止まり，どこを歩くのかを理解するのが難しい。

　（対応例）会場の床に足形やテープなどで動線と目的の場所を示すことで，どこを歩くのかを理解しやすいようにした。

（6）パニック障害があるため，必ず介助者の隣に座りたい。

　（対応例）ほぼ満席になっており隣り合った空席がなかったが，他の乗客のご了解を得て座席を変更し，隣り合って座れるよう調整した。

（7）危険性の予知が難しく，校舎の窓から外へ出ようとすることがある。

　（対応例）落下を防ぐため，やや高めの窓手すりや柵を設置した。

（8）予定外のことなどで不安になったり，パニックになったりすることがあり，災害時にも同様のことが予想される。

　（対応例）避難場所や避難する際の注意などを分かりやすく伝えるための視覚的な手がかりを用意した。また，学校内の避難経路は分かりやすいように，生徒の目線の位置に目印を掲

示し，避難訓練の際もそれを手がかりにして避難するようにした。

## ２．精神障害

（１）大勢の人がいるところでは，どうしても周囲が気になってしまい落ち着かず，待合室での順番待ちが難しい。

　（対応例）別室の確保が困難であったため，待合室の中で，比較的周りからの視界が遮られるようなスペースに椅子を移動させ，順番待ちできるよう配慮した。

（２）障害の状況によっては，授業中に情緒不安定になってしまうことがある。

　（対応例）情緒不安定になったときには，落ち着くまで一人になれる場所へ移動して休むことができるようにした。

（３）考えていたことと違ったことや通常とは異なる場面への対応が苦手で，パニックになる場合がある。電車やバスなどを利用している際に，事故発生で止まったり遅れたりするなどの異変が生じたときは，状況が理解できるよう丁寧に伝えてほしい。

　（対応例）障害特性を理解して，アナウンスする場合は，分かりやすく丁寧なアナウンスを心掛けた。

（４）障害により講義に集中できないときがあり，単位の取得が難しくなっている。

　（対応例）生徒の希望と症状の診断結果を考慮して，一部の講義にチューターをつけて修学支援することとした。

（５）細かい作業の段取りがなかなか覚えられず，急な手順の変化などには対応できない。

　（対応例）作業手順などを示した業務マニュアルについて，分かりやすい内容となるよう工夫して作成した。また，説明や指示は具体的に行うように職場スタッフに周知した。

## ３．発達障害

（１）文字の読み書きに時間がかかるため，授業中に黒板を最後まで書き写すことができない。

　（対応例）書き写す代わりに，デジタルカメラ，スマートフォン，タブレット型端末などで，黒板の写真を撮影できることとした。

（２）教員の話を聞いて想像することが苦手なため，内容を理解することができない。

　（対応例）絵，写真，図，実物などを見せることで，授業内容や活動予定を理解しやすいように配慮した。

（３）周囲の物音に敏感なため気が散ってしまい，集中して学習に取り組むことができない。

　（対応例）教室内での耳栓使用や，別室への移動により，静かな環境で課題に取り組めるようにした。

（４）パニックを起こしてしまうことがあるので，授業中に問題の回答者として指名しないでほしい。また，指名しないことを他の生徒には伝えないでほしい。

　（対応例）各授業の担当教員が事前に情報共有しておき，他の生徒は気づかないように指名対象から外す配慮を行った。

（５）先を見通すことが苦手なため，初めての活動に対して不安になり，参加することができない。

　（対応例）活動を始める前に，これから活動する内容や手順について説明して確認すること

で，安心して取り組めるよう配慮した。

（6）絵画の授業時にいつもパニックになってしまうので，落ち着いて授業参加できるようにしてほしい。

（対応例）パニックの要因が色覚過敏であることが見込まれたため，色味の薄い用紙や色鉛筆の使用許可などを配慮し，落ち着いて授業参加できるようになった。

（7）聴覚過敏のため人の話し声が気になってしまい，仕事が手につかないことがある。

（対応例）人の行き来が少ない部屋で勤務できるようにするとともに，勤務中に耳栓やイヤーマフの使用を認めることとした。

（8）一度に多くのことを理解して行動するのが苦手である。

（対応例）「仕事の内容を一つずつ簡潔に指示する」「複雑な指示内容はメモなどで示す」など，仕事を行うときの配慮について部署内で個別性に合わせた業務指示を行うこととした。

（9）長時間並んで待つのが苦手であったことから，避難所で配給の列に並べず，お弁当をもらうことができなかった。

（対応例）障害者・乳幼児・高齢者など，長時間並ぶことが困難な人を対象に，別途配給するようにした。

（10）周囲に多数の生徒がいる環境だと集中できなくなってしまう。大教室で行われる講義については，別室で受けられるようにしてほしい。

（対応例）大教室にカメラ，別室にモニターを設置し，別室において受講できるようにした。

（11）大きな音に敏感な児童への対応が求められた。

（対応例）椅子の引きずる音を減少させるため，全ての机と椅子の脚に防音加工を施した。

（12）休憩時間から授業への気持ちの切替えに時間がかかるため，授業に集中できない。

（対応例）休憩時間に好きな活動をしている途中でも授業への気持ちが切り替えやすくなるように，チャイム前に合図となる音楽を流すようにした。

## 第3節　民法改正の一考察

### （1）主要な改正点

〈法務省ホームページ「民法の一部を改正する法律（債権法改正）について」（http://www.moj.go.jp/MINJI/minji06_001070000.html）より引用〉

（1）債権者が一定期間権利を行使しないときは債権が消滅するという「消滅時効」の制度により債権が消滅するまでの期間について，民法に置かれた職業別の例外規定を廃止するなどして，原則として5年に統一している。

（2）市中の金利が低い状態が続いている現状を踏まえて，契約の当事者間に利率や遅延損害金の合意がない場合等に適用される「法定利率」について，年5％から年3％に引き下げた上で，将来的にも市中の金利動向に合わせて変動する仕組みを導入している。

（3）第三者が安易に保証人になってしまうという被害を防ぐため，個人が事業用融資の保証人になろうとする場合について，公証人による保証意思確認の手続を新設し，一定の例外を除

き，この手続を経ないでした保証契約を無効としている。

（4）保険や預貯金に関する取引など，不特定多数を相手方とする内容が画一的な取引（定型取引）に用いられる「定型約款」に関する規定を新設し，定型約款を契約の内容とする旨を相手方に表示していたときは，相手方がその内容を認識していなくても，個別の条項について合意をしたものとみなすが，信義則に反して相手方の利益を一方的に害する条項は無効とするなどとしている。

（5）重度の認知症などにより意思能力（判断能力）を有しないでした法律行為は無効であることを明記している。

（6）債権の譲渡について，譲渡時に現に存在する債権だけでなく，譲渡時には発生していない債権（将来債権）についても，譲渡や担保設定ができることを明記している。

（7）賃貸借に関する基本的なルールとして，敷金は賃貸借が終了して賃貸物の返還を受けたときに賃料等の未払債務を差し引いた残額を返還しなければならないこと，賃借人は通常損耗（賃貸物の通常の使用収益によって生じた損耗）や経年変化についてまで原状回復の義務を負わないことなどを明記している。

## （2）民法改正の要点

### 1．総則

（1）意思能力：新設3条の2では，「法律行為の当事者が意思表示をした時に意思能力を有しなかったときは，その法律行為は，無効とする。」と定められている。意思能力のない人が法律行為をした場合はその者を保護するために，法律行為は無効と明文化された。

（2）心裡留保：改正法93条2項には「前項ただし書の規定による意思表示の無効は，善意の第三者に対抗することができない。」と定められている。これは，心裡留保により無効とされる行為を前提として，新たに法律上の利害関係をもつにいたった者を保護するために，現行法94条2項を類推適用した判例（最判昭和44.11.14）を明文化したものである。具体的には，当事者同士がパソコンを500円で売ると冗談で言ったとしても，真意でないことを知らない善意の第三者に対して，表意者（嘘をついた人）は500円しか請求できないことになる。

（3）錯誤

①改正法95条1項柱書では「意思表示は，……その錯誤が法律行為の目的及び取引上の社会通念に照らして重要なものであるときは，取り消すことができる。」と規定された。具体的には，地下鉄ができる噂を聞き，当事者間で土地の売買契約を締結しても，地下鉄ができない事実が判明した場合には，売買契約は無効ではなく，取り消すことができる。

②現行法では動機の錯誤についての明文はないが，判例は，動機の錯誤は原則，現行法95条にいう「錯誤」にはあたらないとしつつ，例外的に「表意者が当該意思表示の内容としてこれを相手方に表示した場合」には「錯誤」にあたるとした（最判昭和29.11.26等）。改正法は，95条1項2号に「表意者が法律行為の基礎とした事情についてのその認識が真実に反する錯誤」を取り消すことができると規定し，動機の錯誤が取消しの対象となることおよび取り消し得る場合を明文化した。具体的には，上記の「地下鉄ができる」は動機の錯誤として取り消すことができる。相手方に悪意重過失の場合にも（改正法95条3項1号）や相手方も同一

の錯誤に陥っていた場合（改正法95条3項2号）には，相手方保護の必要性はなく取り消すことができる。

③改正法95条4項は「第1項の規定による意思表示の取消しは，善意でかつ過失がない第三者に対抗することができない。」と規定し，現行法95条に存在しない第三者保護規定を新設した。

（4）詐欺・強迫：詐欺の第三者には「善意」だけではなく「無過失」も条件とした（改正法96条3項）。

（5）代理権の濫用：現行法では代理権の濫用についての明文はないが，判例は代理人が代理権限を濫用した場合に，現行93条ただし書を類推適用することで本人保護と第三者保護との調和を図っている（最判昭和42.4.20　百選I26事件）。改正法107条は「代理人が自己又は第三者の利益を図る目的で代理権の範囲内の行為をした場合において，相手方がその目的を知り，又は知ることができたときは，その行為は，代理権を有しない者がした行為とみなす。」と規定し，代理権濫用についての判例法理を明文化した。具体的には，相手方（知人）が本人（子）にお金を貸す場合に，実は代理人（親）が遊興費として使うつもりであることを知っていた場合や知ることができた場合には，その借金は本人（子）には及ばないことになり代理人（親）に請求することができる。

（6）消滅時効：改正法166条1項には，債権者が権利を行使することができることを知った時から5年間行使しないとき（1号）および，権利を行使することができる時から10年間行使しないとき（2号）には債権は消滅する旨が定められている。この改正に伴い，商事消滅時効（商法522条）の規定および短期消滅時効の規定（現行法170～174条）は削除された。その結果，弁護士報酬等の2年，飲食代金等（飲み屋のツケ）の1年は5年になった。

## 2．債権総論

（1）法定利率：改正法では，現行法上「年5分」と定められている法定利率が「年3パーセント」と改められた。これは，法定利率を現在の経済情勢と合致させるためである。また，改正以降，経済情勢に合わせた法定利率の変更を可能にするため，3年ごとに3年を一期として法定利率を変更できる変動利率制が採用された（改正法404条2～4項）。住宅ローンが平均年2パーセント，銀行の融資が年1パーセントの整合性を考慮したものと思われる。

（2）履行の強制：債権者は債務者に対して債務の履行を強制することができる。改正法414条1項本文には「債務者が任意に債務の履行をしないときは，債権者は，民事執行法その他強制執行の手続に関する法令の規定に従い，直接強制，代替執行，間接強制その他の方法による履行の強制を裁判所に請求することができる。」と規定しており，債権に内在する実体的権能が明文化された。また，ただし書では，その債務の性質が履行強制になじまない場合には履行の強制を請求することができない旨を定めている。

（3）債権者代位権

①代位行使の範囲：改正法423条の2には「債権者は，被代位権利を行使する場合において，被代位権利の目的が可分であるときは，自己の債権の額の限度においてのみ，被代位権利を行使することができる。」と定められている。これは，債権者は自己の債権額の範囲におい

てのみ債務者の権利を代位行使できる旨判示した判例（最判昭和44.6.24　百選Ⅱ12事件）を明文化したものである。

②債権者への支払又は引渡し：改正法423条の３前段には「債権者は，被代位権利を行使する場合において，被代位権利が金銭の支払又は動産の引渡しを目的とするものであるときは，相手方に対し，その支払又は引渡しを自己に対してすることを求めることができる。」と定められている。これは，金銭債権の代位行使において，債権者は第三債務者に直接自己への金銭の支払を請求できるという判例法理（大判昭和10.3.12）を明文化したものである。具体的には，債権者が債務者に20万円の債権をもっており，債務者が相手方（第三債務者）に10万円を貸したとき，債権者は相手方に10万円を請求することができる。

（4）詐害行為取消請求

①詐害行為の取消しの範囲：改正法424条の８第１項には「債権者は，詐害行為取消請求をする場合において，債務者がした行為の目的が可分であるときは，自己の債権の額の限度においてのみ，その行為の取消しを請求することができる。」と定められている。これは，債権者は自己の債権の額の限度においてのみ，その行為の取消しを請求することができ，不可分の場合には全部取り消すことができるという判例法理（最判昭和30.10.11）を明文化したものである。

②認容判決の効力が及ぶ者の範囲：詐害行為取消権の効果について，判例（大連判明治44.3.24　百選Ⅱ15事件）は，詐害行為取消しの効果は訴訟当事者の債権者と受益者との間でのみ生じ，債務者に及ばない（相対的取消）とした。しかし，受益者が債務者に対して既に行った給付を返還してもらえないと，受益者は不測の損害を被る。そのため，改正法425条では「詐害行為取消請求を認容する確定判決は，債務者及びその全ての債権者に対してもその効力を有する。」と規定され，判例法理が改められた。

（5）保証債務：現行の民法は，保証契約については書面ですることとしているものの（現行法446条２項），それ以外には特に要件を定めていないため，改正後の民法では，事業のための貸金等債務を主債務とする保証契約（または根保証契約）を個人事業者が結ぶ場合には，公正証書による保証意思の表示が必要とされた（改正法465条の６）。この公正証書は，契約締結日前１カ月以内に作成されたものである必要があり，書面の作成方式も厳格に定められている（改正法465条の６第２項）。現行の民法では，個人が保証人になる根保証契約については，貸金等債務が根保証の範囲に含まれる契約（貸金等根保証契約）に限って，極度額（負担する最大の額）の定めを要件としていた（現行法465条の２）。改正後の民法では，貸金等根保証契約でない個人の根保証契約についても，極度額の定めがない契約は無効となった（改正法465条の２）。主債務者や債権者から個人保証人への情報提供義務などが導入された（改正法458条の２，458条の３，465条の10）。

（6）相殺

①差押えを受けた債権を受働債権とする相殺の禁止：現行法511条のもとで，判例は，受働債権が差し押さえられた場合に，第三債務者は，差押え後であっても，差押え前に取得した自働債権をもって，差押債権者に相殺を対抗することができる旨を判示したが（最判昭和

45.6.24 百選Ⅱ44事件）改正法511条1項では，この判例法理が明文化された。
②不法行為により生じた債権を受働債権とする相殺の禁止：現行法509条は「債務が不法行為によって生じたときは，その債務者は，相殺をもって債権者に対抗することができない。」として，不法行為により生じた債権を受働債権とする相殺を禁じている。これに対し，改正法509条は「悪意による不法行為に基づく損害賠償の債務」（1号），「人の生命又は身体の侵害による損害賠償の債務」（2号）に限って，これらの債務を受働債権とする相殺を禁止しており，2号において，受働債権が債務不履行により生じた債権である場合も相殺禁止の枠組みに組み込んだ上で，相殺禁止の対象を限定している。これは，現行法509条では相殺禁止の範囲が広すぎる，債務不履行に基づく損害賠償請求の場合でも相殺禁止をすべき場面があるといった批判を受けたものである。損害を与える意図をもつ「悪意」者には相殺禁止をし，過失による交通事故の場合など，相殺を認めたほうが簡便な決済ができるため相殺を認めている。

### 3．債権各論

**（1）危険負担**：特定物を目的とする債務が当事者双方の責めに帰することができない事由によって履行不能となった場合に債権者主義を定める現行法の不合理性は，多くの学説で指摘されていた。そこで，改正法では，現行法534条及び535条が削除された。具体的には，売買契約締結後に，その目的物が不可抗力で滅失した場合に，代金支払義務が残る一方，目的物引渡債務は消滅することは不合理な規定という批判があったためである。

**（2）消費貸借**：現行法は消費貸借契約を要物契約としたが，実務上，諾成的消費貸借契約が行われてきた。そこで，改正法では，消費貸借契約が書面でされる場合に諾成的消費貸借契約を認め，借主は，貸主から金銭その他の物を受け取るまでは，損害を賠償して消費貸借契約を解除することができるとされた（改正法587条の2第1項・2項）。

**（3）使用貸借**：現行法において使用貸借は要物契約としたが，目的物が引き渡されるまでは当事者は何も法的拘束力が及ばないため，諾成契約とした（改正法593条）。

**（4）賃貸借**

①敷金：敷金の基本的事項について現行法には明文がない。しかしマンションなどの賃貸借契約の実務では敷金が交付されることから，敷金は実務上重要な概念である。そこで，改正法では，敷金の定義が定められるとともに，目的物の明渡し完了時に敷金返還請求権が発生するという判例法理（最判昭和48.2.2 百選Ⅱ61事件）に従い，賃貸人は，賃貸借が終了し，かつ，賃貸物の返還を受けたとき，または，賃借人が適法に賃借権を譲り渡したときに受け取った敷金の額から賃貸借に基づいて生じた賃借人の賃貸人に対する金銭の給付を目的とする債務の額を控除した残額を，賃借人に返還しなければならない旨が定められた（改正法622条の2）。

②請負：請負契約の報酬について，仕事の目的物と引渡しと同時に支払わなければならないため，請負人が仕事を完成することができない場合には，報酬を全く請求できなくなるため，請負人には酷な結果となる。そのため，仕事が未完成の場合における請負人の報酬請求権について，改正法では，①注文者の責めに帰することができない事由によって仕事を完成する

ことができなくなったとき（改正法634条１号），②請負が仕事の完成前に解除されたとき（同条２号）において，請負人が既にした仕事の結果のうち可分な部分の給付によって注文者が利益を受けるときは，その割合の限度で請負人が報酬請求できるとし，判例法理（最判昭和56.2.17）が明文化された。

### 4．相続

〈法制審議会民法（相続関係）部会（http://www.moj.go.jp/shingi1/shingi04900343.html）参照〉

（１）配偶者の居住の保護について，配偶者が相続開始時に居住している被相続人所有の建物に住み続けることができる権利を創設し，遺産相続の選択肢の一つとして取得できる。

（２）遺産分割について，婚姻期間が20年以上の夫婦であれば，配偶者が居住用の不動産（土地・建物）を生前贈与したときは，その不動産を原則として遺産分割の計算対象としてみなさない。現行法では，建物の評価額が高額の場合，他の相続財産を十分に取得できない恐れがある。例えば，現行法では，夫が死亡して，妻と子どもが家（評価額2000万円）と現金（3000万円）を相続する場合，遺産の取り分は原則２分の１（2500万円）ずつで，妻が家の所有権を得て相続すると現金などは500万円しか得られない。

（３）遺言制度について，自筆ではなくパソコンなどでも自筆証書遺言の財産目録を作成できる。保管については，紛失や発見した相続人や第三者が勝手に破棄・変造などしてしまうおそれがあるため法務局が自筆証書遺言を保管する制度を創設する。

（４）相続人以外の貢献の考慮について，相続人以外の被相続人の親族（相続人の妻など）が被相続人の介護をしていた場合，一定の要件を満たせば相続人に金銭請求できる。

（５）可分債権（預貯金など）について法律上，預貯金は遺産分割の対象になっていないため，遺産分割の対象にする。

（６）遺留分の返還方法について，遺産の内容の財産は，金銭や不動産，投資信託や積立金，ゴルフ会員権などさまざまなので，遺留分の返還方法を決める場合，計算が大変複雑になるため，原則金銭とし，現物による遺留分の返還方法を裁判所がその都度決めるようにする。

### ■参考文献

・高須順一編：『Q＆A ポイント整理 改正債権法』，弘文堂，2017
・児玉隆晴：『やさしく，役に立つ改正民法（債権法)』，信山社，2017
・法曹親和会民法改正プロジェクトチーム編：『改正民法（債権法）の要点解説』，信山社，2017
・田中嗣久・大島一悟：『民法改正がわかった』，法学書院，2017

# 索　引

266

## 執筆者・執筆担当

〔編著者〕

| | | | |
|---|---|---|---|
| 志田 民吉<br><sub>し だ</sub> <sub>たみきち</sub> | 元東北福祉大学総合福祉学部教授 | 第1章 |
| 菅原 好秀<br><sub>すがわら</sub> <sub>よしひで</sub> | 東北福祉大学総合福祉学部教授 | 第3章, 第4章7, 第5章2,<br>付章2・3 |

〔著 者〕（執筆順）

| | | |
|---|---|---|
| 岡田 行雄<br><sub>おか だ</sub> <sub>ゆき お</sub> | 熊本大学大学院人文社会科学研究部教授 | 第2章 |
| 櫻本 正樹<br><sub>さくらもと</sub> <sub>まさ き</sub> | 東洋大学法学部教授 | 第4章1～6 |
| 米谷 光正<br><sub>よねたに</sub> <sub>みつまさ</sub> | 東北福祉大学総合福祉学部教授 | 第4章8 |
| 吉中 季子<br><sub>よしなか</sub> <sub>とし こ</sub> | 神奈川県立保健福祉大学<br>保健福祉学部准教授 | 第5章1 |
| 山本 窓亜<br><sub>やまもと</sub> <sub>まど あ</sub> | 東北福祉大学助教 | 付章1 |

福祉ライブラリ

福祉法学〔第2版〕

| | |
|---|---|
| 2018年（平成30年）4月5日 | 初版発行～第2刷 |
| 2020年（令和2年）4月15日 | 第2版発行 |
| 2024年（令和6年）3月15日 | 第2版第4刷発行 |

編 著 者　志　田　民　吉
　　　　　菅　原　好　秀

発 行 者　筑　紫　和　男

発 行 所　株式会社 建 帛 社
　　　　　　　　 KENPAKUSHA

〒112-0011　東京都文京区千石4丁目2番15号
　　　　　TEL（03）3944－2611
　　　　　FAX（03）3946－4377
　　　　　https://www.kenpakusha.co.jp/

ISBN 978-4-7679-3387-0　C 3036
　壮光舎印刷／愛千製本所
Ⓒ志田民吉ほか，2018，2020.
Printed in Japan
（定価はカバーに表示してあります）